KB043091

AI 퍼스트

AI 리서치팀

조진형 CFA
어릴 적부터 경영학/경제학을 복수전공할 정도로 비즈니스 모델 분석과 금융시장에 관심이 많았다. 공군 장교로 복무한 후 NH투자증권에 입사해 영업부 금융센터, Premier Blue 강북 등 사내 유수 점포에서 근무했고 현재는 해외주식을 담당하는 Global투자정보부에서 일하고 있다. Chartered Financial Analyst(CFA) 등 국내외 금융 자격증 7여 개를 보유 중이며, 바이오/IT/신재생에너지 분야에서 다수의 상장사 및 스타트업에 대한 분석과 투자를 수행한 바 있다. 오는 9월에는 영국의 명문대학인 Oxford MBA 과정 입학을 앞두고 있다.

박미현
15년간 잡지사에서 기자로 일했다. 라이프스타일 콘텐츠 제작소 엠북 대표이며 저서로는 『날마다 미니멀라이프』(조선앤북), 『한국의 SNS 부자들』(더블북), 『마이데스크』(시공사) 등이 있다.

서지원
여행과 산책, 그리고 떡볶이를 좋아하는 20대 직장인. 대학에서 도시공학과 통계학을 복수 전공했으며, 외국어 능력의 강점을 살려 항공사에서 근무했다. 중학생 때 중국 상해로 유학을 다녀오고, 스페인 마드리드로 교환학생을 다녀올 만큼 외국어와 외국문화에 관심이 많다. 현재 MZ 세대의 트렌드와 브랜딩 인사이트 관련 콘텐츠 플랫폼 스타트업에서 경력을 쌓고 있다.

투자의 미래, 인공지능이 답이다

AI

서재영 지음

Artificial Intelligence First

퍼스트

더블북

AI 퍼스트

초판 1쇄 인쇄 2021년 6월 8일
초판 1쇄 발행 2021년 6월 15일

지은이 서재영
펴낸이 하인숙

기획총괄 김현종
책임편집 아크플롯
디자인 표지 notebro 본문 정희정

펴낸곳 ㈜더블북코리아
출판등록 2009년 4월 13일 제2009-000020호
주소 서울시 양천구 목동서로 77 현대월드타워 1713호
전화 02-2061-0765   팩스 02-2061-0766
포스트 post.naver.com/doublebook
페이스북 www.facebook.com/doublebook1
이메일 doublebook@naver.com

ⓒ 서재영, 2021
ISBN ISBN 979-11-91194-12-8 (03320)

목차

9장

아무리 뛰어난 기술이라도 이게 없으면 무용지물 _AI 반도체

10장

이상하다? 보고 싶고 사고 싶은 게 눈에 보인다 _추천 알고리즘

1장

AI와 손잡은 기업과 그렇지 않은 기업의 미래가 바뀌고 있다

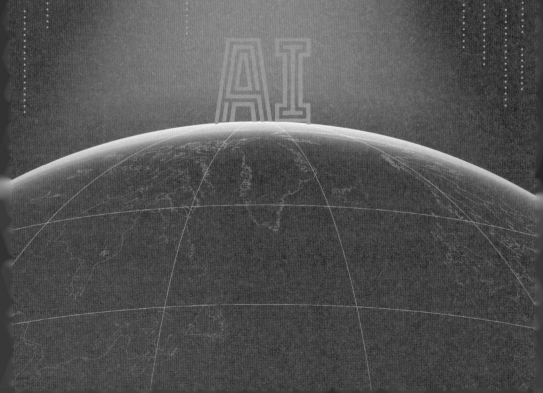

AI를 모르면
돈 벌기 쉽지 않은 세상이 왔다

왜 AI 퍼스트인가?

최근 국내 AI 기술이 눈에 띄게 발전해 각종 산업 분야에서 널리 사용되고 있다. 특히 1~2년간 AI는 세상을 변화시킬 거대한 파도처럼 크고 거세게 몰아쳤다. 세상의 돈은 이미 인공지능으로 몰리고 있다. 그 흐름을 이미 놓쳤다고 판단하고 포기하기에는 이르다. 아직 수많은 기업이 기술을 개발하며, 유니콘 기업을 노리고 있다. 지금부터의 세계는 취업도 창업도 투자도 모두 AI 퍼스트다.

어느 기업보다 먼저 AI 시장에 뛰어든 기업은 구글이다. 구글 딥마인드사 AI 바둑 프로그램 알파고는 그 어느 나라도 아닌 한국의 이세돌 9단에게 승부를 청했다. 이는 구글이 AI 산업 촉매제로 한국을 선택했다는 의미다.

인간과 AI의 세기적 대결에 온 세상의 이목이 쏠렸다. BBC 방송은 이세돌 9단과의 인터뷰 특집기사에서 '인간과 기계 사이의 5번 승부는 미래 패권을 향한 시합과 같이 느껴진다. 마치 다윗과 골리앗의 싸움'이라고 분석했다.

이런 구글의 도전장은 한국 AI 산업이 급속도로 발전하는 중요한 계기가 됐다. 한국의 AI 역사는 그리 길지 않지만, 덕분에 이제 AI는 우리 일상 어디서든 쉽게 만날 수 있게 된 것이다.

구글 CEO 선다 피차이Sundar Pichai는 말했다.

"우리는 컴퓨팅의 새로운 전환기를 목격하고 있다. 바로 모바일 퍼스트 세계에서 인공지능AI 퍼스트 세계로의 전환이다."

그의 선언은 이미 실현되고 있다. 우리는 더 늦기 전에, 미래 비즈니스의 답을 AI에서 찾아야 한다. 산업혁명 이후 가내수공업에서 공장자동화로 근본적인 생산방식이 바뀌었듯이 AI가 기업 경쟁력의 실질적인 핵심역량으로 자리 잡을 것이기 때문이다.

한국도 'AI 퍼스트'의 세계로 빠르게 움직이고 있다. 2021년 2월, 나스닥 상장사 매치그룹은 글로벌 영상 커뮤니케이션 플랫폼 '아자르'를 만든 하이퍼커넥트의 지분 100%를 약 2조 원에 인수했다. 2019년 10월에는 카메라로 불량품을 판독하는 AI 기반 스타트업 수아랩이 글로벌 제조업체 미국 코그넥스에 2,300억 원에 매각됐다. 미국 실리콘밸리에서 한국인이 창업한 기술 스타트업 몰로코MOLOCO의 몸값은 2년 만에 10배가 뛰며 유니콘에 등극했다. 신한금융 그룹의 GIB(글로벌투자금융), 스마일게이트인베스트먼트 등으로부터 대규모 투자 유치에 성공했으며 투자 과정에서 평가받은 기업가치는 약 1조 1,185억 원 수준이다. 특히 국내 스타트업을 유니콘으로 올린 주체는 거의 다 해외 기관인데 반해 해외에 있는 몰로코는 이례적으로 국

| 5차 산업혁명, 초지능의 물결 |

	산업혁명	정보혁명(3차)	4차산업	초지능물결(5차)
추진동력	전기(2차), 증기(1차)	컴퓨터, 인터넷	모바일(ICBM)	AI
권력	국가, 자본	시민	시민, 플랫폼	AI
커뮤니케이션	사람	사람, 사물	사람, 장소	사람과 AI
관계	통제와 종속	협력	개인화	경쟁과 협력

출처: 『AI의 도전』, 현대원

내 기관투자가 유니콘으로 만들었다. 2019년 740억 원의 매출에서 2020년 2천억 원, 그리고 2021년 5천억 원의 매출을 예상한다.

실리콘밸리에 진출해 고속성장하고 있는 기업용 채팅 서비스 기업 센드버드도 1조 원 기업가치에 1,150억 원 투자를 유치하며 유니콘 기업이 됐다. 2020년 4월, 비대면 문화 확산과 맞물려 화상 회의 관련 시장이 급성장할 것이라는 판단에 코로나19 상황에도 화상 회의 플랫폼 '라운디'를 개발한 리니어허브를 인수하며 공격적으로 몸집을 불려 나간 것이 유니콘 기업이 된 성공의 키로 불린다.

미래가 보이지 않은가? AI 기업은 꾸준히 돈을 지배할 채비를 끝냈다. 우리 일상과 떼놓을 수 없는 틱톡, 넷플릭스, 유튜브 등도 우리가 왜 AI를 알아야 하는지 보여주는 대표적인 글로벌 AI 기업이다.

정부, 교육, 민간 모든 기관에서도 AI가 핵심 화두다. 정부는 '한국판 뉴딜' 종합계획을 발표하며 2025년까지 AI 산업에 총 28조 원을 투자할 계획이라고 밝혔으며 2025년부터는 초·중·고교 새 교육과정에 'AI 교육'이 정식 도입된다. 또 각 대학에서도 AI 분야 특성화 학과를 신설하며 경쟁력을 빠르게 키워나가고 있으며 네이버와 서울대학교가 함께 '서울대-네이버 초대규모 AI 연구센터SNU-NAVER Hyperscale AI Center'를 만들 협약도 맺었다.

서울대의 AI 연구원 1백여 명이 참여하며, 3년간 연구비와 인프라 지원비 등을 포함해 수백억 원 규모의 투자가 진행될 계획이다. 젊은 영재 창업자들의 AI 창업 열풍도 뜨겁다. AI 소프트웨어 분야부터 패션, 푸드, 영화, 교육 등 다양한 분야에 AI 기술을 적용해 새로운 가치를 창출하는 젊은 창업가들의 도전이 AI 산업에 활기를 불어넣고 있다.

초지능의 물결에 올라타라

일론 머스크도 초기 멤버로 참여한 미국의 AI 연구소인 '오픈 AI'가 만든 역사상 가장 뛰어난 자연어처리 인공지능 'GPT-3'의 등장은 AI 분야 혁신과 새로운 시대를 빠르게 몰고 왔다. 뒤이어 이렇게 인간처럼 말하는 GPT-3처럼 자연어처리와 이미지 인식 기술을 함께 사용하는 DALL-E는 이전에 학습한 적이 없는 이미지를 새로 창조해낼 수 있는 마법과 같은 기술을 보여줘 세상을 놀라게 했다. 하지만 아직도 일반 대중들은 AI 기술이 공상 과학 영화에서나 등장하는 먼 이야기로 느껴지는 것 같다. 지금 이런 기술이 실제 널리 상용화되고 있는 우리 현실이다.

『AI 퍼스트』는 AI 기술을 적용한 혁신기업들을 소개해 국내 AI 기술 산업의 발전을 돕고 의료부터 문화, 푸드, 쇼핑, 교육 등 다양한 분야에 AI 기술이 실제 사용되고 있다는 생생한 현장 이야기를 대중들에게 쉽고 재미있게 전달하는 책이 될 거라는 기대한다.

AI는 이제 우리 일상이 됐다. 다양한 AI 혁신기업들은 어떻게 AI 기술을 적용한 제품과 서비스를 제공하는지, 그로 인해 어떻게 생활을 한층 더 편리하게 만들었는지에 대한 인터뷰를 통해 현실적으로 AI가 사용되는 사례를 다양하게 소개하고자 한다.

AI는 이제 4차 산업을 이을 제5차 산업으로 불리고 있다. 인간에

인간의 언어를 이해하는 인공지능 GPT-3, 과연 어떻게 쓰일까?

GPT-3는 자연어 기반 AI 기능인 대화·통역·번역 등의 기능을 갖추고 있다. GPT-3는 일상적인 수준 대화를 나눌 수 있고, 문학·역사·게임에서부터 시사에 이르는 다채로운 주제로 인간과 대화를 나눌 수 있다. 영어를 비롯해 프랑스어·독일어·스페인어 등 다양한 언어를 통번역할 수도 있고, 전문 영역 지식을 탐색하고 정리해 알려주기도 한다. 아래처럼 복잡한 문장을 효율적으로 다듬어주는 기능도 있다.

회사가 청산되면, 시리즈 A 주주들은 각 시리즈 A 주식과 관련해 최초 발행 가격의 1배에 해당하는 금액을 다른 모든 주주들보다 우선으로 받게 되며("청산 우선권"), 누적되어 지급되지 않은 배당금을 추가로 받는다. 이 돈을 분배한 후 회사에 남는 자산이 존재하는 경우, 시리즈 A 주주들은 보통주 보유자들과 함께 전환 기준으로 보유한 주식 수에 비례해 참여하게 된다.

스타트업이 마무리되면 시리즈 A 투자자들은 적어도 투자한 돈만큼 되돌려 받고, 남는 자산이 있으면 일반 주주들과 나눠 갖게 된다.

의해 정의된 일만 할 수 있던 전통적인 소프트웨어에서 '멘털 파워' 혁신으로 데이터를 통해 대화, 판단, 창작 등 인간 고유의 영역으로 생각됐던 새로운 역량을 스스로 도출하는 AI는 새로운 패러다임으로 우리에게 다가오고 있다. 아니 이미 다가왔고 우리 현실이 됐다.

지금은 투자 포트폴리오를 정비할 시간

국내 AI 기업은 현재 칩이나 소프트웨어 등에 AI 기술을 적용하거나 AI 기술을 활용한 솔루션 비즈니스에 주력하고 있다. AI가 미래 기업들을 선도할 핵심 경쟁력으로 떠올랐다.

현장을 직접 발로 뛰며 찾은 AI 기업은 다음과 같다. AI 칩이나 툴 등을 개발하거나 빅데이터를 학습시킨 딥러닝을 활용해 비즈니스를 하는 기업, 또는 AI가 기업의 핵심 경쟁력이 될 가능성이 큰 기업이다. 주관적인 의견이지만 나는 이런 기업을 AI 기업이라 정의하고자 한다.

앞으로 국내 AI 관련 기업들의 상장이 크게 활성화될 전망이다. 2019년 4개 기업, 2020년 4개 기업, 2021년(1월~5월) 4개 기업이 새롭게 상장됐다. 2021년 하반기 이후에도 이 여세를 몰아 신규 상장이 많이 증가할 것으로 예상한다. 상장 기업들 대부분 기술특례 상장이나 적자가 발생해도 상장이 가능한 테슬라 상장(이익 미실현 특례)처럼 다양한 방법으로 상장을 추진하는 기업들이 많다.

투자 측면에서도 AI 분야 관심도가 증가할 것으로 예상한다. 미래 핵심 성장산업이자, 한국이 세계적인 경쟁력을 가지는 분야이기에 AI 는 투자 포트폴리오에 필수로 편입시켜 놓아야 한다.

AI 기업은 창업 후 단기간에 상장하는 경우가 대부분이며, 수십에서 수백 배 투자 수익이 발생하고 있다. 국내 영상인식 인공지능 기업 알체라는 2016년 네이버 자회사 스노우가 15억 원을 투자해 40배 이상의 평가 차익을 발생시켰다.

전국적으로 '당근하세요?'라는 신조어가 등장할 정도로 신드롬을 거세게 일으킨 당근마켓 역시 딥러닝 AI 기술을 도입해 중고품 거래 국민 앱으로 부상했다. 서비스 초기부터 자체 개발한 딥러닝을 적극적으로 적용해, 사용자에게 맞는 상품을 추천하고 거래 금지 품목 거래 게시글이 노출되지 않도록 AI 실시간 필터링으로 사전 검수하며 문제 게시글을 자동으로 인식·처리해 소비자 신뢰도 1위 앱으로 급부상했다. 2018년 초, 월 방문자(MAU)가 약 100만 명에서 2021년 2월 1,460만 명이라는 경이적인 증가세를 보였다. 2017년 기업가치가 100억 원 미만이었으니 그 당시 투자했다면 지금 아마 수백 배의 투자수익이 가능할 것으로 예상된다.

크라우드워커 40만 명 등장

과거 3~5년간 바이오기업들의 상장이 주를 이루고 테마도 형성됐다면 앞으로는 AI 관련 기업들이 관심을 받으면서 핵심 테마로 부상할 것이다. 바이오산업이 '미래 먹거리'란 점은 부정할 수 없다. 하지

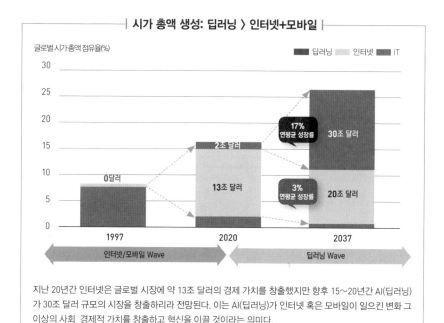

만 신약 개발 등은 오랜 시간이 걸리고 임상에 엄청난 돈이 투자돼 당장 매출이나 수익이 발생하기 쉽지 않다. 여기에 바이오기업들은 최근 몇 년간 상장은 많이 됐으나 실제 매출이나 신약 개발 등에서 좋은 결실을 보여주지 못했다.

반면 AI를 활용한 기업들은 실제로 매출이나 비용 절감 측면에서 일취월장하는 사례가 급속도로 증가하고 있다. 패션 플랫폼 기업 에이블리는 발 빠르게 AI 추천 서비스를 도입했고, 이를 도입하지 않은 기업과 달리 독보적인 성장세를 보여줬다. 처음에는 아마존 AI 추천 서비스를 사용하다가 독자적인 AI 추천 서비스를 개발·실행해 1년 만에 월 방문자 수를 5배 이상 높였다.

에이블리는 2019년 6월, 패션 앱 월 방문자 수 순위 5위에서 2020년 6월, 1년 만에 1위로 도약했다. 전 국민의 명함관리 앱이라 불리는 리멤버는 창업 초기 명함 이미지를 일일이 사람 손으로 입력하면서 데이터를 차곡차곡 구축했고 딥러닝을 통해 AI로 명함을 자동 입력해 인력을 1,000명 이상 절감시키는 효과를 냈다. 빅데이터 구축 건수는 늘어나는데도 인력 비용이 AI로 인해 기하급수적으로 줄어든 대표적인 사례다.

투자 측면에서는 AI를 도입한 기업은 빅데이터 건수는 증가하면서 비용은 오히려 감소하기에 회사 가치가 매우 증가할 것으로 기대된다. 인력 채용 측면에서도 새로운 직업이 다양하게 늘어날 것으로 전망된다.

AI가 도입되면 일자리를 뺏길 것이라 말하는 사람이 많다. 하지만 그 반대일 수 있다. 기존 반복적인 단순 업무를 AI가 대체하면서 더 가치 있는 일에 집중할 수 있도록 도와준다. 이에 새로운 직업도 늘고 새로운 산업도 다양하게 증가할 것으로 예상한다.

자율주행의 경우, 엄청난 빅데이터를 수집하고 이를 데이터화해 딥러닝을 학습해야 한다. 데이터를 수집하거나 데이터 레이블링을 하는 '크라우드워커'라는 새로운 직업도 생겼다. 한국에만 크라우드워커로 활동하는 인원이 약 40만 명 이상 되는 것으로 추정된다. AI 업체들의 창업이 많이 증가하면서 새롭게 취업할 수 있는 다양한 길이 열리고 있다.

우리가 주목해야 할 대표 AI 기업

국내 AI 상장 기업

회사명	분야	상장일	공모가	매출액 (20년) 영업이익(20년)	시가총액(5/28일)
플리토	AI 번역	19.07.19	26,000	58억 / −49억	1,136억
제이엘케이	의료 (흉부.MRI분석)	19.12.11	9,000	44억 / −75억	1,147억
라온피플	비젼솔루션 (제품결함.불량)	19.10.18	14,000	150억 / −45억	2,540억
신테카 바이오	신약개발	19.12.17	12,000	6억 / −70억	2,044억
웨세아이텍	빅데이터	20.02.10	12,000	248억 / 36억	855억
바이브 컴퍼니	빅데이터 (탐지,예측,비서)	20.10.28	28,000	255억/ −33억	1,761억
솔트룩스	의료플랫폼	20.07.23	25,000	216억 / 3억	1,550억
알체라	안면인식	20.12.21	10,000	45억 / −51억	4,140억 : 상장 후 주가 4배 상승
레인보우 로보틱스	로봇	21.02.03	10,000	54억 / −13억	3,484억 /공모가 1만원 ···› 3배 상승
씨이랩	영상분석 플랫폼	21.2.24	35,000	111억 / 6억	1,459억 공모가상단, 경쟁률 1371대1
뷰노	의료	21.2.25	21,000	12억 / −97억	2,357억
라이프 시멘틱스	의료빅데이터	21.3.23	12,500	26억 / −36억	1,189억

AI 글로벌 기업 베스트 7

	업체명	분야	내용	비고
1	레모네이드	보험	• AI와 행동경제학을 활용해 보험사기를 사전에 예측/탐지 • 판매 에이전트 없이 인공지능과 머신러닝 기술을 이용해 90초 안에 보험 가입	AI 보험 선두주자
2	텔레닥	원격의료	• AI를 활용, 원격의료, 의료상담 등의 서비스를 170개 이상의 국가에 제공 • 40개 이상의 언어로 450개 이상의 전문 분야 의료 서비스 제공	2023년 33억 달러 매출 전망 (3년 내 3배 성장)
3	나이키	신발	• AI 활용 헬스케어 및 건강진단 분야 진출 • AI 기업 Select 등 인수	세계 1위 스포츠 어페럴
4	엔비디아	반도체 칩	• 세계 최고 GPU/NPU 기업 • 최근 4년간 주가 20배 이상 상승 시가총액 : 415조 원(21년 5월 1일)	AI 반도체 세계 1위
5	메이티안	물류.배달	• 사람들은 먹어야 하고 가장 편리하게 먹는 방법 제공 (AI 활용) • AI : 평균 배달 시간 17분 / 1건당 약 1달러 / 도시 평균 배달 거리 2km	중국 1위 배달업체 회사가치 : 약 320조 원
6	바이트댄스	동영상 추천	• 투우샤오(AI 신문사) : 기사를 개인 취향에 맞게 제공. 출시 90일 만에 1,000만 유저를 유치 • 틱톡 : 소위 '움짤'이라고 불리는 60초 이내의 짧은 동영상	세계 최고 추천 엔진 회사가치 : 약 400조 원
7	센스타임	얼굴인식	• 얼굴 인식 분야 세계적 회사 • 전 세계 1,100개 이상의 고객과 파트너	중국, 2025년까지 AI No.1 선언 (1,700조 원 투자)

이 책에 담은 국내 AI 기업들

	업체명	분야	내용
1	고피자	푸드테크	피자 레시피 AI, 피자 로봇 생산, 10년 내 글로벌 1만 개 매장 목표
2	드라마앤컴퍼니	이미지인식	전 국민 명함관리 앱
3	디지로그	스마트팜	AI로 농작물 재배
4	딥엑스	반도체 AI 칩	AI 칩 NPU 개발(자율주행, 가전 분야), 시리즈B 투자 (210억 원) 이틀만에 완료
5	라이드플럭스	자율주행	제주도 자율주행, 20년 하반기 제주 중문간 상용화 추진
6	럭스로보	AI 코딩	AI 코딩 교육 프로그램, 18개국 진출
7	루닛	의료 영상 AI 진단	엑스레이, CT 영상 AI 분석
8	마인즈랩	AI 플랫폼	마음 AI(웹인공지능)
9	빅밸류	부동산 빅데이터	부동산을 평가, 시세 등을 AI 통해 해결
10	스케터랩	빅데이터 (채팅 AI)	이루다 서비스(수백만 명의 친구, 수백만 명 엄마), 언어 인식 세계 선두권
11	알체라	얼굴인식	얼굴인식, 캘리포니아 산불방지 AI, 얼굴인식 세계적 기업
12	에이블리	의류 추천 AI	의류 추천 알고리즘 독자 개발, 설립 3년 만에 패션 분야 방문자 수 1위
13	애자일소다	예측 솔루션	통계모델 통한 예측 시스템
14	오브젠	AI 솔루션	빅데이터 분석을 통한 AI 솔루션
15	옴니어스	이미지검색	의류, 신발, 쥬얼리 등의 이미지 검색
16	와이즈AI	AI 비서	병원 등에 AI 비서, 음성인식
17	왓챠	영화 추천	영화 추천 알고리즘
18	인피닉	자율주행	이미지, 영상을 자율주행 적용하는 솔루션
19	펄핏	신발 AI	개인의 신발을 AI가 추천
20	호두랩스	영어교육(게임)	게임을 통한 영어교육(교육의 경제 민주화)
21	크래프트 테크놀리지스	증권	종목 편입 비중을 AI를 통해 조정.

분야별 국내 AI 기업

분야별	내용	업체명
AI엔진	AI 기반 빅데이터 분석, 데이터마이닝, 통합플랫폼, 검색솔루션 등	애자일소다, 오브젠, 두다지, 모비젠, 바이브컴퍼니, 비아이메트릭스, 슈퍼브이에이아이, 어니컴, 이스트소프트, 타이호인스트, 포티투마로, 모아데이타, 노타, 엑스브레인, 코난테크놀리지, 업스테이지, 스캐터랩스
광고/SNS	AI를 활용, 사람을 모으고 분류해서 연결, 맞춤식 광고, 취향 연결	하이퍼커넥트, 마이셀럽스, 아이지에이웍스, 몰로코, 비플라이소프트, 오드컨셉, 인라이플, 플래티어
금융,핀테크,부동산	빅데이터를 활용 데이터 분석, 업무 효율화, 의사결정 효율화 등	빅밸류, 로앤컴퍼니, 크래프트테크놀리지스, 딥서치, 인터리젠, 라스테크, 두물머리, 쿼터백자산, 디셈버앤컴퍼니, 파운트, 에임
교육	AI를 활용, 수학문제, 토익, 코딩교육, 영어교육 등을 함. AI가 수백만 명 교육 가능	매스프레소, 호두잉글리시, 럭스로보, 뤼이드, 프리윌린, KT애듀
헬스케어	엑스레이, 안구, 흉부 등을 AI가 분석. MRI촬영 단축	루닛, 뷰노, 에어스메디칼, 메디픽셀, 쓰리빌리언, 팀엘리시움, 이오플로우, 클라리파이, 아이도트, 제이엘케이, 솔트룩스, 브로노이, 메디칼에이아이, 휴이노, 딥메디, 이우소프트, 코어라인소프트, 레이언스, 아이메디신, 메디웨일, 헬스커넥트, 노울, 나노엑스, 다나아데이터, 아산카카오메디칼, 신테카바이오, 카카오브레인, 메디에이지, 메디칼아이피, 스탠다임
영상/이미지 인식	영상분석, 안면인식, 데이터 변환, 이상상황 감지 등	드라마앤컴퍼니(리멤버), 알체라, 룰루랩, 씨유박스, 오이지소프트, 핀텔, 우경정보, 슈프리마, 메사쿠어캄퍼니, 발레앤모델, 보이스루, 악어디지탈, 비쥬얼캠프, 에스아이에이, 니어스랩, 보이저엑스, 핀텔, 펄스나인, 마이헤리티지
자율주행/모빌리티	자율주행, 교통 돌발상황, 객체인식, 이미지 데이터화 등	라이드플럭스, 인피닉, 렉스젠, 메타빌드, 베이리스, 스프링클라우드, 토르드라이브, 트위니, 펀진, 넥스트칩, 서울로보틱스(해외 진출), 뷰런테크놀리지, 펀진(포톤:고용량 데이터 처리), 스트라드비젼
반도체AI칩	S/W 대신 AI 기능의 반도체 칩으로 개발	딥엑스, 네패스, 삼성전자, 퓨리오사 AI, 씨이랩, 오픈엣지테크놀리지, 포지큐브

분야별	내용	업체명
음성인식	음성을 AI로 인식, 재현, 음성 볼륨 조절 등	네오사피엔스, 소리자바, 인텔로이드, 플리토, 가오디오랩, 리턴제로(음성을 텍스트화), 액션파워
추천 알고리즘	개인의 취향이나 취미에 맞는 추천 알고리즘 활용, 혹은 독자개발	왓챠, 에이블리, 무신사, 펄핏, 옴니어스, 블랙파인애플, 디자인노블
푸드테크/ 생활테크	AI를 실제 푸드 분야 활용. 피자 매뉴얼AI화, 식육시스템을 AI 화	정육각, 고피자, 의식주컴퍼니, 컬리(마켓컬리), 로보아르테, 라운지랩, 슈퍼톤, 허닭, 디지로그, 이지팜, 파이프트리
챗봇/로봇	챗봇이나 로봇을 활용 사람을 일을 대신 비용 절감 및 효율화	스케터랩(이루다), 와이즈AI, 브로드씨엔에스, 아임클라우드, 와이즈넛, 윤커뮤니케이션즈, 레인보우로보틱스
제조공정	제조공정을 체크, 불량품판별, 실시간공정 모니터링	라온피플, 미키나락스, 미소정보기술, 비스텔, 오토시멘틱스, 루나소프트
빅데이터 분석/ 기타	AI플랫폼, 개발플랫폼, 영상분석플랫폼	마인즈랩, 소이넷, 위세아이텍, 몬드리안 AI, 셀렉트스타, 아크릴, 크라우드웍스, 포자랩스(인공지능 작사작곡), 캐롯(자동차보험 AI) 테스트웍스(데이터자동화), 솔리드웨어(보험 AI) 당근마켓, 오늘의헤드라인, 제페토, 로톡, 모아데이터, 프랜들리 AI(한국판 GPT3)

2장

AI는 인간이
지금까지 개발한 것 중에
가장 위대한 것

－

해외 기업

인공지능, 금융업을 꿈꾸다

향후 인공지능 분야에서 가장 큰 시장 중 하나는 빅데이터로 새로운 변혁을 겪게 될 금융산업이다. 금융산업 내에서 떠오르는 주체는 3가지로 나눠 볼 수 있다. 그 첫 번째는 기존부터 주도권을 쥐고 있는 대형 증권사와 은행이다. 두 번째는 구글, 카카오 등 기술 우위를 바탕으로 사업 포트폴리오 확장을 꾀하는 대형 인터넷 기업이다. 세 번째는 산업 변혁기를 틈타 진입을 시도하는 신생 AI 기업이다.

여기서 세 번째 유형에 해당하는 미국 기업을 하나 소개하고자 한다. 레모네이드는 인공지능으로 보험업계를 뒤흔들고 있는 기업으로 이미 작지 않은 파장을 일으키고 있는 회사다. 보험산업은 포춘 500 기업 중 약 10% 정도가 보험업을 영위하는 기업일 정도로 큰 산업이지만 지난 100년이 넘는 기간 동안 주요 플레이어가 크게 변하지 않은 대단히 정적인 산업이기도 하다. 레모네이드는 판매 에이전트 없이 인공지능과 머신러닝 기술을 이용해 90초 안에 보험 가입이 이루어지는 인슈어테크 기업이다.

레모네이드가 인공지능을 활용하는 방식은 크게 3가지 정도로 나눠 볼 수 있다. 첫 번째, 고객이 상품에 가입하거나 고객의 보험금 지급 신청을 처리하는 대고객 업무. 두 번째, 보험사기를 막기 위해 사전에 예측해 스크리닝하는 것. 마지막으로는 자연재해 등 큰 위험을 막기 위해 위험요소를 탐지하고 빠르게 반응하는 일이다.

우선, 레모네이드의 대고객 업무는 완전히 자동화됐다고 해도 과언이 아니다. 레모네이드의 주력 상품은 주택소유자·임차인 보험, 애완동물 보험이다. 일반적으로 보험사는 보험 이벤트가 발생하면 복잡한 서류작성과 지급절차를 거쳐야 하지만, 레모네이드는 인공지능을 활용해 보험 가입부터 보험료 지급까지 모든 과정을 효율적으로 처리한다. AI 챗봇 마야Maya는 고객의 정보를 토대로 가입과 결제를 돕고 또 다른 챗봇 짐Jim은 보험금 지급을 담당한다. 실제로 보험 가입 시 마야와 90초 만에 가입을 마칠 수 있고 보험금 지급은 짐과 3분만 대화하면 완료된다. 인공지능을 활용해 절차가 간소화될 뿐 아니라 인건비가 절약돼 가격 경쟁력이 확보되는 것이다.

또한, 레모네이드는 인공지능과 행동경제학을 활용해 보험사기를 사전에 예측/탐지하는 Forensic Graph 시스템을 만들었다. 이를 통해 수많은 보험사기를 미리 스크리닝하고 손해율을 낮춘다는 것이 회사의 생각이다. 실제로 레모네이드의 손해율은 계속해서 낮아지고 있다. 2019년 1분기 손해율Loss Ratio은 87%에 육박했던 반면, 2020년 3분기 손해율은 15% 포인트가량 개선된 72%에 불과했다. 이는 데이터가 축적되면서 인공지능을 통한 위험측정이 더욱 정교해졌기 때문으로 판단된다.

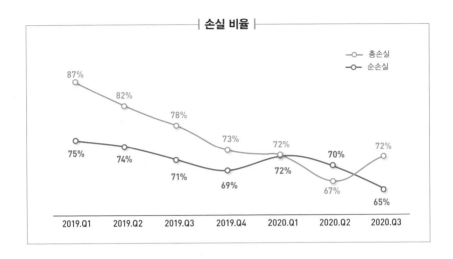

| 손실 비율 |

- 총손실
- 순손실

| 2019.Q1 | 2019.Q2 | 2019.Q3 | 2019.Q4 | 2020.Q1 | 2020.Q2 | 2020.Q3 |

총손실: 87% 82% 78% 73% 72% 67% 72%

순손실: 75% 74% 71% 69% 72% 70% 65%

레모네이드에는 또한 쿠퍼Cooper라는 AI 봇이 있다. 쿠퍼는 각 소프트웨어 릴리스에 대해 수만 개의 테스트를 실행하는 등 반복 작업을 처리할 뿐 아니라 미국 항공우주국NASA의 위성사진을 분석해 산불을 실시간으로 파악한 뒤 피해 지역의 광고와 판매를 차단하는 등 리스크를 컨트롤하는 업무까지 담당한다. CEO 다니엘 슈라이버는 최근에 있었던 여러 자연재해에 CNN에 나오기 전에 이미 쿠퍼가 반응했다고 한다. AI를 활용해 비즈니스 취약점을 보완하는 것이다.

한 가지 주목할 점은 보험업은 어떤 면에서는 대중의 사랑을 받는 산업과는 거리가 멀다는 점이다. 보험산업은 기본적으로 정보의 비대칭성에 기반하며 고객과 보험사의 관계는 보험금의 지급을 두고 대립하는 제로섬 게임의 '승리와 패배의 명제win-lose value proposition'를 가지고 있다. 즉, 지급해야 할 보험금 1억 원은 지급하지 않으면 보험사의 수익은 1억 원이 늘고, 지급하게 되면 1억 원이 줄어드는 구조라는 것이다. 이는 이해관계의 충돌로 이어진다.

이러한 독특한 특성을 지닌 산업에 침투하기 위해 레모네이드는 기존 기업들과는 다르게 접근했다. 레모네이드가 초점을 둔 것은 바로 기술과 사람이다. 기존 보험사들이 약 700년 동안 모아온 기록들은 그 자체로 경쟁우위가 되기 때문에 신규진입자에게는 크나큰 장벽이 될 수밖에 없는데 레모네이드는 기술을 통해서 이를 단기간에 극복했다.

레모네이드는 보험 비즈니스 현장에서 이뤄지는 데이터 수집의 양을 극대화했다. 가령 보험사 영업점에 방문해 보험상품에 가입할 경우 발생하는 데이터 포인트는 20~40개에 불과한 반면, 레모네이드가 챗봇을 통해 고객을 상담하면서 수집하는 데이터 포인트는 수천 개 이상인 것으로 알려져 있다. 즉, 양질의 데이터가 빠른 속도로 쌓이고 있으므로 과거 긴 업력을 지닌 회사들에 비해 열위에 있다고 속단할 수 없는 것이다. 레모네이드 CEO 다니엘 슈라이버에 의하면 레모네이드는 현재 기존 보험사들이 지닌 데이터양에 거의 근접했다고 한다.

AI와 데이터라는 큰 벽돌로 쌓여진 집은 쉽게 흔들리지 않을 것이다. 레모네이드의 AI 활용은 경쟁사보다 더 우수하고 빠른 사용자 경험으로 이어진다. 또한 이는 보험사기 방지, 언더라이팅 위험 등 사업을 영위하면서 필요한 의사결정에 기반이 되는 정보를 예측하고 측정하는 데에 크나큰 도움을 준다. 2019년 세계 보험시장 규모는 연간 5조 달러를 상회한다고 한다. 인슈어테크 선도기업을 표방하는 레모네이드를 계속해서 지켜보자.

원격의료는
이제 현실이 됐다

불과 15년 전까지만 해도 의사를 만나지 않고 의료 서비스를 받을 수 있으리라 상상한 사람은 많지 않았다. 그러나 원격의료라는 대담한 아이디어는 빠르게 현실이 됐다. 의료 데이터의 가용성과 알고리즘 기술의 빠른 발전에 힘입어 의료 프로세스에 패러다임 전환을 가져온 것이다. AI를 활용해 원격의료, 의료상담, 원격의료 장치 등의 서비스를 170개 이상의 국가에 제공하면서 원격의료의 선봉에 서 있는 회사가 바로 텔라닥Teladoc이다.

텔라닥의 모토는 '누구에게나 빠르고 저렴하게 의료 서비스를 제공하는 것'이다. 40개 이상의 언어로 450개 이상의 전문분야 의료 서비스를 제공하는 텔라닥은 전화, 문자메시지, 자체 플랫폼 등을 통해 환자가 30분 이내로 원격 진료를 받을 수 있게 도와줄 뿐 아니라 처방전이 있어야 하는 환자에게는 가까운 약국에서 약을 받을 수 있도록 조치해준다. 병원을 방문하는 시간을 아껴주고 다른 환자와의 접촉을 최소화해 2차 감염의 위험도 줄여주는 것이다.

텔라닥의 비즈니스 모델은 기본적으로 B2B2C 형태 사업구조다. 즉, 개인 환자에게 직접 서비스를 제공하기보다는, 기업 고객에게 서비스를 제공하고 해당 기업의 직원이 텔라닥의 원격의료 서비스를 받는 방식이다. 한 기업이 텔라닥 서비스에 가입했다면, 그 기업의 직원들이 복지혜택으로 텔라닥의 원격의료 서비스를 받을 수 있는 것이다.

한 가지 재밌는 점은, 텔라닥의 매출 구성에서 구독 매출액 비중이 높다는 것이다. 반복적으로 발생하는 구독 매출액은 안정성을 높이는 역할을 한다. 또한, 한번 구독을 하게 되면 점진적으로 확대되는 서비스를 경험할 수 있다는 점도 큰 장점이다. 마치 OTT 플랫폼에서 정기적으로 새로운 콘텐츠가 공개되는 것처럼, 텔라닥은 의료 서비스를 점차 다각화하고 지속 확장해 고객을 사로잡는다.

텔라닥은 누구나 수준급의 의료 서비스를 누릴 수 있도록 인공지능을 활용한다. 정교한 예측 및 및 분석 시스템을 구축해 수요를 예측하고 고객에게 가장 적합한 진료가 이루어지도록 매칭한다. 피크 시간과 계절성에 의한 변동도 고려해 서비스가 원활하게 제공되도록 힘쓰는 것은 물론이다. 이를 통해 텔라닥은 점유율 1위, 고객만족도 95% 이상을 달성하고 있으며, 2016년부터 2020년까지 4년 동안 연간 진료 수는 10배 가까이 늘었다.

텔라닥의 성장을 이끈 또 하나의 촉매제 중 하나는 당뇨 관리 애플리케이션인 리봉고 헬스Livongo Health를 약 22조 원에 인수한 것이다. 리봉고는 집에서 효과적으로 당뇨를 관리할 수 있도록 돕는 서비스로, 인공지능을 활용해 당뇨 환자에 대한 빅데이터를 수집/분석해

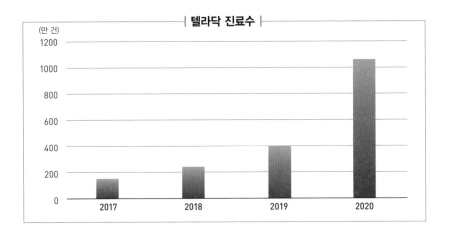

텔라닥 진료수

(만 건)

사용자들에게 적절한 건강 조언을 제공한다. 즉, 빅데이터를 통해 더욱 개인화된 조언을 제공하는 동시에, 인구 전반에 걸친 패턴을 발견하는 것이다. 이미 미국의 많은 보험사는 리봉고의 당뇨 관리 프로그램이 의료비용을 현저히 감소시키는 것으로 판단해 먼저 앞장서서 비용을 지급하고 소비자들에게 무료로 제공하고 있다. 일각에 따르면 리봉고의 솔루션은 미국 인구의 40% 이상에게 적용될 수 있다고 한다. 텔라닥은 리봉고 인수를 통해 개인의 의료 데이터를 지속해서 모니터링할 수 있는 자체적인 루트를 지니게 된 것이다.

GDP 대비 의료비용(%)이라는 지표에서 OECD 평균 대비 2배를 기록 중인 미국에서는 원격의료가 선택이 아닌 필수가 될 거라는 전문가들의 의견이 지배적이다. 이미 텔라닥은 2020년 약 11억 달러라는 큰 규모의 매출을 올린 회사다. 더불어 월스트리트에서는 텔라닥이 2023년에 지금의 3배 이상인 약 34억 달러의 매출을 기록할 것으로 예상한다. 텔라닥과 인공지능을 통해 더 많은 사람이 더욱 건강한 삶을 누리는 세상이 오기를 진심으로 기대한다.

10명 중에 6명은
신발을 잘못 신고 있다

나이키는 전 세계적으로 스니커즈를 유행시키며 신발 업계에 혁명을 일으킨 회사다. 또한 아웃소싱 생산OEM을 빠르게 도입해 큰 성공을 거두었다. 60여 년이 지난 지금, 나이키는 인공지능으로 다시 한번 업계에 혁신을 불러일으키고 있다.

2019년 나이키는 세계 최대 이커머스 플랫폼인 아마존에서 자사 제품의 판매를 중단하고 소비자 직거래 판매 방식인 'D2CDirect to Consumer'에 주력하기로 했다. 2년이 채 지나지 않은 지금, 이 결정은 많은 이로부터 칭송을 받고 있다.

나이키가 이뤄낸 가장 핵심적인 변화는 고객 데이터 중심으로 비즈니스를 개편한 것이다. 모바일 애플리케이션을 유료 회원제로 개편하고, '나이키 라이브' 등의 체험형 서비스를 도입하면서 고객과의 접점을 넓혔다. 또한, 고객 데이터를 확보하기 위해 모바일 애플리케이션 구성을 끊임없이 변화시켰다. 광범위한 판매지원 서비스를 제공하는 나이키 메인 애플리케이션과는 달리, 헬스에 관심이 많은 나이

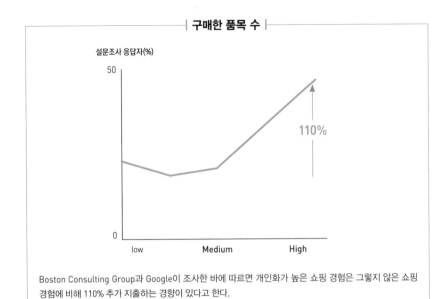

| 구매한 품목 수 |

설문조사 응답자(%)

50

110%

0

low　　　　　Medium　　　　High

Boston Consulting Group과 Google이 조사한 바에 따르면 개인화가 높은 쇼핑 경험은 그렇지 않은 쇼핑 경험에 비해 110% 추가 지출하는 경향이 있다고 한다.

키 고객들을 위한 나이키 트레이닝 클럽Nike Training Club 애플리케이션이나 운동화 애호가들을 타겟팅한 나이키 어댑트Nike Adapt 애플리케이션 등 다양한 솔루션을 출시하면서 고객 요구를 더욱 심층적으로 파악하고 더 세밀한 데이터를 확보하게 된 것이다. 물론 이 모든 과정은 고객 데이터를 최대한 활용해 최적의 고객 경험을 선사하기 위함이다.

그동안 나이키는 데이터 중심의 사업을 위해 적극적인 투자를 집행해왔다. 2018년에는 데이터 분석 회사인 조디악Zodiac 및 컴퓨터 비전 회사인 인버텍스Invertex를 인수했고, 이후 2019년에는 또 다른 데이터 분석 회사인 셀렉트Celect 그리고 최근에는 데이터통합플랫폼 회사인 데이터로그Datalogue를 인수했다. 이는 데이터를 바탕으로 예측모델을 구축하고 의사결정을 내리는 '데이터 중심 조직'을 구축하겠다는 확고한 결심이 드러나는 부분이다. 이 과정에서 가장 큰 성과는 무엇보다도 단계별 데이터 분석 시스템을 완전히 통합해 SNS 행동에서부터 구매행위까지 이르는 행동 패턴에 대한 통합 데이터를 바탕으로 고객을 더욱 잘 이해하고 예측할 수 있게 됐다는 것이다.

나이키는 개인화를 위해 인공지능을 활용한다. 한 예로 Nike Fit 프로그램이 있다. 나이키에 의하면 소비자의 40%가량만이 적정 사이즈의 운동화를 착용하고 있다고 한다. 이를 개선하기 위해 만들어진 Nike Fit은 증강현실augmented reality 기반으로 소비자의 발을 정밀하게 측정해 거실 소파에 누워서도 내 발에 꼭 맞는 신발을 찾을 수 있도록 도와주는 나이키만의 발 사이즈 측정 서비스다. 여기에는 컴퓨터 비전과 증강현실뿐만 아니라 데이터 과학과 머신러닝까지 사용된다. 증강현실 기반으로 소비자의 발을 정밀하게 측정해 거실 소파에 누워서도 내 발에 꼭 맞는 신발을 찾을 수 있도록 도와주는 것이다. 사이즈 측정이 완료되면 개인 프로필에 그것이 저장되고 온라인 쇼핑 시 본인에게 맞는 사이즈의 신발만 검색된다. '당신과 가장 잘 맞는 운동화'라며 제품 추천에 활용되는 것은 물론이다. 이렇게 개인화된 서비스를 통해 소비자 입장에는 하이엔드 서비스를 제공하고 완전히 새로운 구매 경험을 선사한다. 그뿐만 아니라 나이키는 이러한 고객 데이터를 활용해 신발 설계 및 생산 단계에서부터 더욱 정교하게 소비자 요구를 반영할 수 있게 된다.

한발 더 나아가 나이키는 고객 참여를 유도하기 위해 인공지능을 활용한다. 나이키가 제공하는 나이키 메이커 익스피리언스Nike Maker Experience 서비스를 예로 들 수 있다. 나이키 메이커스 익스피리언스는

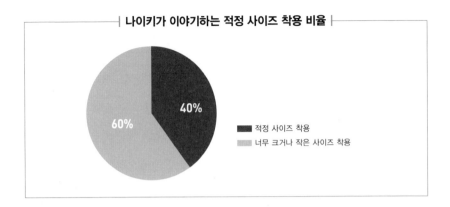

나이키가 이야기하는 적정 사이즈 착용 비율

40%

60%

■ 적정 사이즈 착용
　 너무 크거나 작은 사이즈 착용

소비자가 직접 나만의 운동화를 만들 수 있도록 일련의 제작 과정을 모두 소비자가 직접 진행하도록 도와준다. 음성명령으로 직접 원하는 색상이나 문양, 그러데이션 등을 선택하면 고객 발 사이즈에 맞는 제품이 생산된다. 음성 인식, 컴퓨팅 비전, 가상현실, 증강현실, 사물 트래킹, 프로젝션 시스템 등 고차원 기술들이 활용돼 소비자 경험을 극대화하는 서비스로 나타난 것이다. 이 모든 과정은 2시간 내로 이뤄진다.

　리테일 비즈니스에서 데이터 중심이라는 것은 곧 고객 중심을 의미한다. 그리고 이것은 새로운 수익원을 포착하고 창출하는 것으로 연결된다. 고객을 잘 이해하고 있는 이상 나이키는 더는 단순한 운동화 기업이 아니다. 데이터 기업이, 헬스케어 기업이, 어쩌면 미디어 기업이 될 수도 있다. 인공지능 시대에 리테일 기업이 어떻게 진화할 것인지, 그 실마리를 알고자 한다면 나이키의 행보를 유심히 지켜봐야 한다.

AI 칩의
무한한 잠재력

인공지능 기술은 더는 과학자들만의 이야기가 아니다. 이미 모든 산업의 지형을 변화시키고 있다. 산업 내에서 인공지능을 활용해 지배적인 사업자가 되는 회사들이 있는 가운데, 엔비디아는 그러한 회사들이 필요로 하는 AI 반도체를 만드는 기업이다.

엔비디아는 일반적으로 GPU로 가장 널리 알려져 있다. 4차 산업혁명이라는 거대한 흐름의 변화를 끌어낸 요인은 여러 가지가 있겠으나, 그중에서도 딥러닝을 가능하게 만든 GPU의 비약적인 발전이 있다. GPU는 병렬처리를 통해 그간 컴퓨터 공학에서 가장 복잡한 문제를 푸는 것에 최적화된 반도체다. 비디오 게임이나 영화와 같이 인간의 상상력을 구현하기 위한 도구로 많이 활용됐다. 엔비디아는 이와 같은 GPU의 발전과 함께 성장했다. 현재 전 세계 프로페셔널 그래픽 디자이너의 약 90% 이상이 엔비디아의 GPU를 사용한다.

인공지능 시대가 도래하면서 병렬처리 능력이 뛰어난 엔비디아의 반도체가 다시금 주목을 받고 있다. 과거 소프트웨어 엔지니어들은

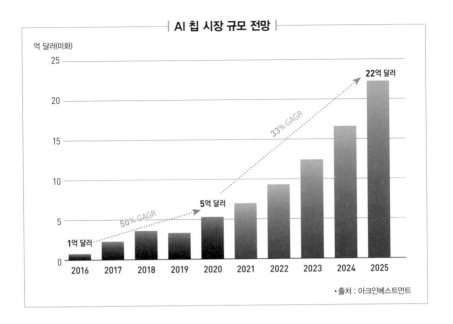

억 달러(미화)

22억 달러

33% GAGR

5억 달러

50% GAGR

1억 달러

2016 2017 2018 2019 2020 2021 2022 2023 2024 2025

• 출처 : 아크인베스트먼트

프로그래밍을 통해 원하는 기능을 컴퓨터가 수행하도록 했지만, 인공지능 시대에는 빅데이터를 통해 엄청난 양의 연산을 처리해 알고리즘이 스스로 학습하도록 만들면서 단순 연산에 강점을 지닌 병렬처리 반도체가 더욱 필요해진 것이다. 자연히 전 세계 인공지능 학자들은 신경망 학습을 위해 엔비디아 GPU의 병렬처리 능력에 주목하게 됐다.

전 세계 많은 IT 기업들이 인공지능을 자체 서비스 안에 녹여내는 노력을 기하고 있고 그들은 모두 엔비디아의 잠재적 고객이다. 가령 자율주행 산업을 예로 들 수 있다. 엔비디아가 자체적으로 자율주행 차량을 만들지는 않지만, 자율주행 산업 내에서 차지하는 중요도는 상당하다. 다임러를 포함한 많은 자율주행 차량 개발기업이 엔비디아의 자율주행 아키텍처를 사용하고 있기 때문이다. 엔비디아의

DRIVE 플랫폼은 자율주행을 위한 차세대 인공지능 아키텍처로 차량 안팎에서 일어나는 모든 일을 추적하고 제어할 수 있도록 돕는 하드웨어/소프트웨어를 포함한다. 따라서 이는 자율주행 구현을 위해서 필요한 부품이자 기술일 수밖에 없다. 자율주행의 선두주자 테슬라도 비록 지금은 자체 칩을 생산하는 것으로 방향을 틀었으나 한동안은 엔비디아의 아키텍처에 의존했을 정도다. 자율주행을 향한 완성차 업체들의 도전에 엔비디아와 함께 하는 셈인 것이다.

산업용 로봇 분야도 마찬가지다. 일본회사 화낙FANUC을 비롯한 대표적인 산업용 로봇 회사들은 대부분 엔비디아의 인공지능 플랫폼을 기반으로 하고 있다. 엔비디아의 아이작ISAAC 플랫폼은 물류, 제조, 의료 등 산업 전반에 걸쳐 더 빠르고 스마트하며 안전한 방식으로 로봇생산 공정을 구축할 수 있도록 도와준다. 실제로 2016년부터 엔비디아는 화낙과 협력해 전 세계 자동화 공장에서 로봇 생산성을 향상하는 기술을 개발했고, 최근에는 특히 ARM 인수를 통해 로봇 기술력 향상에 많은 초점을 맞추고 있다. 로봇 산업에서도 엔비디아가 재빨리 시장을 주도해나가기 시작한 것이다.

또한, 세상에서 가장 복잡한 기술 중 하나로 여겨지는 컴퓨터 비전도 굉장히 주목을 많이 받는 기술 분야이다. 컴퓨터 비전이란 인간과 유사한 시각적 인지를 위해 이미지와 비디오를 사용해 외부 물체에 대한 세분화, 분류 및 감지를 수행하는 기술을 뜻한다. 여기에서도 엔비디아 AI 칩이 적극적으로 활용된다. 가령 런던에 본사를 둔 호크아이Hawk-Eye라는 회사는 컴퓨터 비전을 스포츠에 적용하고 있다. 엔비디아의 컴퓨터 비전 플랫폼을 야구, 농구, 테니스, 축구, 크리

켓, 하키 등 20여 개 스포츠에서 공을 추적하고 분석 데이터를 형성
하는 데에 활용하는 것이다. 그뿐만 아니라 중국의 하이크비전을 비
롯한 전 세계 많은 CCTV 회사들은 엔비디아 DGX-1 플랫폼을 활
용해 CCTV의 감지성능을 향상하고 도시를 더욱 안전하게 만드는
데에 일조한다.

의료분야에서도 엔비디아의 플랫폼은 폭넓게 활용된다. 엔비디아
는 미국 국립암연구소, 미국 에너지부Department of Energy 등과 협업해
캔들CANDLE이라고 불리는 AI 프레임워크를 구축했다. 캔들은 암을
이해하는 방식을 바꾸기 위해 설계된 최초의 AI 프레임워크가 됐다.
이에 그치지 않고 엔비디아는 인공지능 기반 의료영상 분석기업인
Paige.AI와 함께 암 진단에 혁명을 일으킬 수 있는 AI 시스템을 개
발하고 있다. 10여 개 엔비디아 GPU를 사용해 종양의 조기 징후를
감지하도록 시스템을 교육하고 수백만 개의 실제 의료 이미지를 신
경망에 제공해 진단 정확도를 높이는 것이다. 여기에는 10여 개의 엔
비디아 DGX-1 플랫폼으로 구성된 AI 슈퍼컴퓨터가 사용된다.

앞으로도 엔비디아는 인공지능 컴퓨팅 시장에 대한 선점 효과를
바탕으로 꾸준히 시장 선도자First Mover로서의 수혜를 누릴 것으로 전
망된다. 급속도로 성장하는 업에서는 한번 구축된 생태계가 계속해
서 확장되거나 지속하는 경향을 보인다. 엔비디아는 GPU 및 데이터
센터 외에도 인공지능 기반 기술을 바탕으로 선순환 고리를 구축하
며 생태계를 확장해 나갈 가능성이 크다.

인공지능이 어떤 산업에 가장 빠르게 적용될 것인지 그리고 어떤
회사가 헤게모니를 쥘 것인지를 현시점에서 정확하게 알기는 어렵다.

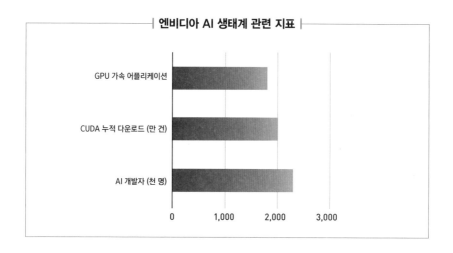

엔비디아 AI 생태계 관련 지표

하지만 어떤 방식으로든 인공지능이 미래를 바꿔나갈 것이라는 점에서는 의심의 여지가 없다. 그리고 그 중심에는 엔비디아가 함께 할 것이다. 그러한 측면에서, 어쩌면 엔비디아는 인공지능에 투자하는 가장 쉬운 방법일지도 모른다.

먹고 마시고 놀기는
언제나 돈이 된다

미래에 가장 유망한 산업 중 하나는 단연 푸드테크 산업이다. 지난 2년간 미국에서는 도어대쉬Doordash, 비욘드미트Beyond Meat 등의 회사들이 큰 가치를 받고 주식시장에 상장됐다. 중국에서 이 분야를 이끄는 회사는 메이투안이다.

배달음식 시장은 온라인 이커머스와 오프라인 물류배송이 결합한 독특한 플랫폼이다. 또한, 소비자와 공급자뿐만 아니라 라이더와 주문 플랫폼까지 4명의 주체가 얽힌 복잡한 시스템이기도 하다. 이렇게 복잡한 생태계에서도 소비자 만족도를 극대화하고 비용을 최소화하기 위해 메이투안은 인공지능을 활용해 '슈퍼브레인'을 개발했다. 즉, 메이투안의 슈퍼브레인은 시작부터 복잡한 현실 문제를 다루고 빠른 의사결정 및 정확한 예측을 쉽게 만들기 위해 고안됐다.

슈퍼브레인은 실시간 계산능력과 방대한 데이터 처리 및 머신러닝을 통해 현실을 감지하고 이해한다. 이를 통해 특정 주문을 어떤 라이더에게 배정할지, 배송에는 어느 정도의 시간이 소요될지, 배송대

행료로 얼마를 지급할지 등을 순식간에 계산하고 이를 다시 가격산정 및 물류 네트워크 설계에 반영한다. 이는 온라인/오프라인 물류 및 데이터를 통합하고 리테일 밸류체인 내 병목 현상을 제거해 효율성을 높인다는 측면에서 알리바바의 마윈이 정의한 '새로운 리테일New Retail'과도 궤를 같이한다.

슈퍼브레인에 활용될 데이터는 주로 배송기사들과 그들이 지닌 모바일 기기로부터 나온다. 스마트폰에 탑재된 센서를 통해 배송경로, 가상 울타리 등 외부활동을 모니터하고 와이파이 및 블루투스로 내부활동을 감지하며 모션센서를 통해 라이더가 걷고 있는지 혹은 이륜차 등에 탑승해 있는지 등을 감지한다. 이를 통해 최적의 경로를 라이더에게 제공하고 평균 배송시간은 지난 3년 동안 약 1시간에서 30분으로 크게 개선됐다.

메이투안은 배송에 드는 인력까지 혁신적으로 변화시키고자 한다. 베이징 일부 지역에 런칭한 파일럿 상점에서는 인공지능 카트AGV로 배송을 처리하면서도 주문 시점부터 불과 17분 만에 배송이 이뤄지고 있다. 그뿐만 아니라 주문을 처리하고 음식을 포장하는 것도 모두 인공지능이 담당한다. 사실 이 모든 것은 메이투안이 선제적으로 투자한 덕에 가능한 일이다. 계절에 따라 배달인력 수급이 원활치 않다는 점을 간파했고 미래에는 음식배달 비즈니스가 빠르게 확장되면서 충분한 인력이 구하기 어려울 것이란 점을 꿰뚫어 보았기 때문에 2016년부터 무인 배송 서비스를 개발했다. 메이투안은 이 기술을 2022년 베이징 동계올림픽에서 본격적으로 상용화하고자 한다.

최근에는 코로나19 전염병으로 인해 무인 로봇과 드론 연구개발에

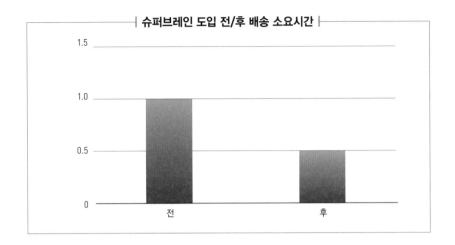

박차를 가하고 있다. 최근 메이투안은 향후 5~10년을 바라보는 투자라고 밝히면서 드론 배송 등에 투자하기 위해 전환사채 및 지분 매각으로 약 100억 달러에 가까운 자금을 조달했다. 이는 메이투안이 2018년 기업공개IPO 당시 모금한 금액보다 더 큰 액수다. 현재까지 베이징 약 20개 이상 주거 지역에서 40,000건가량의 주문이 자율 배송 차량으로 처리됐는데, 앞으로 이 숫자는 빠르게 증가할 것으로 전망된다.

비즈니스에는 경계가 있지만, 기술에는 경계가 없다. 메이투안은 사업 확장의 다층적 경계를 넘어서 서로 얽힌 생활 서비스 지도를 만들어나가고 있다. 메이투안이 지닌 기술의 힘은 갈수록 입증되고 있으며, 가까운 미래에는 메이투안이 인류 식문화 형성의 중심에 있을지도 모르는 일이다.

틱톡이
왜 잘나가는 걸까?

바이트댄스는 틱톡TikTok이라는 동영상 형태의 소셜네트워크 플랫폼으로 잘 알려진 회사다. 하지만 이 회사를 들여다보면 틱톡은 그들이 진행하는 여러 사업 중 하나에 지나지 않는다. 바이트댄스는 마이크로소프트 출신 엔지니어인 장이밍Zhang Yiming이 2012년 설립한 회사로 인공지능 기반 다국적 테크기업이다. 가장 널리 알려진 서비스는 15초에서 1분 사이의 짧은 영상을 제작하고 공유하는 동영상 공유 플랫폼인 틱톡이지만, 바이트댄스의 진정한 뿌리는 투우샤오Toutiao라고 하는 뉴스 및 정보 콘텐츠 플랫폼에서 나온다.

투우샤오는 장이밍이 회사를 설립하면서 출시한 뉴스 제공 서비스로 알고리즘을 기반으로 콘텐츠와 사용자를 분석해 각 사용자에게 맞는 콘텐츠 피드 목록을 생성해주는 플랫폼이다. 설립 초기에는 많은 투자자는 투우샤오의 모델이 기존 온라인 뉴스포털 사이트와 크게 다르지 않다고 여겨 회의적인 반응을 보였다고 한다. 그런데도 우려와는 달리 투우샤오는 출시 90일 만에 1,000만 사용자를 유치하는 등 빠르게 성장했다. 바이트댄스는 모바일에 초점을 맞춰 스마트폰 제조업체와 제휴해 투우샤오 애플리케이션을 기본 애플리케이션으로 설치했고, 사용자가 애플리케이션을 실행할 때마다 브라우징 패턴을 분석해 사용자 맞춤형 콘텐츠를 푸쉬로 전달했다. 쉽고 친숙한 인터페이스로 사용자에게 딱 맞는 뉴스를 추천한 것은 물론이다. 반응은 뜨거웠다. 단 1명의 기자나 편집자를 고용하지 않고도 대표적인 뉴스 플랫폼으로 성공적으로 자리매김한 것이다. 중독성 있는 콘텐츠 덕분에 사용자들의 애플리케이션 사용시간은 점차 늘어갔다. 투우샤오의 활성 사용자들은 평균적으로 하루 73분 이상을 플랫폼에서 보낸다고 한다. 이는 텐센트 Wechat의 60분을 넘어 중국 애플리케이션 중 1위에 해당하는 어마어마한 수치다.

틱톡 역시 마찬가지다. 틱톡은 콘텐츠에 태그 지정하고 사용자에 대한 프로필과 시나리오를 생성해 사용자마다 적합한 콘텐츠를 제공한다. 애플리케이션은 소위 '움짤'이라고 불리는 60초 이내의 짧은 동영상과 코미디, 춤, 재능이 드러나는 영상들로 가득하고, 세계 최고의 추천 엔진은 그중에서 내가 가장 보고 싶어 할만한 것을 자동으로 가져다준다. 클릭 한 번으로 맞춤 피드를 제공해 세상에서 가장 쉽게 얻을 수 있는 행복을 경험하는 것이다. 이것으로 틱톡은 누적 다운로드 22억 건이 넘는 세계적인 애플리케이션이 됐다. 쉽게 얻을 수 있는 행복과 끝없는 빠른 자극은 중독을 불러일으키고, 시간이 지나면 지날수록 더 많은 사람이 틱톡을 더 오랫동안 사용하게 됐다.

틱톡과 투우샤오를 포함한 바이트댄스의 모든 제품은 인공지능과 머신러닝을 활용해 사용자가 원하는 콘텐츠를 제공하는 것에 초점을 둔다. 이 회사의 인공지능 엔진은 컴퓨터 비전과 자연어처리기술NLP 등 다양한 기술을 토대로 문자 콘텐츠뿐 아니라 이미지, 비디오 등의 시각 콘텐츠까지 이해하고 분석한다. 이후에는 사용자에 대해 파악한 정보를 바탕으로 각 사용자가 원하는 콘텐츠를 제공하고, 지속적인 상호작용을 통해 이를 끊임없이 개선하고 강화한다. 즉, 더 많은 콘텐츠가 축적될수록 더 훌륭한 콘텐츠를 제공하고 강한 경쟁력을 갖게 되는 구조인 것이다. 그러한 측면에서 중국이라는 세계에서 가장 큰 시장을 공략한 뒤 일본, 한국, 인도, 유럽, 브라질, 동남아시아 등으로 영역을 확장한 바이트댄스는 엄청난 경쟁우위를 지닌다. 데이터를 모으기에 중국만 한 나라는 없기 때문이다. 단순히 14억 명이라는 엄청난 수의 인구만이 아니다. 중국은 데이터 수집의 측면에서 가장 우호적인 규제 환경을 가지고 있는 나라이기도 하다. 그 때문에 중국을 선점한다는 것은 어쩌면 문자 그 이상의 의미가 있다.

　바이트댄스는 이에 그치지 않고 끊임없이 사업영역을 확장하고 있다. 최근에는 AI 반도체를 생산하겠다는 계획을 세워 서버용 반도체 전문인력을 구하고자 모집공고를 냈고, 작년 말에는 헬스케어 산업에도 진출해 샤오허Xiaohe라는 애플리케이션을 런칭했다. 그뿐만 아니라 온라인 교육 사업을 위해 달리 에듀케이션Dali Education이라고 하는 애드테크 기업을 탄생시키기도 했다. 콘텐츠를 가지고 있고 사용자에 대한 이해가 깊으며 훌륭한 인공지능 엔진을 활용할 수 있는 한, 모든 분야를 공략할 수 있기 때문이다.

　한동안 국가 간 패권 다툼의 희생양이 되기도 했지만, 바이트댄스는 중국뿐만 아니라 궁극적으로 전 세계 AI 혁신기업의 선두주자로 자리매김할 확률이 굉장히 높은 회사다. 계속해서 다른 글로벌 콘텐츠 제공 업체에 투자하고 있고 인공지능 엔진을 더욱 고도화해 다양한 분야에 접목한다. 향후 콘텐츠 업계가 인공지능과 함께 어떻게 진화해나갈지 그 귀추를 주목해볼 필요가 있겠다.

인공지능 기술
중국은 왜 강한가?

인류의 눈이 될 회사. 센스타임은 홍콩중문대 탕샤오어우 교수와 쉬리 박사가 함께 창업한 회사다. 전 세계 1,100개 이상의 고객과 파트너를 두고 있는 센스타임은 딥러닝 및 컴퓨터 비전 기술을 기반으로 교육, 의료, 스마트시티, 자동차, 통신, 엔터테인먼트 등 다양한 산업에 진출해 있다. 이를 바탕으로 2019년에는 설립 5년 만에 전 세계 최고의 AI 스타트업으로 선정되기도 했다. 이러한 눈부신 성장의 밑바탕에는 훌륭한 얼굴 인식 기술이 있다. 2020년 미국 국립표준기술연구소NIST에서 진행하는 '얼굴 인식 기술 테스트'Face Recognition Vendor Test Mugshot 부문에서 1위를 차지할 만큼 센스타임은 월등한 기술력을 자랑하고 있다.

센스타임이 압도적인 기술을 갖출 수 있었던 이유는 무엇보다도 방대한 데이터다. 이는 중국 기업으로서 누릴 수 있는 가장 큰 이점이다. 중국은 국가 차원에서 인공지능 분야에 대한 투자를 아끼지 않고 있다. 중국은 2017년 〈차세대 인공지능 발전 계획〉에서 2030년까지 AI 세계 1위 강국으로 발돋움하겠다는 목표를 발표했다. 중국이 세계 1위를 천명한 분야는 AI가 유일하다. 또한, 작년 5월에 열린 양회에서는 인공지능 등의 핵심 분야에 2025년까지 10조 위안(약 1,700조 원)을 투자하겠다는 계획을 발표했다. 이렇듯 중국 정부는 핵심 미래 산업인 인공지능 분야에 전폭적인 지원을 아끼지 않는다. 일례로, 중국에서는 휴대전화를 개통하려면 반드시 6초가량 얼굴을 동영상으로 촬영하는 절차를 거쳐야 한다. 가능한 모든 수단을 동원해 학습용 데이터를 획득하는 것이다. 출입국 심사를 받을 때도 얼굴 사진을 촬영하고, 공유 자전거 서비스를 이용할 때에도 신분증과 함께 얼굴을 찍어 올려야 한다. 이 결과, 보통의 학습용 데이터베이스는 1~2천만 장의 이미지를 활용할 수 있지만, 센스타임은 20억 장이 넘는 이미지를 학습용으로 활용할 수 있다고 한다. 이렇게 수집된 방대한 데이터가 센스타임이 세계 최고 수준의 얼굴 인식 기술을 지닐 수 있었던 배경이 된 것이다.

나아가 인적자원 측면에서도 센스타임이 지닌 경쟁력은 월등하다. 공동창업자인 홍콩중문대 탕샤오어우 교수는 이미지 식별 분야에서 세계적인 권위자이다. 중국 정부가 해외 인재 유치를 위해 내놓은 천인 계획에 포함된 석학이기도 한 그는 본인이 직접 AI 연구팀을 이끌고 구글, 페이스북 등 글로벌 빅테크 기업들을 능가하는 연구성과를 낸 것으로 알려져 있다. 덕분에 인공지능 우수 인력들이 센스타임에 앞다투어 입사했고, 한때는 중국 AI 인재를 빨아들이는 '블랙홀'로 불리기도 했다. 지금은 이미 2천여 명이 넘는 R&D 인력을 보유하고 있고, 이를 통해 패럿이라고 하는 자체 딥러닝 플랫폼을 개발하기도

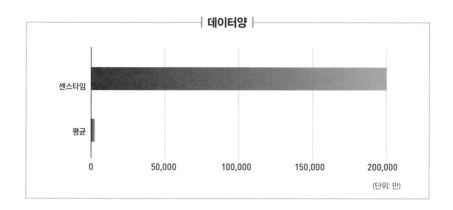

데이터양

센스타임

평균

0   50,000   100,000   150,000   200,000

(단위: 만)

했다.

또한, 센스타임은 헬스케어 분야에서도 두각을 나타낸다. 뛰어난 영상인식 기술을 바탕으로 각 질병에 따른 딥러닝 기반 헬스케어 솔루션을 제공한다. 가령 최근에 발표된 센스케어 간 질환 솔루션에서는 AI 기반으로 이상징후를 자동으로 검출하고 심각도를 측정해 의사가 진단을 내리는 것을 훨씬 쉽게 도와준다. 이를 통해 의사들이 빠르게 질병을 찾아내고 질적/양적 분석을 더욱 정확히 내릴 수 있도록 해주는 것이다. 이러한 솔루션은 진단 및 3D 수술 설계부터 재활 추적에 이르기까지 임상 과정 전반에 걸쳐 의사를 지원한다. 코로나 사태를 맞이하면서 이미 후베이성을 비롯한 중국 각지의 병원에서 센스케어 폐 솔루션을 원격으로 활용하기도 했다.

혹자는 중국 정부보다 많은 데이터를 지닌 주체는 없다고 얘기한다. 중국 정부가 지닌 데이터에 접근할 수 있다는 것은 어쩌면 중국 국민 모두의 데이터에 접근할 수 있다는 것과 크게 다르지 않을지도 모른다. 중국 국민은 대부분 로컬 서비스를 사용하기 때문이다. 센스타임이 지닌 데이터와 기술력도 분명 양면성이 있을 수 있다. 실제로 비디오 영상을 분석해 범죄자 검거에 도움을 주기도 하고, 운전자의 움직임을 분석해 음주운전이나 졸음운전 등을 방지하기도 한다. 반면에 신장 위구르 자치구 내 소수민족 탄압에 센스타임의 기술이 사용됐다는 의혹도 있다. (미국 정부는 이를 이유로 센스타임을 제재기업 목록에 포함했다.) 인공지능 기술 그 자체로는 선하지도 악하지도 않다. 이는 활용하는 자의 몫으로 남겨져 있다. 센스타임의 훌륭한 기술력이 회사와 중국 정부를 넘어 인류의 발전과 공공의 선을 위해 사용되기를 바란다.

3장

앞으로
세상을 움직일 원유는
데이터다

–

AI 엔진

21세기 원유, 데이터 얼마나 활용하고 있는가

| 오브젠 |

2021년 8월 4일, 정부가 한국판 '디지털 뉴딜'의 핵심 사업으로 추진한 마이데이터 시대가 본격적으로 열린다. 마이데이터 사업은 금융사와 빅테크 회사 등에 흩어져 있는 개인 정보를 한곳에 모아 본인 스스로가 데이터를 관리할 수 있도록 제공하는 서비스다. 데이터는 어떻게 가공하고 분석하느냐에 따라 쓰임새가 무궁무진해 4차 산업 혁명 시대의 '21세기 원유'라고 불리며, 이제 데이터를 얼마나 효율적으로 활용하느냐에 따라 기업의 성패가 좌우되는 데이터 경제 시대가 왔다.

한국데이터산업진흥원에 따르면, 국내 데이터 시장 규모는 2020년 19조 2,736억 원으로 전년 대비 14.3% 성장했으며, 2025년에는 32조 원을 넘어 53.5% 증가하리라 전망했다. 글로벌 시장 조사기관 마켓앤드마켓 역시 전 세계 빅데이터 시장 규모가 2020년 1,380억 달러(약 154조 원)에서 2025년 2,290억 달러(약 256조 원)로 65.9% 성장할 것으로 예측했다.

이렇게 빠르게 성장하는 데이터 시장에 뒤처지지 않기 위해서는 데이터 활용이 그 무엇보다 중요한 과제이다. 이에 대비해 기업들에게 데이터 솔루션 및 구축·컨설팅 서비스를 제공하는 플랫폼들의 산업도 크게 성장하고 있는 추세다.

특히 오브젠은 네이버가 산업 발전과 데이터 생태계 활성화를 돕기 위해 추진하는 네이버 클라우드 데이터 샌드박스(네이버 보유 및 공공기관 보유 데이터를 활용하고 분석할 수 있는 환경)사업의 협력자로 첫손에 꼽은 국내 1위 디지털마케팅·분석솔루션 기업이다. 독자 개발한 디지털마케팅·분석솔루션을 앞세워 20년 이상 금융·유통·통신·공공분야 디지털마케팅 산업을 이끌어 왔으며 빅데이터를 활용한 AI 기반 솔루션 고도화에 주력하며 국내를 넘어 세계를 향해 도약 중이다.

AI 전문가만 AI를 쓸 수 있는 게 아니다

2000년 설립된 오브젠은 한국IBM 소프트웨어연구소 연구원 9명이 창업한 IT 전문 솔루션 기업이다. 국내 금융·통신·유통·공공 분야를 이끄는 대기업 150여 곳에 자체개발한 AI 엔진을 통해 데이터 분석은 물론 초개인화에 맞춘 실시간 마케팅 구축 서비스 등 A부터 Z까지 기업이 마케팅에 필요한 모든 단계의 솔루션을 제공하고 있다.

20여 년 동안 국내 1위 마케팅·분석솔루션 기업으로 입지를 단단히 굳힌 오브젠이 최근에도 여전히 유망한 디지털마케팅·분석솔루션 기업으로 주목받고 있는 강점은 바로 자체개발한 AI 기술로 기업

고객의 빅데이터 활용을 극대화한 국내 유일 '통합 디지털마케팅 솔루션'을 갖추고 있다는 점이다.

오브젠 이형인 대표는 회사 비즈니스의 특징에 대해 이렇게 설명한다.

"작가가 책을 쓰려면 취재도 많이 하고 책을 통해 자료도 수집해야 합니다. 이런 일을 대신해줄 보조 작가가 필요하지만 인건비가 비싸기에 고용이 쉽지 않죠. 그렇다고 AI 기술로 데이터를 취합해 초안이라도 만들어보고 싶지만 통계학, 컴퓨터 사이언스 등 배워야 할 것이 더 많아 AI 기술을 사용하려면 배보다 배꼽이 더 큰 상황이 생기는 거죠. 오브젠은 AI 전문가가 아니더라도 AI 자동화 솔루션을 통해 원하는 정보를 빠르고 손쉽게 얻을 수 있는 그런 툴을 만드는 회사입니다."

'통합 디지털마케팅 플랫폼'은 통합 고객 행동분석 솔루션 '빅플래닛Big Planet', AI 기반 추천 솔루션 '스마트오퍼링Smart Offering', 타겟 캠페인 솔루션 'CMS', 실시간 캠페인 솔루션 'REBM'으로 구성되며 연계·확장성이 뛰어나 큰 호평을 받고 있다.

AI 자동화 솔루션 '스마트오퍼링'이다. 이는 통계나 컴퓨터 사이언스를 전공하지 않은 비전문가도 스마트오퍼링을 통해 업무에 맞는 데이터를 손쉽게 마케팅에 활용할 수 있도록 돕는 AI 엔진이다.

오브젠 이형인 대표는 데이터가 비즈니스 성장 키가 되는 시기인 만큼 기업들이 데이터만 갖고 있으면 전문가 없이도 AI 솔루션 툴을 통해 원하는 인사이트를 추출해 마케팅에 적극 활용할 수 있어야 한다고 강조한다. 그렇지 않으면 전문가들만 AI 기술을 독점하고 나아가 정보 독점도 심해지는 결과를 초래한다고 말한다.

오브젠은 이를 위해 CRM(고객 관계 관리) 패키지를 개발하고 CXM(고객 경험 관리), CDP(고객 데이터플랫폼)으로 발전해 나가며 데이터 기반의 고객 중심 비즈니스를 꾸준히 고도화시켰다.

2001년 창업 초기부터 독자 엔진 기반 마케팅 자동화 솔루션 eCube Studio(지금의 obzen CMS)를 출시해 증권사, 통신사, 카드사에 공급했으며, 2004년부터는 유통사와 은행 등 대기업 중심으로 고객사를 확보하며 성장 가도를 달렸다. 2011년에는 실시간 마케팅 솔루션 obzen REBM 새롭게 출시해 제1금융권에 공급했으며, 데이터 분석 및 시각화 솔루션, 데이터 프로세싱 솔루션으로 시장수요를 반영한 솔루션 개발을 지속해서 이어나가며 안정기에 들어섰다.

2015년부터는 재도약의 시기로 AI 연구소를 설립하며 빅데이터, AI, 클라우드 등 신사업 영역 확장에 힘썼다. AI 자동화 솔루션 스마트오퍼링Smart Offering을 출시하고 통합 고객 행동분석솔루션 '빅플래닛Big Planet'과 고객 데이터플랫폼 솔루션 CDPCustomer Data Platform를 연달아 도입, 타겟 마케팅과 실시간 마케팅 환경을 통합 구현했다.

직원이 퇴사해도 성장하는 회사들

오브젠이 자체기술력으로 고도화한 AI 기술 기반 '통합 디지털마케팅 플랫폼'이 기업에게 제공하는 역할은 세 가지 키워드로 정리할 수 있다. 첫 번째는 '자동화'다. 예전에는 다수 마케터들이 수작업으로 고객 데이터를 분석해 한 명, 한 명에게 문자 메시지를 보냈다.

"한 대기업 쇼핑 플랫폼은 하루에 약 300만 고객이 들어와 제품을 탐색하고 주문도 하죠. 그러면 마케터는 고객이 남긴 데이터를 분석하고 각 개인에게 맞는 쿠폰, 포인트 등을 보내는 맞춤 마케팅 서비스를 제공합니다. 이를 정교하게 하려면 300~500명의 마케터가 방대한 고객 데이터를 상세히 분석하고 마케팅 방향도 정교하게 계획하고 실행도 빨리해야 하죠. 오브젠 AI 기술을 접목한 통합 디지털 마케팅 플랫폼을 활용하면 약 10명의 마케터만으로도 하루 방문자 300만 명의 고객 정보를 디테일하게 분석해 마케팅에 빠르게 적용할 수 있도록 도와줍니다."

이런 자동화 툴이 없으면 기업은 사업의 크기가 커질 때마다 인력을 계속 늘려야 한다. 오브젠의 AI 디지털마케팅 플랫폼은 인력 충원 대신 서버를 늘리면 된다. 기업 입장에서 지출이 큰 고정 인건비가 들지 않으며 시스템을 자동화, 효율화해 좀 더 빠르게 사업 성장에 박차를 가할 수 있는 것이다.

두 번째가 '정교화'다. 아무래도 사람이 하다 보면 실수가 있기 마련이다. 하지만 이를 AI 엔진이 대신하면 데이터를 정확하고 정교하게 수집·분석이 가능하다. 또 기업 데이터가 시스템 처리가 되지 않으면 아무리 좋은 마케팅 아이디어라 할지라도 시간이 지나면 잊기도 하고 실력이 뛰어난 마케터가 경쟁사로 이직하면 그동안 쌓은 노하우도 함께 소실되는 상황이 발생한다. 하지만 데이터를 구축 시스템을 갖춰 놓으면 기존 데이터를 빠짐없이 보유할 수 있게 돼 아무리 역량이 뛰어난 마케터 아이디어라 할지라도 기업 자산으로 남는 것이다. 이로 인해 기업은 직원들의 퇴사 여부와 상관없이 지속적인 성장이 가능해진다.

마지막으로 '보편화'와 '확장성'이다. 금융권에서 경험이 많고 실력이 우수한 퍼스널 뱅커에게 서비스를 받으려면 고객 관점에서 높은 비용뿐만 아니라 다양한 제한이 많이 따른다. 기업 역시 고급 인력 보유는 한정돼 있기에 고객에게 보편적으로 프리미엄 서비스를 제공하기 어렵다. 이런 프리미엄 서비스를 AI 알고리즘으로 시스템화하면 좀 더 많은 고객에게 보편적으로 높은 수준의 서비스 제공할 수 있게 되며 그만큼 기업 역량도 확대된다. 기업은 이를 통해 수익 창출은 물론 사업도 빠르게 확장할 수 있다. 오브젠 AI 기술 기반 '통합 디지털마케팅 플랫폼'은 기업의 신규 매출 증대나 비즈니스 영역 확장 솔루션에 특화됐다.

"기업 내에는 마케팅과 인사담당 등 다양한 부서가 있습니다. 마케터는 주로 고객이 무엇에 관심을 두고 있으며 어떤 상품을 구입하는지 등에 대한 기초 데이터가, 인사 담당 부서는 직원들 데이터가 필요합니다. 데이터를 분석하는 방법이나 활용하는 방식은 같은데 데이터 항목이 다를 뿐입니다. 기업마다 판매 상품 역시 다릅니다. 오브젠이 이렇게 다양한 영역에서 통합적으로 마케팅 솔루션을 제공할 수 있는 건 국내 산업을 선도하는 많은 대기업을 고객사로 보유하고 있기 때문입니다. 이 또한 오브젠의 주요한 기술개발의 자산이 돼 기업별로 각기 다른 니즈를 반영한 최적의 솔루션 개발·공급을 할 수 있었습니다."

은행, 카드사, 보험, 백화점, 통신사…

오브젠은 디지털 시대의 성공적인 고객 관리 및 마케팅을 지원하는 빅데이터 디지털마케팅 플랫폼을 완벽하게 구축해 이를 기업의 검증된 디지털 인프라로 제공한다. 플랫폼은 크게 데이터플랫폼, 데이터 분석·시각화, AI 자동화, 마케팅 자동화 4가지 영역으로 나뉜다. 먼저 데이터플랫폼 영역은 고분산 환경 기반의 빅데이터 수집·저장·분석플랫폼인 빅플래닛obzen BigPlanet과 고객 중심으로 모든 정보를 연결하는 통합 데이터플랫폼 CDPCustomer Data Platform로 구성된다. 고객 빅데이터의 활용을 위한 데이터 및 인프라 환경을 제공하는 솔루션이다.

데이터 분석·시각화 영역은 다양한 원천을 활용한 데이터 통합 및 탐색 솔루션 D3F, 전사 BI로 확장 가능한 데이터 분석·시각화 솔루션 DataPlanet이 있다. 데이터 추출 및 전 처리·분석·시각화·보고서 작성까지 데이터 활용에 필요한 모든 단계를 지원한다. 그리고 AI 자동화 영역은 오브젠 스마트오퍼링이 대표적으로 AI 기반 초개인화 상품 추천 및 마케팅 최적화를 지원하는 솔루션이다. 마지막 마케팅 자동화 영역은 디지털 시대 고객 관리 및 마케팅 기본 솔루션 CMS와 고객 행동을 감지해 적시성을 극대화한 실시간 마케팅 솔루션 R-EBM으로 이뤄져 있다. 마케팅을 위한 대상 고객 선정, 콘텐츠 제작·발송, 성과 관리 등에 이르는 모든 프로세스를 지원한다.

오브젠의 폭넓은 비즈니스 모델만큼이나 강점 역시 다양하다. 지난 20년간 변화하는 시장과 고객 니즈에 따라 제품군을 확장·고도화해 왔으며 사업성 관점에서도 안정적인 제품 포트폴리오를 보유하고 있다는 점이다. 또 대기업 중심의 견고한 고객 기반도 갖췄다. 국민은행, 농협은행, 신한은행, 하나은행, 기업은행 등 국내 탑 7곳의 은행 중 6곳에 솔루션을 제공하고 있으며, 카드사는 전체 탑 8곳 모두, 보험은 탑 8곳 중 5곳, 백화점·마트·홈쇼핑·멤버십은 각각 탑 4~6개 중 2곳, 통신은 탑 3곳 중 2곳이 주요 고객사다.

선도적 연구개발 역량도 완벽하다. 연구개발 및 고급 기술 전문 인력이 약 132명(2020년 10월 기준)이다. 기술 인력 중 특급·고급 인력이 전체의 51.2% 차지하며 특히 디지털 트랜스포메이션 및 데이터 사이언스 영역의 글로벌 컨설팅사 출신의 인력 및 국내외 유수 대학의 AI 관련 석사 이상 우수 인재를 다수 보유하고 있다.

고객이 상품을 사게 되기까지의 과정들

오브젠은 기업 데이터를 수집·분석·활용할 수 있는 AI 통합 마케팅 분석솔루션을 제공하는 회사다. 기업이 오브젠의 솔루션을 통해 데이터를 수집·분석하고 활용, 판매까지 할 수 있는 전 과정의 툴을 제공한다. 고객사는 대부분 국내를 대표하는 대기업이다.

"국민은행의 경우 전국 지점이 약 1,000여 곳입니다. 50여 년 히스토리를 갖고 있으며 계좌를 개설한 고객만 약 3,000만 명이죠. 고객들이 은행과 거래하면서 남긴 데이터들이 있습니다. 은행은 먼저 그 데이터들을 모아 고객 분석에 활용하는데 마케팅적으로 서비스를 확대할 때는 통신이나 유통 등 외부 데이터도 필요합니다. 오브젠은 이런 데이터들을 AI 마케팅 분석솔루션 엔진에 입력해 정보를 활용할 수 있는 인프라를 구축해주죠."

기업은 그들의 데이터뿐 아니라 연관성이 있는 다양한 분야의 빅데이터를 접목하면 훨씬 더 효과적으로 사업을 발전·확장할 수 있다. 이를 위해 추진된 것이 바로 '네이버 클라우드 데이터박스'다.

네이버는 '디지털 뉴딜'의 하나로 자사가 보유한 쇼핑 및 지역 비즈니스 관련 빅데이터를 공개하는 '네이버 클라우드 데이터박스'를 준비 중이다. 네이버는 클라우드 데이터박스를 통해 텍스트, 이미지 등 AI 학습용 데이터, 쇼핑, 지역, 검색 등 사용자 행동 데이터, 신사업 개발과 공익 연구를 위한 공공성 데이터 등 다양한 분야의 방대한 데이터를 제공할 예정이다. 이를 활용하면 풍부한 데이터를 기반으로 AI 혁신 기술 개발, 상권 분석, 로보어드바이저 개발, 공공정책 및 행정시스템 개선 등 다양한 연구개발이 가능해질 것으로 보인다.

또 클라우드 환경으로 철저한 보안을 지키면서 사용자가 쉽고 편리하게 데이터를 활용할 수 있도록 데이터 분석 도구, 고성능 인프라, 클라우드 스토리지 등 최첨단 데이터 분석 환경도 함께 지원하는데, 네이버가 클라우드 환경의 데이터 가공 및 분석솔루션을 구축을 위해 선택한 기업이 바로 오랜 경험과 기술 기반을 갖춘 오브젠이다.

"기업들은 자사의 상품과 서비스를 어떻게 구매하게 됐는지에 대한 관심이 높습니다. 구매해야 매출이 일어나기 때문이죠. 네이버가 가진 가장 큰 장점은 어떤 상품과 서비스가 어떤 단계를 거쳐 구매로 이르렀는지를 알 수 있는 '디지털 행동분석'입니다. 고객이 냉장고를 살 때 브랜드, 용량, 가격, 부속품, 디자인 등을 순서대로 알아보는 일련의 과정이 있습니다. 이런 과정은 기업으로서 시장 트렌드가 어떻게 흘러가는지를 파악할 수 있는 중요한 정보가 되죠. 이를 데이터 바탕으로 고객이 원하는 상품과 서비스를 개발할 수 있는 것입니다."

이런 정보는 기업 자체 데이터를 활용해 얻을 수 있는 정보가 아니다. 그래도 대기업은 자금이 확보돼 있기에 자체적으로 정보를 수급할 능력이 되지만 중소기업과 스타트업은 분석할 데이터, 인력 등이 전부 부족하다. 네이버 클라우드 데이터박스의 가장 큰 취지는 바로 코로나19로 힘들어하는 중소기업과 상인들에게 매출 증대를 도와줄 마케팅 환경을 제공해 경제 생태계 활성화와 국가 경제 발전을 돕는 것이다.

"네이버 클라우드 데이터박스에서 오브젠의 역할은 바로 데이터를 정제·표준화하는 가공 작업과 AI 분석 엔진을 통해 각 분야에 맞는 마케팅 방향을 제시해주는 것이죠. 이는 은행, 카드, 증권과 같은 금융권에서부터 유통·통신 등 20여 년 동안 축적한 오랜 경험과 노하우가 있기에 가능한 것입니다. 그래서 네이버와 파트너십을 맺고 빅데이터를 기업들이 잘 활용할 수 있도록 분석과 솔루션 환경을 구축하고 리포트도 제공하는 일을 하게 됐습니다."

네이버 데이터는 비식별화 처리를 통해 연구소·대학, 기업·스타트업, 공공기관 등에 제공된다. 대학이나 연구소는 트렌드 분석용으로 활용되며, 그동안 유통, 금융, 통신 분야의 데이터 교류가 활발하지 못한 기업들은 이를 통해 더욱 경쟁력을 갖춘 비즈니스 모델을 개발할 것으로 기대한다. 특히 참신한 아이디어는 갖췄지만 데이터가 부족해 기술 개발이 어려운 스타트업은 새로운 비즈니스를 창출하는 창구로 데이터가 다양하게 활용될 것으로 보인다. 2020년 7월 발표된 네이버 클라우드 데이터박스는 2021년 3월, 오픈 베타 테스트 오리엔테이션을 진행했다. 이 테스트가 끝나면 본격적으로 서비스를 시행할 예정이다. 네이버가 오브젠의 2대 주주가 된 것도 네이버 클라우드 데이터박스의 성공적인 협업을 위한 투자였다.

이형인 대표는 네이버가 국내외 수많은 마케팅·분석솔루션 기업 중 오브젠을 선택한 이유는 명실공히 국내 1위 디지털마케팅·분석솔루션 기업이기 때문이라고 말한다. 국내 시장점유율도 오브젠이 세일즈포스Salesforce, 어도비Adobe, MS, 오라클 등 외산 솔루션에 비해 높다. 대기업 공개 비딩 시 외산 솔루션에 이길 승률 또한 75~80%다.

자체 연구 본부를 갖추고 있는 것도 강점이다. 코어랩 16명, AI랩 6명, 클라우드랩 3명, 솔루션랩 27명 총 52명의 연구진을 갖추고 있다. 중소기업 중 연구소를 보유하며 솔루션을 개발하고 활용하는 역량을 가지고 있는 회사는 오브젠이 유일하다.

집중적인 투자와 사업 확장, 2022년 상장 계획

오브젠의 창립자 전배문 CTO는 서울대학교 계산통계학과 학사·석사를 마치고 한국 IBM 연구소 연구원으로 일했다. 2019년 오브젠에 합류한 이형인 대표 역시 카이스트에서 전산학과 서울대학교에서 계산통계학을 전공한 엔지니어다. 하지만 연구원의 길이 아닌 20여 년간 앤더슨, IBM, 딜로이트 등 글로벌 컨설팅사를 거치며 CRM·마케팅·분석 컨설턴트로 활약했다. 국내 최대 마케팅·분석 컨설팅 조직을 이끈 경험을 바탕으로 오브젠에서 디지털마케팅, 빅데이터, AI 등으로 컨설팅 영역을 넓히고 있다. 세계적인 수준 기술 기반과 전문적인 컨설팅이 상호작용해 지금의 국내 1위 AI 디지털마케팅·분석솔루션 기업, 오브젠이 완성된 것이다.

오브젠은 1년에 약 50~60개의 프로젝트를 진행한다. 이 프로젝트 사용자 피드백은 기업의 중요한 자산이 된다. 더욱이 중소기업이 아닌 대기업이 고객사인 점도 소프트웨어 개발에 큰 이점이다.

오브젠은 최근 제2 도약을 위해 국내 최고 AI 엔지니어로 손꼽히는 박찬진 상무를 영입했다. 박찬진 상무는 2017년 9월부터 최근까지 SK하이닉스에 데이터사이언스 팀을 이끌며 빅데이터 분석과 AI를 활용한 수율 개선에 성공하면서 업계 큰 이목을 끌었다. 오브젠에서는 SK하이닉스에서 데이터사이언스 전문가로 일하며 얻은 노하우를 마케팅 분야에 접목해 AI 기술로 큰 실질적 가치를 만들어 낼 수 있도록 힘쓰고 있다.

"SK하이닉스에 AI 대가로 불리는 미국 스탠퍼드 대학교수 앤드루 응Andrew Ng과 함께 일한 적이 있습니다. 딥러닝으로 분량 검사하는 프로젝트였는데 처음 3개월은 스탠퍼드 대학 쪽이 결과가 좋았으나 곧 동일한 모델 수준이 됐죠. 그 이유를 보면 스탠퍼드는 현장 엔지니어하고 한 달에 2번 정도 페이퍼로 피드백을 주고받았지만 저희는 다이렉트로 빠르게 현장의 상황을 반영할 수 있었습니다. 이를 보면 AI는 실질적으로 사용자가 활용하고 운영하는 게 중요한데 운영상

이슈는 많이 다뤄지지 않죠. 이미 오브젠은 마케팅 분야에서 수집과 분석, 운영까지 모두 이뤄왔기에 앞으로도 더욱더 빠르게 AI 기술을 고도화시켜 실질적인 가치를 선보일 수 있다고 확신합니다."

이형인 대표는 짧게는 3년 길어도 5년 안에 아시아 퍼시픽 AI 마케팅 솔루션 1위 기업이 될 것이라고 자신한다.

"솜씨 좋은 대장장이가 동네를 돌아다니면서 부잣집에 삽과 곡괭이를 만들어 팔면 그 물건은 그 집에서만 쓰입니다. 그런데 한 곳에 가게를 차리면 대장장이가 만든 좋은 품질의 농기구를 더 많은 사람이 사들여 농사를 모두 다 잘 지을 수 있죠. 이처럼 오브젠은 마케팅 솔루션 플랫폼이자 콘텐츠도 함께 제공하는 기업으로 발돋움해 국내 기업의 매출 증대와 AI 산업 발전에도 기여할 수 있는 회사로 성장할 계획입니다."

오브젠 매출액은 2020년 151억 원이고 2021년은 230억 원을 예상한다. 2022년 350억 원, 2023년 500억 원의 단계를 거쳐, 5년 후인 2026년에는 매출액 1천억 원 달성과 함께 기업가치 1조 원까지의 성장을 기대하고 있다.

오브젠은 2022년 상반기 상장 신청서를 준비해 그해 9월, 상장 계획도 추진 중이다. 상장 주관사는 한국투자증권이며, 2대 주주는 네이버 데이터 사업을 진행하고 있는 네이버 클라우드다.

인간 대 AI,
의사결정은 누가 할까

| 애자일소다 |

국내 해운 회사는 대량의 컨테이너를 실을 국내 화물선을 부산에서 출발시켜 여러 나라를 거쳐 안전하고 신속하게 화물을 운송하며 이익을 얻는다. 이 과정에서 최대한 높은 수익을 발생시키기 위해서는 운송 스케줄은 물론 얼마나 적절하게 컨테이너를 채우고, 혹은 비우고 가야 하는지를 잘 판단해야 많은 물량을 소화할 수 있다. 보험사 역시 소액과 고액의 보험금 지급을 잘 심사해야 비용 절감 및 고객의 만족도를 높여 사업을 잘 영위해 나갈 수 있다.

이전까지는 기업이 수익을 극대화할 수 있는 각 단계의 의사결정을 사람의 경험과 감에 의지해왔다. 그러다 보니 예상하지 못한 문제점들이 발생하게 되고 기업 운영에 많은 어려움을 겪는 일이 많았다. 이런 기업들의 고민을 빅데이터 기반의 AI 기술을 활용해 가장 최적화된 의사결정을 내릴 수 있도록 이끈 기업이 애자일소다다.

AI가 이제 단순 업무 지원을 넘어 각종 의사결정까지 관여하고 있다. 2015년 설립된 애자일소다는 기업의 업무와 목적에 맞게 의사결정 최적화·자동화를 위한 AI 제품군을 제공하는 기업이다. 기업들이 보유한 데이터를 기반으로 의사결정 과정을 자동화해 시간과 비용을 단축하고, 최적화된 의사결정을 지원하는 소프트웨어 개발에 앞장서고 있다. 은행과 보험사는 물론 카드사와 제조·통신·건설·선박회사 등 다양한 분야에 두각을 나타내며 명실공히 국내 대표 AI 솔루션 플랫폼으로 자리매김했다.

인간을 대신해 AI가 의사결정을 내린다면?

애자일소다는 "인간을 대신해 데이터 기반의 AI가 최적화된 의사 결정 혹은 자동화할 수 있게 된다면?"이란 물음에서 시작한 기업용 AI 솔루션 전문 회사다. 애자일소다의 최대우 대표는 서울대학교 통계학 석사를 거쳐 미국 뉴저지 럿거스Rutgers 주립 대학교 통계학 박사학위를 받은 국내 통계 분석 전문가로 현재 한국외국어대학교 통계학 교수도 겸하고 있다.

최 대표는 1990년대 말, 미국 유학을 마치고 한국으로 돌아와 통계 분석을 어떻게 산업화할 수 있을까를 고민했다. 당시 세계적으로 데이터를 기반으로 고객 특성에 기초한 마케팅 활동을 하는 CRM(고객 관계 관리customer relationship management)이 태동하는 시기였다. AI 라는 단어는 사용하지 않았지만 AI가 여기서부터 본격화됐다고 볼 수 있다. 최 대표는 이때부터 글로벌 트렌드를 재빨리 파악하고 각 기업 현장마다 성능 좋게 활용할 수 있는 AI 소프트웨어 개발에 힘

써왔다.

"1990년대 말, 한국으로 돌아와 여러 프로젝트를 수행하며 기업과 활발하게 일을 해 오던 중, 반복적인 일을 기술로 대체할 수 있겠다는 생각이 들었습니다. 그때부터 20여 년이 넘는 지금까지 데이터를 기반으로 한 AI 의사결정 최적화·자동화에 초점을 둔 기술 개발을 고도화해왔죠."

AI 기술을 앞세우는 많은 기업들 있지만 애자일소다를 대표하는 키워드는 바로 '최적화'다. 기업이 사업을 운영하면서 투자 대비 수익의 정도를 정확히 예측하기 원한다. 따라서 이를 충족할 의사결정의 '최적화'에 집중한 것이다.

최 대표가 이에 첫 관심을 갖은 건 2002년 스페인 바르셀로나에서 열린 국제 컨퍼런스에서 세계적인 의사결정 최적화 기업인 FICO_{Fair Isaac Corp}의 지수 라이언 전 부사장을 만난 것이 계기가 됐다. 한국인인 라이언은 의사결정 최적화 솔루션을 개발, 출시해 5년 만에 글로벌 시장서 성공을 이끈 글로벌 AI 분석 권위자다. 예측 분석이나 기계 학습 및 최적화 기술을 실제 비즈니스에 적용하도록 설계된 수많은 솔루션 개발을 주도하며 경력을 쌓아왔고 2021년 1월, 애자일소다는 지수 라이언 전 FICO 부사장을 자문으로 영입했다. 라이언 부사장은 최적화 인공지능 메이커 '베이킹소다' 개발과 상용화, 나아가 미국시장 진출 시 마케팅 및 조직 구성 조언자로 활동한다.

"많은 AI 기업들이 AI 기술을 활용한 서비스를 중심으로 한다면 애자일소다는 여기에서 한 발 더 나아가 기업이 다양한 업무에 필요한 의사결정 지원 최적화를 위해 AI를 잘 활용할 수 있도록 성능 좋고 쓰기 편한 붓과 도화지 같은 AI 소프트웨어를 제공하죠. 이를 통해 기업 스스로 AI를 빠르게 도입하고 나아가 스스로 개발·발전시키며 관리할 수 있도록 지원하고 있습니다."

데이터를 잘 보고, 정확히 읽어 신속하게

2015년 설립된 애자일소다는 기업에 필요한 의사결정 최적화·자동화 AI 소프트웨어를 제공해 기업이 스스로 민첩성 있게 사업을 운영해나가도록 돕는다. 은행과 보험, 카드사, 제조, 공공 분야 등에서 140여 건 이상의 AI 제품군을 성공적으로 완수한 기술력을 자랑한다. 기업 인력 구성은 AI 분석 전문 연구자와 소프트웨어 엔지니어 비율이 80%에 달할 만큼 R&D(연구개발) 중심으로 특화돼 있다.

애자일소다가 기업에 제공하는 AI 스위트Suite는 시각, 언어·의미, 사고·판단 등의 AI 기술을 통해 데이터를 잘 '보고' 정확히 '읽어' 정보화하고, 최적의 의사결정으로 신속한 실행을 지원하는 기업용 AI 소프트웨어 모델 패키지다. 총 세 가지로 구성돼 있으며 대표적으로 알파고의 핵심 기술인 강화학습 기반으로 의사결정 최적화 및 자동화를 이끄는 에이전트Agent 메이커 '베이킹소다BakingSoDA', 데이터 분석, 모델개발, 배포, 운영이 일원화된 통합 AI 분석 운영 플랫폼 '스파클링소다SparklingSoDA', 그리고 전이학습을 활용해 기업이 AI를 쉽고 빠르게 개발해 사업에 적용할 수 있도록 사전 학습된 AI 모델 '트윈소다TwinSoDA'가 있다. 각 제품은 서로 유기적으로 결합하거나 별도로

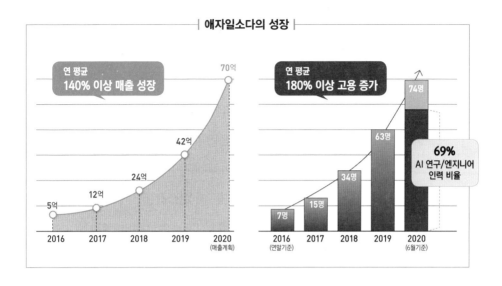

| 애자일소다의 성장 |

연 평균
140% 이상 매출 성장

70억

42억

24억

12억

5억

2016 2017 2018 2019 2020
(매출계획)

연 평균
180% 이상 고용 증가

74명

63명

34명

15명

7명

69%
AI 연구/엔지니어
인력 비율

2016 2017 2018 2019 2020
(연말기준) (6월기준)

활용할 수 있어 활용 범위가 넓으며 클라우드 상에서도 활용이 가능
하다. 특히 '베이킹소다BakingSoDA'는 강화학습을 활용해 '최적화'와 '자
동화'를 실현한 애자일소다만의 차별화된 기술력이 적용된 제품이다.

기업은 변화하는 시장 상황에 따라 매번 다른 목표를 달성하기 위
해 중대한 의사결정이 필요하다. 강화학습은 의사결정 최적화에 적
합한 기술이지만 기업 목표에 맞는 보상 설정 등 다양한 이유로 적용
이 쉽지 않았다. 애자일소다는 강화학습 도입의 한계를 극복하고 각
기업의 목표에 최적화된 의사결정용 AI 에이전트를 생성할 수 있는
제품 개발에 성공했다.

최근 분석 시장 트렌드를 보면 예측을 넘어 그에 따른 처방으로 가
고 있다. 예측이 나오면 앞으로 어떻게 해야 하는지에 대한 가이드까
지 제공하는 것이다. 그동안 기업들은 의사결정을 할 때 최선이 아니
라 최적의 선택을 해왔고, 이 부분에서 강화학습이 효과적이다.

"의사결정을 어떻게 최적화하는가에 포커싱해 기술을 개발했습니다. 저희가 주력하는 건 수작업은 AI로 자동화시키고 이를 자동화해서 AI가 잘 이해·판단할 수 있게 만들어 의사결정 최적화를 도출시키자는 것이었고 그게 바로 베이킹소다죠. 베이킹소다는 반죽을 잘 발효해 맛있는 빵을 만들 수 있도록 도와주는 성분입니다. 그런 뜻을 담아 데이터를 잘 이해·판단해 최적의 의사결정을 할 수 있도록 돕겠다는 의미를 담아 베이킹소나라 이름 지었습니다."

기업의 의사결정은 예측. 즉 확률이 높은 쪽에 집중했다. 보험사의 경우, 보험금 지급 건수와 금액 두 가지가 밸런스가 맞아야 하는데 이를 확률적으로 예측해 적은 보험 지급 건수들을 줄이는 데만 열중했다. 그러다 보니 큰 보험금이 나가는 건수들에서 문제가 발생하고 결과적으로 비용 손실을 초래하게 된다. 애자일소다는 이 두 가지가 균형을 잘 이룰 수 있도록 의사결정의 최적화 문제를 AI 강화학습으로 풀어냈다.

'스파클링소다SparklingSoDA'는 기업 내 AI 기반의 분석 환경 구축과 모델 개발, 관리, 배포, 운영에 이르는 전 과정을 지원하는 통합 AI 플랫폼이다. 분석가부터 시스템 개발자, 운영자 등 원활한 협업 체계 구축과 AI 산출물을 모두 자산화해 기업의 경쟁력으로 활용할 수 있도록 돕는다. 삼성카드, 삼성화재. NH투자증권, 한화생명 등 금융권을 중심으로 제조, 공공 등의 분야로 확산하며 꾸준히 레퍼런스를 쌓아가고 있다.

마지막으로 기업 맞춤형 사전 학습 AI '트윈소다TwinSoDA'는 데이터가 부족한 기업도 AI 기술을 활용할 수 있게끔 미리 학습해 놓은 모델이다. 스마트폰 등에서 발생하는 대량 이미지와 텍스트를 잘 보고 이해하는 AI 모델을 더 빠르게 도입할 수 있도록 도와준다. 여기에는 세 가지 기술이 적용돼 있다. 먼저 '트윈카'는 머신러닝 기반의 자동차 파손 및 심도 인식모델로 한화손해보험과 보험개발원에 도입됐다. 애자일소다가 자체 개발한 광학문자인식OCR 솔루션 '트윈리더'는 보험사 등 스마트폰 촬영 이미지 중 도표 형태에서 추출된 단어 이해 및 데이터베이스 자동화에 집중된 기술이다. '트윈독'은 기존 사전 기반 검색 방식을 탈피한 머신러닝 기반 문서 인식·분류 솔루션이다. 문맥 검색 및 요약, Q&A 등의 업무 영역에 활용된다.

왜 기업들은 AI를 장착하려고 애를 쓸까

애자일소다는 은행과 보험사는 물론 카드사와 제조·통신·건설·선박회사 등 다양한 분야에서 140여 건이 넘는 프로젝트를 성공적으로 수행하며 국내 대표 AI 솔루션 플랫폼으로 자리매김했다.

수많은 프로젝트 가운데 먼저 포스코는 오차율 제로에 도전하기 위한 세계 최초로 제강 과정에 철강 성분 예측 AI 제어 시스템을 도입해 철강 성분 최적화에 성공했다. 포스코는 고객이 원하는 제품 재질을 확보하기 위해 쇳물의 화학 성분을 수를 ppm 단위까지 제어해야 한다. 쇳물의 화학성분을 정확히 예측하고 안정적으로 원하는 성분 비율의 생산하는 것이 목표였다. 이에 출강 성분 예측 AI 제어 시스템으로 기존 대비 약 5% 상승, 제품에서의 재질 편차도 15~16%까지 감소하는 성공적인 결과를 낳았다.

한화생명 또한 애자일소다의 AI와 클라우드로 실시간 보험 시대를 열어 비용 절감 효과 극대화에 성공했다. 한화생명은 1946년 설립된 보험회사로 오래된 만큼 신뢰도가 높아 보유 계약수도 꾸준히 증가하는 시점이었다. 최근 모바일 앱을 통해 실손 보험과 같은 보험금 청구 수가 급증하면서 자동심사에 대한 필요성이 높아졌다. 보험업계 최초로 강화학습을 기반으로 한 클레임 자동심사 시스템을 도입했고 자동 심사율이 높아지면서 기존 인력들은 난이도가 높은 심사에 집중할 수 있는 효율적인 근무 환경이 조성됐다. 고객들 역시 신속한 보험금 수령으로 만족도가 향상됐다. 2019년부터 본격적으로 기술 개발에 착수해 3년간 1,100만 건의 보험금 청구 데이터를 35,000번의 학습으로 강화학습 기반의 클레임 AI 자동심사 시스템을 개발했다. 강화학습은 게임이나 자율주행처럼 설정된 비즈니스 목표를 최적화하는 에이전트를 개발하는 기술인데 한화생명이 강화학습을 금융 분야에 실시간 적용한 세계 최초 사례다.

삼성화재는 애자일소다의 머신러닝 운영 플랫폼을 도입해 머신러닝 서비스를 제공하는데 성공했다. 업계 최초로 자사의 머신러닝 플랫폼을 구축하고 이를 통해 AI 기술의 기업 대중화를 선도했으며 업무 민첩성이라는 성과를 입증해내고 있다. 최고의 기업인 만큼 글로벌 대형 솔루션 업체와 협업할 수도 있었지만 삼성화재 프로젝트 담당자가 원하는 컨셉과 애자일소다의 통합 AI 플랫폼 스파클링소다 구상도가 일치했기에 이를 함께 실현할 파트너로 애자일소다를 선택했고 기존 1달 이상 소요되던 업무를 1주일 이내로 단축시키는 효과를 거뒀다. 스파클링소다는 현업의 시각에서 분석과 서비스, 운영에 꼭 필요한 기능을 중심으로 구현됐으며 기본에 충실해 어떤 업계에서도 활용할 수 있는 범용성이 높은 제품이다.

통계 기반한 보험업은 AI, 빅데이터 등 새로운 IT 트렌드에 민감하다. 신기술을 성공적으로 도입하고 적용하는 것이 중요한 경쟁력이 되기도 하기 때문이다. 현대해상은 애자일소다와 함께 내부 인력만으로 바로 업무에 활용할 수 있는 AI 분석 모델을 개발했다. 현대해상의 AI 도입 전략은 인프라시스템, 데이터, 인력 3개의 축이 동시에 작용해야했다. 외부전문가에만 의존하면 내부 역량을 쌓을 수 없고 경쟁력도 약해진다. 이를 위해 2018년, 현대해상은 사내에서 선발된 16명으로 데이터 분석 전문가 양성프로그램을 시작했고, 커리큘럼 구성부터 교육, 밀착 실습에 AI 전문기업 애자일소다의 전문가들과 함께했다. 한 달간의 교육이 끝나고 4개월 만에 7개의 AI 모델 개발을 완성해 실제 업무에 활용했으며 한 예로 새로 개발된 계약이탈 예측 모델의 경우 이탈 가능성이 큰 고객을 높은 적중률로 맞추는 등 높은 정확도까지 완벽히 갖췄다.

애자일소다는 국내 대기업들은 물론, 2020년 12월, 코로나19로 글로벌 시장의 위축에도 불구하고 일본 SI 기업 'tdi'와 파트너십 계약을 체결하며 글로벌 시장 진출에도 한 발짝 발을 뗐다. 앞으로 더욱 기술·제품 경쟁력을 강화해 기업용 AI 소프트웨어 분야에서 글로벌 시장을 선도해 나갈 목표를 세웠다.

"애자일소다AgileSoDA의 사명이 민첩성을 의미하는 'Agility'와 'Software Defined AI'의 합성어입니다. 기업이 AI 기술을 기반으로 변화하는 시장에서 민첩하게 대응할 수 있도록 의사결정 최적화와 자동화를 위한 기업용 AI 소프트웨어를 제공하겠다는 비전을 담고 있죠. 강화학습 AI를 기업용으로 상용화시키는 데 성공한 만큼 5년 내에 국내를 넘어 세계 시장에서 '최적화', '강화학습'하면 애자일소다가 첫 번째로 떠오를 수 있도록 만드는 것이 목표입니다."

투자에 도움이 되는 국내 AI엔진 기업들

회사명	주요사업	내용
애자일소다	AI 의사결정 S/W	• AI Suite : 의사결정 과정을 자동화해 시간과 비용을 단축, 데이터 기반의 디지털 디시전을 통해 기업이 최적의 결과를 얻을 수 있도록 지원하는 소프트웨어 • 100여 건이 넘는 AI 성공사례를 보유하고 있으며 주로 보험, 카드 등 통계를 기반으로 새로운 기술 도입에 빠른 금융권에 집중, 최근에는 공공, 제조 부문으로도 확대 • 자동차 파손 사진으로 수리견적을 내는 서비스, 은행의 스미싱 방지 AI, 보험사의 청구 자동 심사 등이 애자일소다의 AI 모델 및 제품을 기반으로 하고 있음
두다지	AI플랫폼	• 아이디어를 빠르게 서비스로 구현하도록 서포트 하는 기업 • 한림대학교와 위내시경 이미지 분석을 통한 위암 판독 자동화 시스템 개발, 신약 개발 과정에 딥러닝 분석을 도입해 R&D를 고도화하는 사업 등 여러 AI 프로젝트 진행
모비젠	빅데이터 플랫폼	• 다양한 데이터 처리 및 관리 소프트웨어를 개발, 공급하는 빅데이터 전문 기업 • 빅데이터플랫폼 '아이리스(IRIS)' 개발 : 클라우드 기반 지능형 플랫폼으로, 빅데이터 파이프라인 인 "수집–저장–분석–시각화–공유" 모든 과정을 통합한 빅데이터 통합 분석 및 시각화 플랫폼 • 공공, 금융, 에너지, 통신, 보안, 유통, 물류 등 다양한 영역에 걸쳐 솔루션과 서비스 제공 • 2020년 3월 설립, 모회사는 지란지교시큐리티(보안 기술)
바이브컴퍼니	빅데이터 플랫폼	• 빅데이터를 활용해 마케팅, 자산관리, 신제품 개발, 스마트시티, 이상현상 탐지, 위험관리 등 다양한 문제를 해결하도록 서포트 • 빅데이터 인공지능 플랫폼 SOFIA 개발(데이터 수집에서 분석, 인사이트 발굴 그리고 의사결정에 이르는 비즈니스 전 과정 수행) • 썸트렌드 : 특정 키워드를 검색하면 키워드에 대한 사람들의 인식, 트렌드를 분석하는 플랫폼 • AI리포트 : 주제 키워드의 입력만으로 리포트 자동생성(ex. 제주도 힐링 여행 코스 등) • AI에이전트 : 상담 챗봇 시스템(ex. 우체국 금융 챗봇을 통해 실시간 상담 서비스 제공)

회사명	주요사업	내용
비아이메트릭스	BI솔루션	• BI – 비즈니스 인텔리전트 • 통계분석 시스템, 임원용 업무분석 시스템(KPI 분석/EIS 등), 경영계획 시스템, SCM 시스템, 회의체 시스템 등 구축 • SW로봇 기반으로, 사용자가 SQL과 코딩에 대한 지식이 없어도 필요한 데이터를 추출하고 BI시스템 화면을 손쉽게 제작할 수 있음
슈퍼브에이아이	머신러닝데이터플랫폼	• 머신러닝 플랫폼 '스위트', 누구나 쉽고 빠르게 필요한 데이터를 확보할 수 있는 환경 구축 • 커스텀 오토라벨링 : 일반적이지 않은 데이터나 제품, 물체의 라벨링 작업을 데이터 고객이 직접 스위트를 통해서 자동화할 수 있도록 지원 (*데이터라벨링 : AI가 스스로 학습할 수 있는 형태로 데이터를 가공하는 작업) • 개발 지식이 없어도 고객사 맞춤의 라벨링 자동화 인공지능을 '노코딩'으로 생성할 수 있음 • 국내외 기관투자자로부터 시리즈 A(110억 원) 유치
어니컴	빅데이터분석 및시스템 구축	• 빅데이터 토탈 솔루션 'ankus' 플랫폼 서비스 • 식품의약품안전처 빅데이터 분석플랫폼 구축, 누리텔레콤 에너지 IoT플랫폼 등 구축 • SI(서비스 통합) : 홈페이지, 모바일 앱 통합 구축 서비스 • 국무조정실 대테러센터 종합상황실 구축, 농협 경제부문 통합 서비스 앱 제작 등
이스트소프트	AI S/W	• Vision AI : 가상 피팅, 이미지 추천, 이미지 인식 • 챗봇 AI : 단순 업무를 챗봇이 처리하면서 업무효율 증대 • 이노베이션 AI : 자재 내역 예측, 다이나믹 프라이싱(가격 비교 및 예측) : 중공업, 제조업에 활용 • AI 아나운서 : YTN AI뉴스 • 2008년 상장, 코스닥 상장사
타이호인스트	클라우드 기반AI 플랫폼	• MS의 클라우드, AI 플랫폼을 기반으로 자사의 AI 플랫폼(TIIZ)을 결합해 제공 • AI– 챗봇/ICR(문자 인식을 통한 문서 분석) • AI Cognitive(무인점포 운영, 매장분석 시스템, 출입관리 시스템에 활용 가능)
포티투마루	스마트스피커AI 지원	• 주로 스마트스피커에 활용가능한 딥 시맨틱 QA시스템 제작 *딥 시맨틱 QA(Question&Answering) : 사용자의 질의 의도를 정확하게 이해하고 방대한 비정형 데이터에서 '단 하나의 정답'만을 도출하는 스마트 기기 AI : IoT 용 질문 답변 음성 도우미 AI 지원, KT AI스피커 등에 사용 챗봇 : 연말정산 도우미 챗봇 등

회사명	주요사업	내용
모아데이타	헬스케어 분석 AI	• 이상 탐지 AI로 정상 데이터를 분석, 이상 징후에 대한 예측 데이터 제공 • 헬스케어 분석 서비스 : 사용자의 실시간 활동량, 체온, 스트레스, 수면 등 건강 지표와 과거 건강 검진 종합 컨디션 등을 분석해 이상 징후 사전 알림 서비스 • 올 하반기 개인 맞춤형 스마트 웨어러블 디바이스 및 헬스케어 서비스도 선보일 예정 • 20년 매출 137억 원, 영업이익 30억 원
노타	AI 경량화	• 온디바이스 AI(On-device AI) : 외부 서버나 클라우드에 의존하던 기존의 AI와 달리 스마트폰이나 드론 등의 엣지에서 구동하는 AI • 고성능 서버에 의존할 필요가 없을 정도로 AI를 경량화하고 압축하는 것이 핵심 기술로, 정확성을 유지하면서 AI 추론모델을 최대 1%로 줄여줌 • 주로 영상 관련 기술 집중
오브젠	빅데이터	• 디지털마케팅, 빅데이터 분석에 활용하는 AI 솔루션 개발 • 다양한 산업의 데이터를 분석하고 예측하는 데이터플랫폼과 AI알고리즘을 비전문가도 쉽게 개발할 수 있는 'AI 분석플랫폼'을 개발 • 네이버클라우드, 디에스자산운용 등으로부터 85억 원 시리즈 투자 • 상장 추진 중(주관사 : 한국투자증권)
엑스브레인	이상탐지, 예측	• AI와 딥러닝 기술을 활용한 이상탐지 솔루션 개발 • 시계열 데이터를 활용한 실시간 수요 예측 솔루션과 유통의 최적화를 달성하게 해주는 AI 예측 솔루션 • 마켓컬리에 실시간 수요예측 통한 품절/폐기 제품 등 예측 솔루션 제공 • 배달의민족에 예측 통한 배송 최적화 솔루션 등 제공
코난 테크놀리지	데이터마이닝	• 인공지능 기반 비정형 데이터마이닝 전문기업 • 검색전문 기업에서 챗봇시스템, 개인화 추천, 빅데이터 분석 등 AI 기업으로 변신
업스테이지	AI솔루션	• 기업의 AI 트랜스포메이션을 돕는 AI솔루션 기업 • AI플랫폼, AI교육, 컨설팅을 제공 • 두 달만에 매출 70억 원 달성

4장

인간을 위해
돈을 벌고 지키다

–

금융, 핀테크, 부동산

데이터는
부동산 시세를 알고 있다

| 빅밸류 |

금융과 IT 기술이 결합한 핀테크FinTech 열풍이 불면서 핀테크처럼 기술을 통해 부동산 서비스의 혁신을 꾀하는 프롭테크proptech(부동산 property과 기술technoloy의 합성어) 스타트업들이 빠르게 성장하고 있다.

프롭테크 스타트업들 중 선두를 달리고 있는 빅밸류는 국내 최초로 빅데이터와 AI를 결합, 빌라로 대표되는 연립·다세대 주택이나 단독·다가구 주택, 도시형생활주택 등 비정형 주택의 시세를 자동 산출하는 기업이다. 그동안 연립·다세대 주택은 주택마다 면적이 다른 탓에 시세 책정이 어려웠다. 그 때문에 담보대출 시 감정평가를 별도로 받아야 했고, 감정평가를 받아도 대출비율이 낮았다. 빅밸류는 서민을 위한 금융서비스가 기술적인 한계로 도외시되는 것을 보면서 안타까움을 느꼈고 이를 혁신하기 위해 창업됐다.

첫 시작인 빌라 시세 자동 산출 서비스를 넘어 시세 기반 분양가 예측 AI 솔루션과 프랜차이즈 매출 추정 AI 솔루션 등으로 사업을 확대 중인 빅밸류. 핀테크와 프롭테크를 아우르며 빠르게 성장 중인 빅밸류는 사명 그대로 AI 빅데이터 밸류에이션valuation을 통해 부동산 분야에 새로운 가치를 만들어가고 있다.

세계 지형을 바꿀 수 있는 변곡점이 왔다

빅밸류에서 경영 및 사업 관리를 총괄하는 김진경 대표는 대학에서 경영학을 전공하고 사법고시에 합격 후 로펌에서 부동산 전문 변호사로 일했다. 그렇게 부동산 자문 업무를 담당하다가 부동산 금융에 관심을 끌게 돼 활동 분야를 넓혀 금융회사 IB 본부로 이직했다. 이후 자산 유동화, 부동산 PF 등 금융실무를 직접 경험하고 2015년 5월, IT 및 빅데이터 전문가인 세 명의 공동창업자와 함께 부동산 금융 분야의 혁신을 꿈꾸며 빅밸류를 창업했다.

김 대표는 전 대한변협 스타트업 규제혁신위원이며, 4차 산업혁명위원회 데이터 제도혁신 자문위원, 건국대 부동산대학원에서 글로벌 프롭테크 겸임교수로도 활동하고 있다. 97학번인 김 대표는 대학 시절, 인터넷 관련 분야가 급성장하는 닷컴버블dot-com bubble을 겪었다. 그 당시 IT 벤처 기업들이 우후죽순으로 생겨났다. 이 분야에 큰 호기심을 갖고 방학 때 벤처 기업에서 인턴으로 일하며 창업 세계를 처음으로 경험했다. 그렇게 15여 년이 지나 다시 그때처럼 국내에 스타트업 창업이 큰 붐이 일었고 김 대표 마음 깊숙이 잠재돼 있던 창업가 정신이 다시 샘솟았다.

"4차 산업혁명은 닷컴버블과는 달리 세계 경제 지형을 바꿀 수 있는 중요한 변곡점이라 생각했습니다. 클라우드 서비스를 경험하면서 다양한 기술들로 세상이 바뀌는 게 느껴졌죠. 앞으로 빅데이터가 큰 흐름이 될 것이라 확실했고 여러 준비 과정을 거쳐 빅밸류를 창업했습니다. 마침 IT 전문가인 구름 공동창업자와 함께 부동산이란 전공 분야를 살려 빅데이터를 활용한 차별화된 서비스를 제공하면 승산이 있겠다고 판단했습니다."

해외 시장에도 빅데이터를 활용한 성공 사례들이 있었다. 2009년부터 미국 오바마 정부는 공공 데이터 오픈 정책을 추진했으며, 영국은 2010년부터 내무부를 비롯한 여러 부처에서 오픈 데이터 정책을 본격적으로 진행했다. 정부 차원의 공공 데이터 개방 정책이 추진됨에 따라 세계적으로 데이터 기반 부동산 비즈니스 성공 사례가 하나둘씩 나타났다.

국내 역시 2008년 부동산 실거래가 공공정보로 개방되고 2015년부터 정부에서 건축물대장과 같은 공적 장부들이 공공 데이터로 공개되면서 앞서 성공한 해외 핀테크 서비스처럼 국내에도 부동산에 빅데이터 및 AI 기술을 접목한 서비스를 내놓으면 성공 가능성이 클 것이라 확신했다.

정보기술을 결합한 부동산 서비스 산업인 프롭테크는 부동산도 알고 금융, 정보기술도 모두 알아야 하기에 쉽게 도전할 수 있는 분야가 아니다. 하지만 김 대표는 법조계는 물론 증권업계, 스타트업계 등 여러 분야에서 이력을 쌓았고 그 경험은 빅밸류를 이끄는 큰 밑거름이 됐다.

부동산 시세도 AI로

빅밸류의 첫 시작은 자산관리 서비스가 목표였다. 하지만 자산의 가치를 어떻게 평가할지를 검토하는 과정에서 틈새시장이 보였다.

"우리나라에서 부동산은 개인 자산의 75%를 차지하는 중요한 자산입니다. 그런데 이전까지 부동산 시세 정보는 대부분 아파트 위주가 중심이었죠. 입지나 형태가 각기 다른 연립·다세대 주택 등은 국내 주택의 50% 이상을 차지하는데 이런 기본 중 기본이라고 할 수 있는 시세 정보 자체가 없었습니다. 그 때문에 비정형 주택 거주자들이 은행 대출받을 때도 상대적으로 금리가 높게 책정되거나 제2 금융에서 대출을 받는 등의 불이익이 많았죠."

연립·다세대 주택 거주·매수자는 은행 대출이 필요하면 따로 감정평가를 받아야 한다. 아파트를 제외하면 은행은 참고할 객관적 시세 정보가 없다. 주택담보대출 소비자는 감정평가 비용을 감수해야 하고 은행은 소액대출에 적극적이지 않아 실제 담보대출 성사 비율도 아파트에 비해 미미했다. 김 대표는 이 점에 집중했다. 빌라 시세 정보를 자동으로 산정해주는 시스템을 만들면 서민의 대출길이 넓어지고 은행은 은행대로 고객층을 확대할 수 있다고 봤다.

이렇게 탄생한 것이 빅데이터 기반 AI 기술이 적용된 '자동 시세 산정 솔루션'이다. 연립·다세대 주택과 나홀로 아파트 등 비정형 주택의 시세를 자동으로 산출해 주요 시중 은행과 금융회사, 핀테크 기업 등에 공급하고 있다.

'자동 시세 산정 솔루션'은 면적·위치·연한·대지권 비율·주차장

유무 등 부동산의 가격을 결정하는 수백·수천 가지 변수를 뽑아 이를 실거래가 데이터와 비교하는 과정을 AI에 무한으로 반복 학습하면서 각각의 변수가 부동산 가격에 미치는 영향을 추출하는 방식이다.

"정형화된 아파트와 달리 제각각인 형태와 규모의 비정형 주택은 상대적으로 시세 산정이 어렵습니다. 부동산 감정 전문가가 한 빌라 시세를 평가한다고 하면 그 빌라와 유사하다고 생각하는 주변 2~3개 정도의 빌라를 인위적으로 선택해 비교해 가격을 산출하죠. 빅밸류의 부동산 '자동 시세 산정 솔루션'은 해당 빌라의 반경 1킬로미터 단위부터 시작해 가장 가까운 곳의 실거래 과거 사례를 모두 뽑아냅니다."

아파트보다 비정형 주택인 빌라는 여러 가지 요소가 다르다. 빅밸류의 부동산 '자동 시세 서비스'는 이런 것들에 대한 각각의 변수 데이터까지 AI를 통해 모두 학습시켰다. 또 각각의 실거래를 쌍으로 묶어 이 빌라와 주변 빌라의 가격 차이는 어디서 발생하는지 등에 대해서도 반복 학습해 자동으로 비정형 주택 시세를 산출한다. 당연히 비정형 주택이 많이 밀집된 곳일수록 사례가 많아 학습이 잘 이뤄지며 정확도가 높다. 과거에는 사람이 이런 연산을 하려면 오랜 시간과 많은 공이 들기에 불가능했다.

빅밸류는 기본적으로 정부에서 개방한 공공 데이터를 활용한다. 공적 데이터가 가장 신뢰할 수 있는 데이터이기 때문이다. 이를 방대한 거래사례 빅데이터를 가지고 시세를 자동으로 측정한다.

"현재 시점에서 시의적절하게 가지고 있는 실거래가 데이터는 약 5%가 되는데 빅밸류는 그 나머지 95% 실거래에 라벨을 붙이듯이 시세를 추정해서 매월 제공합니다. 개인은 하루에 3번 무료로 조회

할 수 있습니다. 금융 기관에서는 당연히 월별로 매월 업데이트되는 데이터가 필요한데 그동안은 없어서 사용하지 못한 것이었습니다."

빅밸류는 김 대표 이외에 우수한 인력 26명이 서비스를 개발하고 있다. 12명이 석사 이상 데이터 사이언티스트고 7~8명이 IT 개발자다. 이 외에도 부동산학 박사, 통계학 석사 출신의 인력들을 갖추고 있으며, 팀장급은 통계학 석사, 금융공학 석사, 부동산 박사들이 연구를 담당하고 있다.

부동산 시세, 빅데이터는 거짓이 없다

2017년 1월, 빅밸류는 연립·다세대 시세 정보 서비스를 공식 런칭하고 그해 12월, 주소 검색 기반의 자동시세 산정 솔루션 '빌라시세닷컴villasise.com'을 출시했다. 그리고 2018년 9월, 금융위원회 지정대리인 기업에 선정되면서 11월, B2B 법인전용 부동산 시세 조회 플랫폼을 연달아 선보였다.

지정대리인이란 금융위원회가 선정·관리하는 제도로, 혁신기술을 보유한 핀테크 기업이 금융회사의 업무를 위탁받고, 금융회사와 협력해 혁신금융 서비스를 시범적으로 운영하는 제도다.

빅밸류는 빅데이터 기반 주택 자동시세 산정 솔루션을 개발해 최근까지 지정대리인에 4번 선정됐다. 선정 기업 최초로 2018년 9월, 하나은행과 위수탁계약을 체결하고 연이어 2019년 1월, 신한은행과 위수탁계약을 체결해 시중 은행의 부동산담보대출 시 시세 기준으로 활용될 수 있는 솔루션을 제공했다.

빅밸류의 부동산 '자동 시세 산정 솔루션'은 국토교통부의 실거래 가(공공 데이터)를 기준으로 AI를 활용해 주택 시세를 산정하는 서비스로 산정 대상 주택과 근거리에 있는 유사한 주택 매매 사례를 짧은 시간 안에 연산·학습해 0.1초 안에 결괏값을 제공한다. 빅데이터와 AI를 통해 이전에 시세 산정의 어려움을 겪었던 연립·다세대 주택의 시세 산정을 빠르고 정확하게 산출하는 혁신성을 공식적으로 인정받은 것이다.

2015년, 창업 초기부터 개발한 연립·다세대 시세 정보 서비스 '빌라시세닷컴'이 세상에 나오기까지 약 2년이라는 시간이 걸렸다. 우선 빅밸류가 서비스하고자 하는 AI 알고리즘을 만들기 위해서는 정확한 데이터를 수집하고 이를 정제하는 과정이 필요했다.

"AI 알고리즘을 학습하기 위해서는 데이터 수집과 가공·처리하는 과정들을 거치는데, 막상 시작해보니 많이 시간이 필요한 엄청난 일이었습니다. 공공 데이터도 오류가 많았기에 이를 가공하고 정제하는 것 자체가 시간이 오래 걸렸죠. 가장 먼저 무수히 많은 데이터의 재정리 작업을 했습니다."

2015년 말, 사업을 시작한 당시에는 빅데이터·AI가 생소한 분야였기에 출발이 순탄치 않았다. 사업계획서를 들고 투자 미팅을 다녔는데 사업 초기만 해도 '데이터를 기반으로 인공지능을 활용한 시세 서비스를 만든다.'라는 개념을 전혀 이해하지 못하는 은행 담당자들이 많았다. 하지만 곧 AI에 대한 전 국민적 관심이 높아진 계기가 생겼다. 바로 2016년 3월, 이세돌 9단과 알파고가 펼친 세기의 대국. 빅밸류는 이런 흐름을 파악하고 빠르게 자체 개발한 기술 특허를 본격적으로 등록하기 시작했다. 현재 특허 등록이 완료된 건이 5개가 있다. 핵심적인 특허는 대용량의 부동산 데이터를 이용한 부동산 시세 추정 시스템이고 이 빅데이터 시스템 자체도 특허 등록돼 있다.

이렇게 2년에 달하는 노력 끝에 기다리던 투자 소식이 들려왔고 2018년 하나은행 '애자일랩', 신한은행 '퓨처스랩' 등 은행의 스타트업 육성 프로그램 대상자로 잇따라 선정되면서 은행과 협업할 기회를 얻었다. 그 결과 빅밸류는 금융위원회의 지정대리인(1, 2차)으로 선정돼 이 두 은행의 빌라 담보대출 심사 시 기준이 되는 시세 산정 업무를 위탁받았다. 이어 대구은행, 웰컴저축은행, SBI저축은행의 지정대리인으로도 선정됐다. 1~3차, 6차 지정대리인에 선정돼 총 4차례 지정대리인 기업으로 이름을 올린 기업은 빅밸류가 유일하다.

그렇게 김 대표는 서비스를 고도화하며 다양한 분야로 사업을 성장시켜 가던 중, 2020년 5월 한국 감정평가사협회에서 '감정평가 및 감정평가사에 관한 법률'을 위반했다는 이유로 고발을 당했다. 하지만 김 대표는 창업하기 전부터 이미 전직 부동산 변호사답게 로펌에 의뢰해 법률적인 검토를 완벽히 마치고 사업을 시작했다.

"결국은 어떤 기술을 사용했느냐의 차이입니다. 시세 정보를 제공하는 서비스는 이미 KB아파트시세에서 하고 있었습니다. 다만 산출 과정이 단순한가 혹은 저희처럼 기계 학습을 시킨 AI 기술이 들어간 복잡한 산술인가의 차이일 뿐입니다. 저희가 주장하는 법적인 논점이 바로 이것입니다."

부동산 시세를 AI 기술로 산출하는 '시세 자동 산정 솔루션'으로 감정평가사라는 직업이 없어질 위험에 처한 건 아닌가?' 하는 질문에 김 대표는 AI 시대로 변화 중인 지금, 이런 문제는 감정평가사만 해당하는 건 아니다. 변호사, 세무사도 다 비슷하다고 말한다.

"AI 기술이 사람을 완전히 대체하리라 생각하지 않습니다. 정보를 수집하고 리서치하는 일정 영역에서 대부분 데이터로 많이 대체될 것으로 보입니다. 이런 부분들이 기술로 대체가 가능한 것이고 어느 특수한 개별적 문건에 대한 평가나 판단은 결국 사람이 해야 하는 일이죠. 다른 전문직 영역도 마찬가지입니다. 핵심적인 영역에서 역할은 계속 유지가 될 것입니다."

해당 고발 건은 2021년 5월 경찰의 '무혐의' 불기소 처분으로 일단락됐다. 법률 위반 사실이 없다는 사법적 판단을 얻어낸 것이다.

김 대표는 기계적이거나 단순한 역할 부분들은 기술적으로 대체가 될 수 있으나, 핵심 영역에는 반드시 사람이 필요하고, 그런 영역에서 인간의 영향력이 오히려 더 커질 수 있다고 강조한다. 이뿐만이 아니다. 데이터도 이슈가 많다. 이 산업만의 문제는 아니다. 공통으로 모든 영역에서 일어나고 있는 일이다. 그래서 빅밸류는 신뢰도를 더욱 높이기 위해 외부 평가법인이나 도시 계획전문가 등과 협업하며 자문하기도 하고 공동으로 서비스 개발 및 연구를 진행한다.

분양가 예측부터 상권 분석, 도시계획까지

빅밸류는 부동산 정보 제공 서비스에 주력하는 회사다. 첫 시작을 시중 은행으로 선택한 것은 은행이 가장 진입하기 어려운 고객이고, 부동산 데이터라는 게 신뢰도와 공신력이 굉장히 중요하기 때문이다. 그래서 어렵고 힘들지만, 은행에서부터 출발했다. 은행이 빅밸류 서비스를 사용하면 그다음으로 확산하는 것은 한결 빠르고 수월하다.

빅밸류는 부동산 빅데이터를 보유하고 이를 정제·가공해 서비스하는 데 특화된 기술력을 가지고 있다. 이를 기초해 건설 시행·시공 등 부동산과 연관된 산업군으로 확장해 갈 계획으로 서비스 모델을 다각화하고 있으며 지난 2021년 3월, 부동산 시세 기반 '분양가 예측 AI 솔루션'을 개발했다.

빅밸류 '분양가 예측 AI 솔루션'은 사업지에 대한 정보를 분석하고, 여기에 AI 딥러닝 기술을 접목해 경쟁 입지에 대한 다각도에 걸친 분석을 실시간으로 진행한다. 건설사 내부에서 전문인력이 수 주간 분석과정을 거쳐야 했던 과정을 단 10분 안에 처리할 수 있도록 하는 혁신적인 기술이다. 또한, 전문가의 경험과 판단에 의존하던 기존 방식을 개선해 객관화된 지표로 정량분석함으로 의사결정 오류를 최소화할 수 있다는 점 역시 장점으로 꼽힌다.

빅밸류는 매월 공간데이터를 정제해 건설사·시공사 등에 공급함으로써 시스템 정확성을 지속해서 유지하는 서비스를 제공할 방침이다. 동시에 건설업계의 시공 경험과 노하우를 AI 학습을 통해 고도화하고, 각 건설사 브랜드에 최적화된 분양가 산정 프로세스를 제공할 예정이다.

신규 개발지 조사 솔루션도 제공한다. 빅데이터를 기반으로 전국 단위의 토지정보를 분석하고, 개발 가능 입지를 탐색해 사업성을 검토하는 기능도 탑재할 계획이다. 개발지 탐색에는 부동산 분야의 규제정보, 정책 검토, 재건축, 재개발 입지 등에 대한 종합적인 사업성 분석 도구가 사용된다. 건설사는 신규 개발지 탐색을 통해 사업 범위 확대의 효과를 기대할 수 있으며, 기존 개발사업의 고도화도 꾀할 수 있다. 또한 개발 의사결정에 정량 지표를 통한 판단 기준을 세울 수 있어 사업 효율성을 개선하고, 수익성을 극대화할 수 있다.

우리의 모든 활동은 공간, 즉 부동산을 토대로 이뤄진다. 이 부동산 데이터를 기반으로 융합될 수 있는 분야가 무궁무진하다는 뜻이기도 하다. 빅밸류가 준비 중인 또 다른 서비스로 상권 분석 솔루션이 있는데 이 역시 모든 공간데이터를 기반으로 갖추고 있기에 가능한 것이다. 사람들이 어디에 어떻게 거주하고, 어떻게 활동하는지 등의 데이터를 융합하면 분석할 수 있는 것들이 매우 많아진다.

"상권도 어디서, 어떻게 매출이 많이 일어나는지 등의 데이터를 통해 매출 추정이 가능합니다. 카드 사용이나 유동 인구 데이터를 적용하면 장기적으로 자영업자, 소상공인들이 사업할 때도 어떤 입지가 가장 유리할지에 대한 입지 분석이 나올 수 있습니다. 상권도 개인 맞춤 서비스가 다양하게 진화 가능한 것이죠."

빅밸류는 현재 국토부의 연구과제들도 진행 중이다. 그런 과제의 대부분 과거 데이터들 기준으로 이뤄지고 있는데, 실제로 국토계획에 사용되는 인구 등의 정보가 현실하고 많이 동떨어져 있다. 기술적으로는 실시간으로 변하는 자료를 수집해서 활용할 수 있지만, 아직 도시계획에 그런 데이터 반영이 안 되는 실정이다. 국토나 도시계획도 빅데이터를 기반해 이뤄져야 하며 그래서 빅밸류는 연구과제를 통해 데이터 기반 도시계획을 순차적으로 준비하고 있다.

"현재 빅데이터를 활용한 AI 기술을 도입하면 사회 전반의 비효율적인 부분들을 많이 개선할 수 있다고 봅니다. 정부 역시 디지털 정부로 가기 위한 다양한 정책들을 계획·실행하고 있죠. 지금이 바로 디지털 거버넌스(Governance, 공동의 목표 달성을 위해 주어진 자원 제약 아래서 모든 이해 당사자들이 책임감을 느끼고 투명하게 의사결정을 수행할 수 있게 하는 제반 장치)를 구축하는 시기이기에 빅밸류도 정부 차원에서 활용할 수 있는 방안이나 기술 개발들을 준비하고 있습니다."

빅밸류는 더 정확하고 발전된 데이터연구를 위해 꾸준히 데이터연구 인력을 채용하고 있다. 앞으로 데이터 인력의 수요가 더 높아질 것이지만 지원자와 비교하면 선발할 인력은 현재 부족한 상황이다.

"지금 대학에서도 데이터나 AI 관련 교육이 분명 이전과는 다르게 많이 바뀌고 있습니다. 하지만 아직은 과도기라 시장에서 인력이 굉장히 부족 상황이죠. 이 분야에 준비를 많이 하는 것이 좋을 것 같습니다. 데이터 사이언티스트의 기본은 바로 툴을 사용하는 능력입니다. 하지만 핀테크, 프롭테크 등 산업 융합은 어느 한쪽만 알아서는 부족하죠. 전반적인 실물 경제에 대한 다양한 지식과 경험이 갖춰지고 여기에 기술적인 데이터 분석 능력이 결합해야 제대로 된 데이터 분석이 가능합니다. '각 산업에서 요구하는 인사이트를 줄 수 있는 그런 분석 능력이 가능한가? 그리고 그것을 커뮤니케이션할 수 있는 능력이 있느냐?'가 중요하기에 그런 것들을 준비할 수 있는 인력들이 많이 나와 줬으면 합니다."

인공지능 ETF,
수익률이 높다고?

| 크래프트테크놀로지스 |

이제 투자를 경험과 감으로 하는 시대는 지났다. 사람보다 정확한, 빅데이터를 학습한 AI가 더 뛰어난 투자 성과를 가져온다는 게 국내 핀테크 스타트업, 크래프트테크놀로지스에 의해 증명됐다.

크래프트테크놀로지스 김형식 대표는 2019년 5월 21일, 뉴욕 증권 거래소에서 상장 벨을 울리며 한국 금융 스타트업으로는 처음으로 뉴욕증시에 AI 기반 ETFExchange Traded Fund(상장지수펀드)를 상장했다. 상장 이후 2021년 5월 21일까지 수익률이 78.36%에 달한다. (AMOM ETF 기준) 같은 기간 50.21% 상승한 S&P500 지수 대비 약 28.15% 높은 초과 이익을 거뒀다. 사람이 개발한 AI 기술이 사람을 능가한다는 것을 결과로 보여준 셈이다.

ETF는 펀드를 거래소에 상장시켜 투자자들이 주식처럼 편리하게 거래할 수 있도록 만든 금융 상품이다. 크래프트는 AI 기반의 ETF 상품을 선보이는 회사다. 현재(2021년 5월 기준) 'QRFTQraft AI-Enhanced U.S. Large Cap ETF', 'AMOMQraft AI-Enhanced U.S. Large Cap Momentum ETF',

'HDIV~Qraft AI-Enhanced U.S. High Dividend ETF~', 'NVQ~AI-Enhanced U.S. Next Value ETF~' 총 4종 미국 주식 ETF를 뉴욕증권거래소~NYSE~에 상장해서 운용 중이다. 미국 증시는 글로벌 자본 시장을 대표하는 곳인데 그곳에서 한국 스타트업이 만든 AI ETF가 세계적인 자산운용사들의 ETF를 제치고 선전하고 있다.

크래프트는 금융 전문가가 아닌 호기심과 도전 의식이 가득한 공대생들이 똘똘 뭉쳐 만든 AI 기업이다. 투자 효율성을 극대화하는 자체 AI 기술을 보유하며 자산 운용 분야의 AI 로보어드바이저~robo-advisor~(로봇~robot~과 투자전문가~advisor~ 합성어)에서부터 AI 펀드 운용, AI 주문집행시스템 등으로 이 전에는 볼 수 없었던 글로벌 혁신을 이뤄가고 있다.

뉴스 키워드로 주식을 사고 파는 시스템

크래프트테크놀로지스 김형식 대표는 서울과학고와 서울대 전기공학부를 졸업했다. 공대생인 그가 투자의 첫발을 들인 건 2001년 병역 특례로 번역 프로그램을 개발하는 중소기업에서 개발자로 근무한 시기로 거슬러 올라간다.

그 회사는 지금으로 보면 구글 번역기와 비슷한 자연어 처리 프로그램을 만드는 곳이었다. 세계인의 축제인 2002 월드컵 열풍을 기대하고 만든 번역 프로그램이었지만 IT 거품이 꺼지는 시기를 맞으면서 회사는 점점 어려워졌다.

당시 회사 대표는 주식투자에 굉장히 관심이 많았다. 호기심과 도전 의식이 강한 김 대표를 알아본 그에게 뉴스 자연어처리 기반 주식 매매 시스템 개발을 권했고 김 대표 역시 이 제안을 흥미롭게 받아들였다. 그렇게 김 대표는 그때 난생처음 자의 반 타의 반으로 주식투자의 첫발을 뗐다.

"주식에 대한 기초 지식조차 없으니 당시 투자의 귀재라고 불리던 워런 버핏의 책을 사서 무작정 읽었습니다. 책의 핵심은 '가치투자'였죠. 낭시만 해도 지금보다는 가치투자가 대세였습니다. 처음에는 가치투자로 접근하다가 공대생의 DNA가 있으니 좀 더 시스템 방식으로 투자하고 싶다는 요구가 자연스럽게 생겼습니다. 처음에는 단순하게 접근했습니다. 종목마다 '특허 출원', 영업이익 상승' 등의 호재성 키워드에 점수를 매겨놓고, 해당 키워드가 포함된 뉴스나 공시가 발생하면 자동으로 주식을 사고 주가가 오르면 바로 파는 방식이었습니다."

공대생이었던 김 대표가 투자에 접근하는 다른 시선은 성공적이었다. 2001년 911테러가 발생한 시점에도 매월 30~40%의 수익률이 계속 발생했다. 지금보다는 장이 쉬웠던 환경 덕도 봤다. 이렇게 프로그램으로 돈을 벌 수 있다는 것이 공대생 김 대표에게는 매우 흥미로웠다.

"첫 주식이 바로 롯데칠성이었습니다. 이유는 단순했죠. 가치투자하면 워런 버핏이 가장 먼저 떠오르는데 그를 보면 코카콜라를 유독 좋아하잖아요. 그 당시 롯데칠성이 코카콜라와 비슷한 것 같았고 그래서 첫 주식으로 롯데칠성을 샀습니다. 그 당시 5만 원에서 20만 원으로 4배가 오른 상태였는데 너무 오른 거 아닌가란 고민도 했지만,

책을 보니 비싸더라도 사야 한다고 하더라고요. 그래서 롯데칠성 주식을 샀더니 100만 원까지 올랐죠. 그 뒤로는 가치투자가 롯데칠성만큼 성공적이지는 않았습니다."

김 대표는 스스로 개발한 자연어처리 기반의 주식 매매 시스템으로 주식투자를 테스트하면서 투자에 관심을 갖게 됐다. 매달 수익률이 30~40%씩 나는 것이 신기하고 재미있었다. 앞으로 대학 전공보다는 투자 쪽으로 가야 한다는 길이 확실하게 보이는 것 같았다.

"좀 더 주식 관련 공부를 하고 싶어 서울대학교 경제학 대학원에 들어갔습니다. 근데 경제학이라는 학문이 투자하고는 큰 관련이 없더라고요. 그때부터 저와 마음이 맞는 친구들과 함께 본격적으로 프로그램을 개발하기 시작했습니다."

김 대표는 다른 이들과 같이 대기업 연구원으로는 가기 싫었다. 뭔가 새로운 일에 도전하고 싶었다. IT 거품 붕괴 영향이 있던 시기였지만 주가는 계속 오르고 있었고 현실보다는 마음이 이끄는 대로 하고 싶었다. 그래서 과감히 남들이 선망하는 대기업 취업보다는 창업을 선택했다.

생존을 위한 최선의 방법은 이것

크래프트라는 이름을 처음 쓴 건 2010년이다. 그러다 6년 후인 2016년에 공학과 금융을 융합한 회사인 크래프트테크놀로지스를 설립했고 지금까지 이 길을 걷고 있다. 김 대표도 승승장구의 길만 걸은 것은 아니다.

개인투자자의 과도한 투자에 따른 시장 과열이 쟁점이 되자 정부는 2011년부터 옵션 매수 전용 계좌를 폐지했다. 그리고 여러 규제가 생기면서 파생상품 시장에서 개인투자자들이 많이 빠져나갔고 기관들의 비중이 커지게 되면서 파생상품 전략 위주였던 회사는 침체의 늪에 빠졌다. 프로들끼리 경쟁을 하는 시장이 되니 회사 수익이 크게 나지 않았다.

"그 당시 외국의 퀀트 헤지펀드들은 어떻게 운영하고 있는지 보니 박사급 연구원들 100명이 투자전략을 찾고 있었습니다. 저희는 그런 인력도 부족하고 투자를 할 수 없으니 이를 자동화시키지 않으면 답이 없겠더라고요."

투자전략을 한 사람이 한 달에 1~2개 찾는 속도로는 게임이 안 됐다. 전략을 찾는 속도보다 기존 개발한 전략의 성과가 없어지는 속도가 더 빨랐다. 운영할 수 있는 규모가 점점 줄어갔다. 그러다 우연히 지인의 결혼식장에서 미국 스탠퍼드 대학에서 AI를 전공한 친구를 만났다. 미국에서는 한창 딥러닝이라는 신경망 기반 AI 기술이 주목받고 있다는 정보를 얻었다. AI를 활용하면 인력이 그다지 많이 필요하지 않았다. 그래서 직원이 6명인 크래프트에게 유리했다. 또 모두 컴퓨터공학 출신의 엔지니어이니 어느 정도 승산이 있어 보였다. AI 도입은 말 그대로 크래프트의 생존이 걸린 문제였기에 반드시 제대로 풀어내야 했다.

크래프트는 2010년 창업 초기부터 컴퓨터 알고리즘 기반의 파생상품 및 주식 거래 시스템을 개발하며 퀀트하우스(금융공학전문운용사)로서의 일을 하고 있었다. 그러다 '로보어드바이저', 'AI' 등의 키워드가 주식 시장에 속속 등장하게 된 것이다.

"98학번인 저희 세대 때는 AI의 암흑기 시절이었던 것 같습니다. 수업시간에 주로 신경망 기반 AI는 한계가 있다는 것을 배웠습니다. 다시 AI를 공부했고 신경망을 통해 투자전략을 찾는 모델을 개발했습니다. 처음에는 수익이 극적으로 늘지 않았지만, 점차 성과가 좋아졌습니다. 그러다 국내 금융 기관에서 AI 펀드에 들어간 엔진을 같이 만들어보자는 제안들이 들어왔고 B2B 사업을 추진하기 위해 2016년 1월 '크래프트테크로지스'란 법인 회사 설립하게 된 거죠."

본격적으로 AI 기술을 도입한 크래프트테크로지스는 사업 초반부터 안정적인 이익을 얻으며 기술 개발에 집중했다. 설립자 3명, 개발자 3명 직원이 총 6명이었는데 모두 100% 컴퓨터공학 출신의 엔지니어였고 현재는 직원 수 40명 중 27명이 엔지니어다.

크래프트의 AI는 최적의 투자전략을 찾는 기술이다. AI는 영어로 Artificial intelligence, 인공지능이라는 의미다. 자동을 뜻하는 오토매틱 지능automatic intelligence도 AI로 부르는 경우가 많다. 이 둘 다 자동화된 시스템은 맞다. 하지만 그전에는 투자전략을 사람이 찾았다. AI라 부를 수 있는 건 데이터를 보고 학습을 통해 프로그램이 스스로 최적의 전략을 찾을 수 있어야 한다. 사람이 개입해서는 안 된다. 결과는 같을 수 있으나 프로그램 스스로 투자전략을 찾을 수 있느냐, 아니면 사람의 판단하에 찾느냐의 차이다.

"미국 대형주에 투자하는 AI ETF인 QRFT(크래프트 AI인 햄스터 대형주 ETF) 목표는 딱 하나입니다. S&P500지수 대비 리스크 조정수익률의 최대화입니다. S&P500지수는 미국 대형주에 시가총액대로 투자하는 건데, AI가 시가총액대로 하면 똑같은 결과가 나올 것이고, 다른 함수대로 투자해야 다른 결과가 나옵니다. AI 역할은 그 함수를 찾는 일이죠."

사람은 유형자산 나누기 시장가치가 높은 기업(가치투자)에 투자하면 되겠다는 식의 여러 가지 생각을 할 수 있다. 그 안에 들어갈 수 있는 함수는 매우 많다. 그 셀 수 없이 많은 변수 데이터를 모두 계산하면 현존하는 슈퍼컴퓨터의 성능을 한참 넘어선다.

"그럼 크래프트의 AI가 뭘 하냐면 바둑과 비슷하다고 생각하면 쉽습니다. 바둑도 컴퓨터가 그 수를 다 볼 수 없습니다. 오목은 예전부터 컴퓨터가 이겼는데 바둑은 경의 수가 너무 많아서 그 수를 다 계산해보기가 불가능하죠. 아무리 슈퍼컴퓨터를 갖다 놔도 못 돌려 봅니다. 그럼 알파고는 어떻게 사람을 이겼냐고 하면, 알파고는 일어날 수 있는 경우의 수를 모두 다 계산하는 것이 아니라 안 해봐도 되는 수를 제거할 수 있는 학습을 잘한 것입니다. 사람도 마찬가지죠. 바둑을 둘 때 어떤 개념을 갖고 둡니다. 몇 수는 생각해보지만, 여기에 두면 어떻게 되는지 모든 경우에 대해 다 계산하지는 않습니다. 수를 좁혀 스스로 해답을 찾아내죠. 크래프트의 AI 역시 이렇게 좁혀진 경우의 수 내에서 적절한 함수를 탐색하고, 이를 조합한 최적의 결과로 투자를 진행합니다. 운용과정에서는 데이터를 제공하는 것 외에 사람의 개입은 일절 하지 않습니다."

크래프트는 이런 투자전략 찾는 AI 프로그램들을 지금도 꾸준히 고도화하고 있다. 문제마다 적절한 모델이 달라지고 새로운 모델도 계속 나오고 있어 지속적인 연구가 필요하기 때문이다. AI는 좋은 데이터를 줄수록 이를 잘 학습하고 적절한 함수를 찾아갈 수 있다. 수식은 트리 구조로 돼 있는데 큰 칠판 하나를 가득 채울 정도로 굉장히 복잡하다. 왜 이렇게 복잡한 식이 나오는지는 나중에는 알 수 없을 정도다.

"이렇게 프로그램을 돌려보면 단기 투자전략도 나올 수 있고, 기존에 사람이 발견해 잘 알려진 전략이 재발견되기도 합니다. 모멘텀 전략의 경우에는 모멘텀 계산에서 과거 1년 수익률을 보지 말고 1년을 보되 앞 6개월의 수익률이 높은 주식에 투자하라는 식이 도출된 것이 있는데, 나중에 찾아보니 2006년 유명한 재무학자가 발표한 논문에 실린 내용이더라고요. 최근까지 급등한 주식들은 위험하니 사람의 감으로 보면 당연한 얘기일 수 있으나 AI는 그런 사실조차 모르고 발견한 결과이니 신기한 거죠."

크래프트의 운용시스템은 수많은 데이터를 학습해 기반 투자전략을 찾는 AI, 그리고 이 투자전략들을 어떻게 조합해야 최고의 결과를 도출할 수 있는지를 찾는 AI의 두 가지 시스템으로 구성된다. 어떤 상품이든 시스템의 기본 구조는 같다. 투자전략을 찾는 AI는 데이터 아이템을 조합하고, 최종 포트폴리오를 산출하는 AI는 찾아낸 투자전략을 조합한다.

인공지능 ETF 4종 뉴욕증권거래소 상장

크래프트의 첫 사업 모델은 신한·하나·기업·부산·경남은행 등 주요 금융 기관에 로보어드바이저 솔루션을 B2B로 제공하는 것이었다. 그리고 AI 기술을 본격적으로 도입하면서 직접 AI 기반의 액티브 ETF 상품을 만들었고 2019년 5월부터 'QRFT', 'AMOM', 'HDIV', 'NVQ' 총 4개의 AI ETF 종목을 뉴욕증권거래소NYSE에 상장했다.

'QRFT'는 플래그십 상품이라 회사명과 똑같은 이름을 붙였다. QRFT는 AI를 활용해 S&P 500지수를 이기기 위해 만든 크래프트의 첫 번째 AI ETF다.

"S&P500을 타깃으로 'QRFT' 상품을 만든 이유가 있습니다. 1970년 이후 S&P500을 이긴 펀드는 미국 전체 펀드에서 1% 미만입니다. 그만큼 이기기 어렵다는 뜻인데 이를 데이터를 학습해 최적 투자전략을 찾는 AI 기술로 이겨보고 싶었습니다. 결과적으로 좋은 성과를 내고 있으며, 데이터를 읽고 분석하는 효율로 치면 AI가 사람보다 나을 수 있다는 것을 증명하고 있습니다."

AI 모멘텀의 약자인 'AMOM' 역시 AI로 보다 나은 모멘텀 투자(추세 추종 투자) 성과를 내기 위해 만든 상품이다. 20년 5월 21일, 설정일 이후 21년 5월 21일까지 78.36%의 수익률을 올리며 S&P500지수 대비 약 28%p 높은 초과 수익을 기록했다. 이 외에도 2020년 2월 상장한 미국 대형주 고배당 AI ETF 'HDIV'가 있다. HDIV ETF는 미국 고배당주를 AI가 골라 투자해 높은 배당 수익률을 겨냥하면서 S&P500 지수 수준 토탈리턴을 추종할 수 있는 고배당주 ETF

다.

NVQ'는 AI 기술로 무형자산을 계량해 유형자산과 무형자산 가치를 동시에 고려하는 차세대 가치투자를 추구하는 ETF다. 개별 기업의 무형자산을 AI로 평가한다. 유형자산의 평가에만 쏠린 가치투자의 개념을 AI를 적용해 무형자산까지 확장하고자 개발한 상품이다.

2021년 3월, 크래프트테크놀로지스는 한국산업은행과 스마일게이트, 두나무파트너스로부터 각각 50억 원씩 총 150억 원의 투자금을 유치했다. 기존 투자자들은 미래에셋 자산 운용, 신한은행, 델타AI유니콘투자조합, NH-델타 핀테크 신기술조합 등이 있었으며 이로써 총 300억 원의 누적 투자 금액을 달성했다. 이번 투자로 연구·개발을 고도화하고, 글로벌 세일즈 및 마케팅 활동을 확대할 계획이다.

국내 내로라하는 대형 자산운용사들도 성공하지 못한 뉴욕 증권거래소 ETF 상장 및 압도적인 트랙레코드. 그것도 자체 개발한 딥러닝 기술을 기반으로 한 AI ETF로 국내 최초라는 역사적 한 페이지를 장식한 크래프트. 국내를 넘어 세계를 놀라게 하며 AI ETF의 선두주자로 확고히 자리매김한 것은 분명하다. 앞으로 크래프트가 AI 기술로 얼마나 새로운 금융 혁신을 이룰지 세계적인 관심이 몰리고 있다. 월스트리트저널의 자매지이자 100년의 역사의 미국 최고의 투자잡지 배런스Barron's는 2021년 5월 22일 탑뉴스로 크래프트의 AI ETF 스토리를 다뤘다.

투자 수익률 높이자, AI를 도입한 금융·핀테크 서비스 기업들

회사명	주요사업	내용
빅밸류	부동산 금융	• 딥러닝을 통해 부동산 시세 자동산정 솔루션 개발 • 국토교통부 실거래가 등 공간 빅데이터를 바탕으로 자동 산정한 시세를 통해 부동산 가격 결정요인을 정량화하고, 산출된 데이터를 바탕으로 AI를 활용해 분양가를 예측하는 연립주택 등 부동산 빅데이터를 통해 부동산 감정가 산출
로앤컴퍼니	법률상담 앱 로톡	• 법률 서비스 플랫폼, 변호사 법률상담 매칭 • '형량 예측 서비스' : AI 기술을 활용해 형사 사건의 처벌 수위를 가늠. 약 40만 건의 1심 형사 판결문을 AI 기술로 분석한 통계 데이터를 만들고 통계정보를 보여줌 • 월평균 법률상담 2만 3,000건, 가입 변호사 전국 4,000여 명
크래프트 테크놀로지스	금융 투자 솔루션	• 딥러닝을 통해 투자종목의 비중을 조절해서 벤치마크 대비 초과수익을 제공하는 AI 기반 투자 솔루션 업체 • 로보어드바이저, AI 거래, AI 분석 솔루션 등 제공 • 자체 개발한 AI ETF를 뉴욕 증시에 상장 거래 중
딥서치	금융 빅데이터 분석	• 시장, 기업 등 정형 데이터 뿐만 아니라 뉴스, 공시, 특허, 리포트 등 다양한 비정형 데이터도 융합해 분석하는 금융 빅데이터 스타트업 • 애널리틱스 서비스 : AI가 증권사 보고서 대신 작성, 기존 100여 명 애널리스트가 300개 보고서 작성, 애널리틱스 서비스 이용시 2~3명의 애널리스트가 3,000여 개 기업 커버 가능 • AI가 포트폴리오를 조정해주는 상장지수펀드(ETF) 상장
인터리젠	이상금융거래 탐지	• 이상금융거래탐지(FDS), 자금세탁방지(AML.RBA), 내부,개인정보유출상시감시(PIM), 통합로그분석(LMS), IP추적, 단말인증(iTracer) 시스템 서비스 제공 • 사용자 단말 정보를 수집하거나 별도 어플리케이션 깔지 않고도 탐지 가능
라스테크	인공지능 서비스 로봇	• 휴머노이드형 인공지능 로봇 개발, 자율주행 및 장애물 회피, 인공지능 기반 안내, 대화, 브리핑, 인공지능 감정인식, 텔레프레즌스, 게임 및 퀴즈를 통한 상호작용, 자율충전 기능 이외 다양한 특화된 서비스를 제공

회사명	주요사업	내용
두물머리	AI 투자자문	• 불리오 : 투자자의 성향과 목표수익률에 맞춰 펀드 등 적합한 투자상품을 추천해주는 로보어드바이저 서비스 • 불릴레오 : 능동적으로 리밸런싱할 수 있도록 모바일 앱으로 출시한 서비스. 고객이 여러 가지 투자시나리오와 운용자금 규모를 결정하면 투자상품 매수와 매도는 두물머리 측에서 결정해 운용 • 누적 고객 1만 4,000명, 운용자산 규모는 1,500억 원(21년 4월)
쿼터백 자산운용	로보어드바이저앱 쿼터백	• 비대면일임앱 쿼터백으로 손쉽게 자산관리를 할 수 있는 로보어드바이저 자산관리 서비스 제공 • 글로벌 ETF 빅데이터를 분석하는 자체 알고리즘 보유 • 인공지능 글로벌 자산배분
디셈버인 컴퍼니	로보어드바이저앱 핀트	• 투자 전 과정에 걸쳐 사람 손을 거치지 않고 AI가 담당하는 로보어드바이저 플랫폼 • 자체 보유 투자 전문 AI 엔진 '아이작(ISAAC)'과 운용 플랫폼 '프레퍼스(PREFACE)' 양대 기술이 주축 • 투자자 성향, 위험 회피 정도, 매매 빈도 등 가입 고객별 성향에 따라 맞춤형 투자 포트폴리오 구성 • 2년간 누적가입자 44만 명, 투자일임 10만 7,000계좌, 투자일임자산 403억 원 돌파
파운트	로보어드바이저앱 파운트	• 10만 원 소액부터 재테크 가능한 AI투자앱 파운트 운영 • 우리은행 퇴직연금에 인공지능을 활용한 종합자산관리 서비스 제공 • 2020년 운용자산 8,000억 원 돌파
에임	자산관리	• AI 자산관리 자문서비스업 • 전세계 77개국 12,700개 자산에 분산투자하고 경기사이클 변화 먼저 감지 • 2021년 4월 말 누적자산 4,428억 원, 맞춤형자문 받은 사람 65만 명

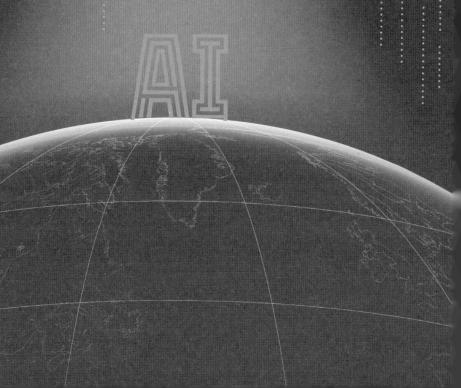

5장

공부하는 인간,
공부시키는 AI

-

교육

AI는 과연
인간보다 잘 가르칠까?

| 호두랩스 |

최근 에듀테크 시장이 급속도로 성장하고 있다. 에듀테크edutech는 교육education과 기술technology의 합성어로 AI, 빅데이터 등 최신 정보통신기술을 활용한 차세대 교육을 의미한다. 2020년 코로나19 확산으로 원격 수업이 본격화되면서 국내뿐 아니라 세계 교육업계의 가장 뜨거운 키워드로 떠올랐다.

그중 게임 기반 AI 영어학습 서비스인 호두잉글리시를 제공하는 호두랩스가 바로 이 에듀테크 붐의 선두에 있는 핵심 기업이다. 2020년 6월, 중소벤처기업부와 창업진흥원이 주관하는 '아기 유니콘' 40개 기업 중 유일한 에듀테크 기업으로 선정되며 큰 주목을 받았다. 탄탄한 비즈니스로 기업 가치 1조 원이 넘는 비상장 기업을 '유니콘'이라고 부른다면 '아기 유니콘'은 기업 가치 1,000억 원 미만의 기업을 말한다. 호두랩스가 바로 교육 분야 중 가장 장래가 촉망되는 유망한 아기 유니콘 스타트업이다.

2018년 설립된 에듀테크 기업 호두랩스는 게임화Gamification, AI, 빅데이터 등 가장 최신 기술을 활용해 아이들에게 영어의 재미를 느낄 수 있는 3D 게임 기반의 영어학습 서비스를 제공한다. 월 30만 원 이상을 호가하는 영어 학원, 연간 최소 3,000만 원대를 지급해야 하는 교육비 부담도 없다. 호두잉글리시는 게임 속 베티아 유학 연수비용은 평생 이용권 가격이 299,000원이다. 합리적인 비용으로 교육격차의 해소에 이바지하고 21세기를 살아갈 아이들이 평생 학습자로 성장할 수 있도록 돕는 일이 기업의 임무기 때문이다.

언제 어디서나 3D 게임 속에 베티아로 떠나 다양한 캐릭터들과 자연스럽게 대화하며 영어를 배우는 영어학습 서비스. 바로 AI이기에 가능한 요즘의 영어학습법이다.

교육의 큰 흐름, 에듀테크가 대세다

에듀테크가 등장하기 전, 2013년에는 교육education에 오락entertainment 을 접목한 에듀테인먼트Edutainment가 큰 붐을 이뤘다. 국내 에듀테인먼트 사업이 주목받으면서 해외 펀드 기업들에 국내 교육기업에 적극적으로 투자했고 많은 국내 교육기업에서 재미를 강조한 교육 서비스를 다양하게 출시했다. 글로벌 사모펀드 운용사 칼라일 그룹이 초·중등 전문 교육기업 토피아에듀케이션㈜에 투자를 시작했고 청담어학원도 그 시기에 상장했다.

하지만 결론적으로 에듀테인먼트는 국내에서 성공하지 못했다. 그이유는 바로 재미가 없기 때문이었다. 에듀테인먼트의 첫 기획 의도는 부모에게 놀이처럼 보이지만 교육의 목적으로, 아이에게는 교육처럼 보이지만 놀이로 인식되는 것이었는데 실상은 그 반대였다. 부모 눈에는 놀이로, 아이 눈에는 교육으로 비췄고 부모나 아이 모두에게 만족스럽지 못했다.

국내 에듀테인먼트 사업이 이렇게 망한 데에는 핵심적인 이유가 또 있다. 에듀테인먼트를 주도한 곳이 바로 엔터테인먼트 전문 회사가 아닌 교육 회사인 점이다. DNA 자체가 재미없는 교육 회사가 엔터테인먼트 회사처럼 재미있는 교육 콘텐츠를 만들겠다고 했으니 성공할 리가 없었다. 교육 회사가 아무리 재미있게 만들어 봤자 아이들이 엔터테인먼트라고 생각하는 수준의 절반도 되지 않았다.

그 당시 호두랩스 창업자인 김민우 대표 역시 웅진씽크빅에 재직하며 에듀케이션 분야를 이끌었다. 하지만 새로운 시도를 위해 외부의 게임 전문가와 협업하려고 해도 기존 교육업계 오너가 가진 고정관념은 쉽게 깨지지 않았다. 결국, 에듀테인먼트 콘텐츠는 아이에게는 재미없는 교육으로, 엄마에게는 단순히 오락으로 비췄다.

그다음이 바로 에듀테크다. 교육인 에듀케이션에 최신 기술인 테크놀로지가 결합한 방식으로 교육과 기술을 접목하겠다는 콘셉트는 좋으나 교육 회사 역시 기존 엔터테인먼트처럼 테크 관련 기업과 그리 친한 사이는 아니었다. 테크와 친한 기업들은 네이버, 다음, 엔씨소프트, 삼성전자 등 국내 산업을 앞장서서 이끄는 회사들이다. 웅진씽크빅, 대교, 교원 등은 국내를 이끄는 대표 교육기업이긴 하지만 이런 새로운 기술에 관해서는 준비된 적이 없었고 그전까지 전부 방문판매에 의존해 사업을 확대했다.

하지만 최근 국내 교육 회사들 역시 AI를 활용한 에듀테크로 전부 중심축을 옮겨가는 추세다. 문제는 바로 교육 목적에 맞는 AI 엔진에 적용할 데이터를 수집하지 못했다는 점이다. 각각이 추구하는 엔진에 맞게 데이터 구조를 짜고 데이터를 수집하는 과정이 필요한데 이를 아무도 준비하지 않았다. 국내 교육업계들은 이미 오래전부터 데이터를 쌓아왔다고 하지만 엔진에 적용할 수 있는 적합한 데이터는 아니었다.

"미국에는 여러 스포츠가 있습니다. 데이터를 활용한 분석 시스템 도입으로 가장 효율을 본 스포츠가 바로 메이저리그죠. 그 전부터 메이저리그에는 17세 이하의 선수가 완봉을 한 번씩 할 때마다 선수의 수명이 평균 7개월씩 짧아진다는 데이터를 갖고 있었습니다. 이 선수는 커브를 몇 개 던졌고 몇 이닝을 등판했는지에 대한 자세한 데이터를 꾸준히 수집하고 있었습니다. 하지만 다른 스포츠는 이런 데이터가 없었습니다. 그러니 메이저리그 야구가 AI와 슈퍼컴퓨터 득을 제일 빠르게 본 것이죠."

김 대표가 말하는 이 사례는 데이터의 수집이 AI 시대에 얼마나 중요한지를 말해준다. 이와 같은 맥락에서 국내 대부분 교육 회사들은 AI 시대를 대비할 데이터를 제대로 갖추지 않았다. AI 기술은 도입되더라도 실행이 바로 가능한 것이 아니다. 이 AI 엔진을 학습시킬 데이터를 모으는 데는 시간이 오래 걸리기에 엔진에 맞는 데이터를 미리 준비하는 것이 무엇보다 중요하다.

'호두잉글리시'는 2008년 국내 게임업체 엔씨소프트에서 처음 개발했다. 당시 국내에는 게임 인식이 그리 좋지 않았다. 하지만 엔씨소프트는 이런 편견을 깨고 게임이 사회에 선한 영향력을 끼칠 수 있다는 점을 증명하기 위해 교육용 게임을 기획했고 그게 바로 '호두잉글리시'다. 줄곧 교육업계에 몸담았던 김 대표는 그 당시 청담어학원을 운영하는 온·오프라인 교육 기업인 청담러닝에 근무했는데, 바로 이 호두잉글리시 게임 안에 들어가는 교육 콘텐츠를 청담러닝에서 담당했다.

"엔씨소프트가 주관한 개발 회의에 참석했는데, 기존 교육용 게임 콘텐츠가 너무 교육에만 초점이 맞춰져 게임업체가 보기에는 정말 재미가 없는 콘텐츠라는 것에 큰 충격을 받았습니다. 게임업체들은 몰입도를 높이기 위해 캐릭터들의 표정이나 동작 하나하나 정말 섬세하게 설계했죠. 줄곧 교육업계에 몸담았던 저로서는 틀을 깨는 새로운 계기가 됐습니다."

김 대표는 엔씨소프트가 미국 실리콘밸리에 본사를 둔 에듀테크 기업 키드앱티브에 호두잉글리시 운영권을 넘길 때 청담러닝에서 키드앱티브 아시아 총괄을 맡아 이직했다. 이후 2018년 김 대표는 호두잉글리시의 성공을 확신하고 호두잉글리시 사업부를 직접 인수해 호두랩스를 설립했다.

이렇게 호두랩스는 다른 국내 교육 회사와 시작부터 달랐다. 호두랩스는 웅진씽크빅, 파고다, 메가스터디 등 유수의 교육기업 출신과 여기에 엔씨소프트, 삼성SDS, 그라비티 등 게임 및 테크 기업 출신의 전문인력들이 모여 설립한 에듀테크 기업이었다. 교육과 테크의 생태계는 서로 다른데 이 두 업계가 한 팀을 이루기까지는 시간이 오래 걸린 것이다.

"엔씨소프트가 개발한 3D 몰입환경과 청담러닝이 담아낸 콘텐츠, 아이비리그 연구진의 학습 시스템이 모여서 호두잉글리시가 탄생했습니다. 제작비 300억 원, 제작 기간 6년, 할리우드 현지 녹음, 고품질 애니메이션 등의 노력이 호두잉글리시에 모두 담겨 있습니다."

호두랩스의 주력 서비스는 영어 말하기 학습 프로그램 '호두잉글리시'다. 유치원생과 초등학생이 주요 사용자다. 아이는 가상 세계 베티아의 6개 대륙을 탐험하면서 300여 명의 AI 캐릭터들과 직접 영어로 대화하며 다양한 미션을 수행한다. 이 과정에서 끊임없이 영어 환경에 노출되고 언어적 자극을 받아 서로 다른 삶과 문화도 경험한다. 말 그대로 3D 가상 세계로 떠나는 어학연수 프로그램인 것이다. 또 인터넷이 가능한 PC나 모바일에서 언제든지 학습할 수 있으며 몰입을 자극하는 풍부한 스토리는 영어를 놀이처럼 재미있게 학습하도록 도와준다. 아이는 이를 통해 공부 중이라는 사실을 잊고 4,300개의 상황 속에 빠져들어 다양한 미션을 수행하며 문제를 해결하는 능력을 키워나간다. 틀린 문장을 말해도 상관없다. 상황에 맞지 않게 말하거나 틀린 발음으로 말하는 경우, 캐릭터는 부드럽게 재시도를 요청하며 바르게 말할 기회를 준다. 이 과정을 통해 스스로 실수를 교정해 나가면서 아이들의 자신감이 향상된다.

아이를 가르치는 감성 AI 캐릭터

대부분 회사는 음성인식 AI 엔진을 오픈 API를 사용한다. 호두잉글리시는 아이들이 영어로 캐릭터랑 실제 대화한다. 구글 스피커가 사람을 이해하는 소통 방식과 목적 자체가 아예 다르다.

"사람은 친밀도를 높이기 위해 대화를 하죠. 하지만 음성인식의 목적은 친밀도 보다는 오로지 사용자가 무슨 말을 했는지 정확하게 알아들어서 그 명령을 수행하는 것입니다. 조명에 불을 켜 달라고 했는데 끄거나 GD의 노래를 찾아달라고 했는데 다른 노래를 틀면 그건 오작동입니다. 구글이나 애플의 음성인식은 이렇게 사용자가 무슨 명령을 내렸는지 정확하게 이해하는 데 목적이 있는 AI 엔진이죠. 그러다 보니 이 엔진으로 명령은 할 수 있는데 사람 간의 소통하는 진정한 대화는 불가능한 것입니다."

호두 잉글리시의 사용자인 아이들은 캐릭터랑 대화하면서 이 대화에 몰입이 돼야 한다. 사람과 대화에서 우리는 상대가 80~90% 정도 이야기를 하면 끝까지 듣지 않아도 그 말에 끄덕이거나 되묻는 등의 반응한다. 왜냐하면, 그 정도 들으면 어떤 이야기를 하려는지 알기 때문이다. 하지만 다른 음성인식 엔진들은 말이 끝나면 1~2초 정도 후에 "네~"라고 답한다. 정말 사람과의 대화에서는 있을 수 없는 일이다. 이런 반응은 대화하지 않겠다는 무언의 부정이다.

호두 잉글리시는 자연스러운 대화를 추구하는 영어 교육인데 그런 엔진을 쓸 수 없었다. 그래서 호두 잉글리시만의 자체 AI 음성인식을 개발했다. 또 구글 API는 네이티브 중심, 그것도 성인 음성에 최적화됐다. 그 때문에 성인의 목소리는 잘 알아듣지만, 톤이 높은 아이의 목소리는 새소리나 잡음으로 처리한다.

호두잉글리시는 코로나19가 발발하기 전에는 하루 아이들의 음성 데이터를 20~30만 건 정도 수집했다. 코로나19 이후에는 비대면 일상화로 아이들이 학원 대신 온라인 강의에 대한 수요가 높아지면서 60만 권 이상의 음성 데이터를 수집할 수 있을 정도로 그 수치가 급상승했다.

호두랩스는 머신러닝을 통해 아이들의 발음 인식률을 계속 고도화했다. 예를 들어 F와 P 발음이 있다면 한국 아이들이 특정 발음을 계속 F라고 하는지 P라고 하는지를 학습해 데이터를 쌓았다. 그리고 실제 사람과 대화하는 듯한 상황을 만들기 위해 아이들의 말을 끝까지 듣지 않고 80% 정도 됐을 때 뒤에 20%를 유추해 판단할 수 있도록 감성적인 캐릭터를 설계했다. 실제 캐릭터들은 아이의 말이 거의 끝나기 직전에 바로바로 움직이며 말한다. 이게 영어학습의 몰입도를 높여주는 엄청난 차이다.

"국내 영어 교육의 관심은 여전히 뜨겁습니다. 영어 유치원이나 영어 학원에서 전문적으로 영어 교육하려면 비용적인 면에서 꽤 부담스럽죠. 하지만 호두 잉글리시는 한 달 사용료가 16,600원입니다. 이 비용으로 무제한 수업이 가능하죠. 가격 면에서도 큰 차이가 나지만 아이들의 실제 말하는 발화의 절대량 자체가 다릅니다. 호두 잉글리시는 평균적으로 30분 정도 학습 시 아이들이 약 120문장을 발화합니다."

다른 교육 프로그램보다 월등히 발화량이 많기에 아이는 자연스럽게 영어에 익숙해진다. 이런 발화량을 더욱 높이고자 '한 달 1,000문장 캠페인'도 진행한다. 한 달 동안 아이가 호두잉글리시에서 1,000번 발화하면 추첨을 통해 선물을 주는 이벤트다. 호두 잉글리시를 사용하는 아이들이 30,000명인데, 1천 문장을 발화한 아이들이 20,000명이 넘는다. 이는 아이들이 제대로 프로그램을 쓰고 있다는 뜻이다. 30분에 120문장을 발화하니 10일 정도 매일 학습하면 1천 문장이 넘는다. 일반 영어 학원에서는 상상도 못 할 수준이다.

"아이들의 영어학습은 말하기, 듣기, 읽기, 쓰기의 4가지가 있습니다. 읽기, 듣기, 쓰기는 혼자 학습할 수 있지만 말하기는 혼자 할 수 없죠. 그래서 학원에 가거나 개인 지도를 받는 것입니다. 하지만 학원의 경우 5명의 아이가 50분 동안 수업을 한다면 한 아이가 온전히 말하는 시간은 10분밖에 되지 않죠."

호두 잉글리시 PC 버전이 있고 2020년 7월 모바일 버전을 새롭게 출시했다. 처음 음성인식 성공률이 70%였는데 계속 학습 데이터가 쌓이면서 86%(2021년 2월 기준)로 향상됐다. 85%의 인식률은 영어학습에 집중하는 데 거의 불편함을 느끼지 못하는 수준이다.

언제쯤 AI가 선생님을 대체할 수 있을까?

그러면 이렇게 감성까지 지닌 AI가 앞으로 미래 교육에서 선생님을 모두 대체할까? 구글 본사에서 AI 프로젝트를 총괄하고 있는 제프 딘Jeff Dean 박사는 교육에서 AI가 선생님을 대체하지는 않을 것이라고 말했다. 의사들이 판단을 잘할 수 있도록 CT, MRI처럼 특수의료장비가 개발된 것처럼 이제 교육에서도 선생님이 학생의 수준을 잘 판단할 수 있도록 AI가 진단하는 역할을 할 것이라 봤다.

김 대표도 이와 같은 생각이라고 말한다. 플립러닝Flipped-Learning은 온라인을 통한 선행학습 뒤 오프라인 강의를 통해 선생님과 토론식 강의를 진행하는 수업이다. 선진국의 교육법으로 국내에서는 일명 '거꾸로 학습법'이라고 불린다.

우리의 학교 수업은 선생님의 일방적인 강의를 듣고 선생님이 없을 때는 혼자 공부한다. 선생님이 없으면 공부하다 궁금한 게 있으면 물어볼 수 없다. 플립러닝은 집에서 인터넷 강의를 듣고 학교에 와서 질문만 하는 형식이다.

"이 플립러닝은 아이들이 집에서 공부하면 수업 전 그 데이터를 미리 선생님에게 보내 줍니다. 선생님이 10문제를 다 풀어주는 게 아니고 10문제 중 3문제를 틀렸다고 하면 그 3문제만 다시 풀어주는 방식이죠. 이미 맞춘 문제를 다시 풀 필요가 없으니까요. 여기에 AI가 사용되는데, AI가 제공하는 데이터를 가지고 선생님이 그것에 맞게 문제를 다시 풀어주죠. 그러면 학생별 수준에 맞는 맞춤 수업이 가능해집니다."

기존 학교 교육의 단점이라 할 수 있는 것이 바로 상위권, 중위권, 하위권의 수준별 학습이 아닌 중위권 학생에게 맞춰 수업한다는 것이다. 사실 중위권은 그리 많지 않다. 그래서 수업이 상위권 학생에게는 지루하고 하위권 학생에게는 어렵다. 이게 바로 평균의 오류다.

그런데 이 AI를 활용하면 학생의 수준을 미리 진단할 수 있다. 그래서 수업 중에 상위권 학생에게는 심화 문제를, 하위권 학생에게는 기초나 보충 문제를 다르게 제공해 각각 학생 맞춤별 수업이 가능해지는 것이다. 병원도 환자의 상태를 먼저 진단하고 진료를 보고 처방을 내리는 것과 똑같다. 하지만 우리나라 교육에는 진단에 해당하는 단계가 없었다. 그 진단을 가장 잘할 수 있도록 도와주는 것이 바로 AI다.

교육업계에 오랫동안 몸담아 온 김 대표는 대학에서 공부를 마친 후 영어 학원에서 회화 강사로 일했다. 처음에는 공채 시즌이 시작하기 전까지 돈을 벌기 위해 임시로 일하겠다는 생각이었는데 강의를 듣고 난 수강생이 발전하는 모습을 보니 뿌듯함과 보람이 크게 와닿았다. 한 사람의 인생에 긍정적인 영향을 미칠 수 있는 직업이라는 생각에 본격적으로 교육업에 발을 들인 것이다. 장기적으로 김 대표가 추구하는 목표는 교육과 기술의 융합을 통한 교육격차 해소다.

"교육은 교사에 대한 의존도가 높습니다. 대치동 학원가를 비롯해 좋은 선생님이 있는 곳에 아이들이 몰릴 수밖에 없죠. 재력이 뒷받침되지 않는 환경의 아이는 제대로 교육을 받을 수 없습니다. 좋은 교사 한 명이 10~20명을 가르치는 게 아니라 200~300명을 가르칠 수 있게 되면 문제가 해결됩니다. 줌Zoom과 같은 화상 회의 솔루션을 이용하면 여러 곳에 흩어진 사람들이 효율적으로 소통하고 업무를 볼 수 있듯 AI 기술을 활용하면 이런 교육격차를 해소할 수 있다고 봅니다."

비용 걱정 없이 평생 학습자로 살아갈 수 있다

호두 잉글리시는 글로벌 진출도 본격적으로 준비 중이다. 유럽이나 북미권의 아이들 목소리를 잘 알아듣는 음성인식 엔진이 없다.

"교육 회사가 글로벌 AI 시장에서 살아남을 수 있는 강력한 무기가 있습니다. 구글이나 마이크로소프트 등의 IT 기업들의 서비스는 대체로 10살은 되어야 사용할 수 있습니다. 이런 IT 회사는 한 사용자의 정보를 10살 때부터 밖에 모으지 못한다는 뜻입니다. 그런데 교육 회사는 사용자 데이터를 적게는 3살에서 4~5살부터 모을 수 있습니다. 저연령대 아이들의 데이터를 선점하는 데는 교육 회사들이 훨씬 더 유리합니다."

지난 2019년, 호두잉글리시는 기술력과 콘텐츠 힘을 인정받아 일본에 약 150만 달러 수준의 IP 수출 계약을 성사시켰다. 일본 파트너사가 호두 잉글리시를 닌텐도 스위치 버전으로 만들고 있으며 2021년 9월 출시될 예정이다. 현재 안드로이드에서만 서비스를 지원하며 2021년 4월 iOS 버전이 출시되면 베트남, 말레이시아도 진출할 계획이다. 영어 내레이션에 한글 지원으로 운영되기 때문에 로컬 언어로만 바꾸면 어느 나라에서든 사용할 수 있다.

2020년 상반기에는 코로나19로 온라인 개학과 비대면 학습이 가정마다 필수적 요소로 자리 잡으며 많은 학부모로부터 영어 말하기 학습에 대한 대안으로 자리 잡고 있으며, 지역 초등학교들과 장애인회관 등에 교육 서비스를 기부하며 코로나 사태에 따른 기업의 사회적 책임도 함께 하고 있다.

호두랩스는 2019년 코어 자산 운용으로부터 50억 원을 씨드 투자받아 사업을 지속해서 확대하고 있으며, 2020년 NPX Capital, 다원 자산 운용, 중소기업진흥공단, 포스코 기술투자, 알펜루트로부터 105

억 원 규모 시리즈 A 투자를 유치했다. 이를 통해 맞춤형 평생학습서비스를 제공하는 글로벌 플랫폼 기업을 목표로 글로벌 확장을 위한 사업 기반확보와 그를 위한 디지털 플랫폼, 음성인식, VR, 빅데이터, 교육심리학 등의 인재를 확보하는 데도 주력 중이다. 2020년 코로나19로 인한 비대면 학습 수요가 급격히 증가하면서 유료회원 수 역시 전년 대비 3배가량 증가해 3만 명을 넘겼다.

2021년은 전년 매출 36억 원의 3배를 훌쩍 넘긴 120억 원 달성을 목표로 세웠고 지난 2월, 캐릭터 기반 영상교육 솔루션 '미니스쿨'을 인수합병, 온라인 창의학습 서비스에 나섰다. 이를 통해 유아·초등 대상 종합 교육 플랫폼 기업으로 도약할 방침이다. 땅콩스쿨은 교사와 학생 간 영상 수업할 때 어린이들에게 친근한 캐릭터가 교사를 대신해 수업을 진행하는 양방향 영상교육 솔루션이다. 최대 500명 학생을 대상으로 실시간 교육 서비스를 제공할 수 있다.

"AI와 같은 최신 기술로 높은 수준의 교육을 합리적인 비용으로 제공해 교육격차의 해소에 기여하고자 하는 것이 회사의 미션입니다. 호두잉글리시를 기반으로 해외 시장에 진출하고, 거기서 발생하는 데이터를 분석해, 그 인사이트를 기반으로 맞춤형 평생 교육 서비스를 제공하는 플랫폼으로 발전시킬 것입니다. 이 플랫폼에서, 수많은 학습자가 나이에 상관없이, 또 비용에 대한 걱정 없이 평생 학습자로 살아가는 일을 돕고 싶습니다."

에듀테크 기업이
보험부터 사물인터넷까지?

| 럭스로보 |

2018년부터 정부는 정보기술IT 인재 육성을 위해 초·중·고등학교에 코딩 교육을 의무화했고 2025년부터 적용되는 초·중·고 새 교육과정에는 AI가 정식 도입된다고 밝혔다. 대학도 마찬가지다. 과학기술정보통신부는 2021년 4월, 소프트웨어 분야 인재 양성을 위해 가천대, 경기대, 경북대, 성균관대, 순천향대, 전남대, 충남대, 항공대, 삼육대 등 SW 중심 대학 9곳을 선정했다. 2021년 신규 AI 대학원으로는 서울대와 중앙대가 선정됐다.

AI, SW, 빅데이터 등 IT 역량이 취업 시장에서 경쟁력으로 강조되면서 코딩은 전공에 상관없이 교육 참여가 이뤄질 정도로 인기를 끌고 있다. IT 발전, 4차 산업혁명 등에 따라 코딩 능력이 미래 성장 동력으로 강조되면서 이제 유아 시기부터 갖춰야 할 필수 요소로 주목받고 있다.

이렇게 코딩 교육의 중요성이 강화되면서 조립식 블록 완구 레고처럼 블록을 떼었다가 붙였다가 마치 장난감을 갖고 놀듯이 코딩을 배울 수 있는 교구 '모다MODI'를 개발해 세계 50개국에 수출하는 한국 스타트업이 있다. 바로 어릴 적부터 로봇에만 빠져 살았던 로봇 마니아, 오상훈 대표가 설립한 럭스로보LUXROBO다. 다방면으로 활용될 수 있는 자체 개발 반도체 군집 OS를 핵심 경쟁력으로 삼고 있으며 이를 무기로 글로벌 에듀테크 시장을 넘어 보험과 같은 핀테크와 사물인터넷 분야에서도 무서운 기세로 성장 중이다.

로봇에 살고 로봇에 죽는 로봇 마니아

1991년생인 럭스로보의 오상훈 대표는 5살 무렵부터 고장 난 전화기를 분해해 선도 이어보고 사용하던 전자피아노가 고장이 나자 드라이버를 찾아서 전자피아노까지 분해하는 호기심이 왕성한 로봇 꿈나무였다.

"11살 초등학교 4학년 때 학교에서 실시하는 방과 후 교실에서 우연히 로봇을 시작했죠. 동네 친구들 몇 명은 함께 시작했으나 친구들은 중도에 포기했어요. 저는 끝까지 남아 로봇을 배웠습니다. 초등학교 5학년 때는 처음으로 전국 로봇대회에 나가 1등을 했어요. 매우 기뻤고 로봇에 대한 꿈은 점점 커져만 갔어요."

중학교에 입학하면서 로봇연구소가 있다는 걸 알게 됐고, 로봇 연구 박사님에게 본격적으로 로봇을 배우기 시작했다. 박사님은 오 대표에게 로봇을 가르쳐주는 대신 두 가지 약속을 지켜달라고 부탁했다. 바로 일주일에 2번씩 꼭 로봇연구소를 와야 한다는 것과 착하게 살아야 한다는 것이었다.

로봇연구소는 오 대표의 집에서부터 왕복 3시간 이상 걸리는 먼 곳에 있었다. 하지만 로봇을 배운다는 기쁨이 더 컸기에 두 약속을 열심히 지키며 로봇 배우기에 흠뻑 빠져 지냈고 각종 로봇 대회에서 좋은 성과를 내며 어린 시절 대부분을 로봇과 함께 지냈다.

중학교 때 역시 로봇 영재 교실이 있다는 걸 선생님을 통해 알게 됐다. 서울시 동작 교육청 주관 발명 로봇 반에 합격해 로봇만 파고 들으니 다른 과목은 성적이 뒤떨어졌다. 고등학교에 진학할 시기가 됐는데 성적 탓에 과학고 대신 인문계 고등학교를 선택할 수밖에 없었다. 고등학교에 진학하자 부모님은 로봇만 좋아하는 아들이 걱정스러웠고 로봇 공부를 계속하려면 공부도 열심히 해야 한다고 말씀하셨다.

오 대표는 학교 시험이 끝나면 바로 로봇 연구에 몰두했다. 학교 공부와 로봇 연구를 병행한다는 게 쉽지 않았지만, 로봇을 계속 배울 수 있다는 것이 마냥 즐거웠다. 그렇게 또 오 대표는 세계에서 가장 큰 규모로 열리는 'World Robofest Championship 2008' 로봇게임 부문에 참가해 당당히 2등을 차지했다. 과학고도 아닌 인문계 고등학생이 세계 로봇대회에서 상을 받는다는 것이 당시에는 큰 화제였다.

"대학에 입학할 시기에 국내에서 최초로 광운대학교에 로봇학부가 설립된다는 소식을 들었습니다. 전액 장학금 수여에 연간 연구비 역시 최대 규모로 지원하는 아주 좋은 기회였죠. 그렇게 광운대학교 로봇학부 1기로 입학했고 이때부터 대학 연구실 생활을 시작했습니다.

밤샘 연구로 주말도 없이 오로지 로봇에, 로봇의, 로봇을 위한 삶이었죠."

오 대표가 새내기 캠퍼스 생활을 포기하고 연구실에서 흘린 땀과 노력은 세계 대회 1등이라는 성과로 나타났다. 팀장으로 있을 때, 국내에서 그 당시 제일 큰 휴머노이드 로봇으로 국제대회에 참가해 로봇을 연구하는 전 세계 모든 연구실 학생들과 어깨를 나란히 한다는 것에 큰 자부심을 느끼기도 했으며, 지식경제부의 쿼드콥터 개발(5년간 100억 원 지원) 등 각종 정부 지원사업을 통해 개발비용을 수주받았다. 이로 인해 교수에게만 수여하던 공로상을 학생 최초로 오 대표가 받았다. 학교에서는 말 그대로 영웅이었다.

오 대표는 로봇 기술 관련 수상경력만 약 180회가 넘는다. 이렇게 로봇 연구를 하는 와중에도 5년간 로봇대회 대한민국 국가대표 코치를 맡았다. 2018년도엔 선정한 미래를 이끌 30인 리더에 선정되는 영광도 얻었으며 2018년부터 국회 미래연구원 미래세대 자문위원으로, 2019년부터는 교육부 미래교육위원회 위원으로 활동했다. 2020년도에는 대통력직속 정책기회위원회 자문위원을 맡는 등 로봇 관련 일이라면 어디든 열심히 참여했다. 2020년에는 연세대학교 전기·전자공학부 석사를 마치고 박사 과정 중에 있다.

코딩 교육이 의무화된 데는 다 이유가 있다

로봇 연구에만 열중하던 오 대표는 대학교 4학년 때 첫 창업을 했다. 세상을 바꾸겠다는 거창한 계기가 있어서 창업한 건 아니다. 로 봇을 만들 때 여러 가지 기능이 들어가는데, 이 기능들을 하나하나 코딩하는 시간이 오래 걸렸다. 이 기능을 모듈 단위로 쪼개서 만들어 놓으면 로봇 만들기가 한결 더 편할 것 같았다. 그래서 로봇 기능을 모듈화해 제품으로 출시했지만, 당시에는 시장이 지금처럼 크지 않았 고 소비자보다는 자신의 필요로 만든 제품이라는 것을 깨달았다.

비록 첫 창업은 이렇게 중간에서 접었지만, 이는 사업에 눈뜨게 하 는 계기가 됐다. 이제는 소비자가 원하는 제품을 만들어보자는 생각 에 스마트 책상을 출시했지만, 이 역시 실패였다. 그리고 LED 등의 빛 파형을 분석한 실내 위치 추적 서비스IPS 기술도 선보였다. 소비자 의 니즈를 철저히 분석해서 자신 있게 출시했지만, 미국의 비트 라이 트Bit Light 사가 먼저 특허를 출원하면서 전구 양산을 포기하게 됐다.

그래도 오 대표는 도전을 멈추지 않았다. 바로 식물의 상태를 빛으 로 표현하는 스마트 화분을 만들었다. 하지만 이 역시 실용성이 없고 생산 비용이 많이 들어 판매 단가가 높았기에 성공 가능성이 적었다. 이 외에도 빛이 나는 컬러 유리부터 220V로 통신하는 기계 등을 만 들었지만 모두 실패의 쓴맛을 봤다.

"제가 원래 도전 정신이 강해요. 그래서 궁금하고 신기한 것들을 모두 만들어 봤죠. 결과는 모두 실패였지만 저에게는 값진 경험과 배 움이 됐습니다. 그리고 이번이 마지막이라는 생각으로 다음 사업 아 이템을 고민하던 중 제가 처음 로봇을 접할 때 어려웠던 점들이 생각 났어요. 그래서 '학생들이 처음 로봇을 배울 때 어려움을 느끼지 않 고 누구나 쉽게 로봇을 만들 수 있는 방법은 없을까?'라는 생각을 하게 됐어요. 그래서 다시 원점으로 돌아가 코딩을 통해 누구나 쉽게 배울 수 있는 로봇 모듈 플랫폼 모디를 만들게 됐죠."

멀리 있는 길을 돌아온 오 대표는 로봇 개발자를 꿈꾸던 어린 시절 자신의 모습을 회상하며 모든 사람이 로봇을 쉽게 배우고 만들 수 있는 교구를 만들면 좋겠다는 아이디어를 떠올렸다. 5년간 로봇 대회 대한민국 국가대표 코치도 맡으면서, 그 학생들이 세계 대회에서 1등도 하고 서울대부터 아이비리그까지 대학을 모두 잘 간 경험을 녹여내면 누구나 로봇을 재밌고 쉽게 배울 수 있으리라 생각했다.

그 당시, 로봇 자체가 오래된 학문이 아니고 융·복합적인 분야다 보니 로봇에 대한 전문가가 별로 없었다. 로봇 분야의 유명한 전문 엔지니어들도 30대 중후반의 젊은이들이었다. 그 이상은 다른 과학 분야에서 공부하다 로봇을 연구하는 교수님들이 대부분이었다. 하지만 오 대표는 로봇에 대한 것이라면 그 누구보다 자신 있었다.

"미래로 갈수록 윈도우 같은 큰 컴퓨터 운영체계는 더욱 더 작아질 것입니다. 핸드폰에 들어가는 iOS나 안드로이드처럼 소형 OS가 등장했고 그것보다 더 작은 마이크로 OS가 나올 것이 확실하죠. 그럼, 과연 미래의 반도체는 어떻게 바뀔까를 생각하니 앞으로는 점점 더 작아지고, 빨라지고 저렴해지리라 생각했습니다. 그래서 여기에 베팅을 한번 해보자고 결심했죠."

OS가 작아질수록 반도체는 이를 처리하기가 힘들다. 반도체 미래는 점점 발전될 것이니 OS를 분산처리가 가능한 마이크로 군집 OS로 만들면 기존 OS보다 성능이나 속도, 크기, 가격 등에서 모두 뛰어나다. 무리를 지어 날아가는 새 떼를 보면 각각의 미션을 해결하면서 하나의 목적을 가지고 한 방향으로 나아간다. 예전에는 단일 시스템을 가지고 하나의 목적을 해결했다면, 새떼처럼 다중 시스템을 군집화한 OS를 만들어 모듈 안에 넣었고 그 모듈을 가지고 코딩 교육 사업에 뛰어든 것이다.

오 대표는 예전부터 교육 사업에 꿈이 있었다. 하지만 교육 시장은 자체 기술을 가진 회사가 거의 없었다. 기술이 없으니 좋은 제품이 안 나오고, 좋은 제품이 없으니 좋은 콘텐츠와 좋은 선생님이 나올 수가 없었다. 오 대표는 럭스로보가 가장 잘하는 기술을 가지고 교육 시장에 혁신을 이뤄보고 싶었고 그것이 바로 'AI'와 '코딩 교육'을 통합한 소프트웨어 교육 플랫폼 '모디'다. 전 세계 교육 분야에서 가장 권위 있는 '월드디닥 어워드 2020' 본상을 받으며 그 우수성을 인정받았으며 현재 세계 약 50여 개국으로 수출하고 있다.

오 대표는 세계적인 기업으로 성장하기 위해 처음부터 한국을 넘어 해외 시장을 공략했다. 2017년 영국 수출을 시작으로 스페인, 이탈리아, 프랑스는 물론 일본, 중국, 말레이시아 등 아시아와 사우디아라비아, 카타르, 이라크 등 중동에도 모디를 수출하고 있으며 모두 학교 교육교재로 활용된다.

"룩셈부르크는 모든 학교가 럭스로보의 모디 제품으로 코딩 교육을 합니다. 18개국의 교육부랑 모두 계약이 돼 있고 태국 교육부 역시 조만간 태국의 모든 초등학교에서 모디를 사용한다고 발표할 예정이죠. 모디 출시 전부터 해외를 공략하기 위한 전략을 세웠고 그렇게 파이프라인을 단단히 깔아 놓은 효과가 이제 나타나는 것 같습니다."

우리나라 역시 AI 교육이 한국 초중고에 의무화가 돼 있는데, 서울

교대 교수들이 럭스로보 모디를 가지고 AI 교과서를 만든다.

사물인터넷, 보험까지

럭스로보의 기존 비즈니스는 소프트웨어 교육 모델이다. 자체기술로 코딩 교육 하드웨어는 물론 하드웨어에서 코딩하는 소프트웨어 툴과 서버도 직접 다 만들었다. 반도체끼리 서로 통신하는 방식을 적용한 마이크로 군집 OS로 가격은 저렴하다. 그러나 값비싼 제품 성능을 그 이상으로 충족시켜주는 게 럭스로보 핵심 기술이다.

이 마이크로 반도체 군집 OS의 활약은 무궁무진하다. 최근 캐럿 손해보험과도 이 마이크로 군집 OS를 적용한 기술을 서비스하는 계약을 맺었다. 한화손해보험이 SK텔레콤, 현대자동차와 함께 선보인 디지털 보험사인 캐럿 손해보험의 퍼마일 자동차보험은 1년에 한 번 기본료를 내고 주행거리만큼 후불제로 보험료를 내는 상품을 출시했다. 기존 자동차보험과 달리 GPS 기반 주행거리 결제시스템을 도입했다. 운행 거리는 캐럿 플러그로 불리는 단말기를 통해 집계되며 운전자 운전습관 빅데이터도 쌓고 있다. 최근 가입 고객 13만 명을 돌파하며 인기몰이 중이다.

"캐럿 플러그에 들어가는 작은 장치가 있는데, 기존 장치는 관리가 힘들었죠. 거기에 저희가 개발한 군집 OS를 넣으면 처리할 수 있는 데이터양이 늘어나 100만 개도 쉽게 제어할 수 있습니다. 성능도 기존 기능보다 10배 이상 높고 가격도 저렴하니 저희 상품을 사용할 수밖에 없는 거죠. 이를 발판삼아 앞으로 럭스로보를 1년 안에 가장 매출이 높은 사물인터넷 디바이스 회사로 만들 계획입니다."

캐럿 손해보험은 럭스로보 사물인터넷 디바이스로 기존 상품에서 진화된 UBI가 적용된 '퍼마일자동차보험'을 준비하고 있다. 그동안은 자동차를 운전할 때, 자동차를 얼마나 오래 운전했는지 그리고 사고 횟수와 차종에 따라 보험료가 책정됐다면 개인화된 UBI가 적용된 '퍼마일자동차보험'은 운전자의 주행 패턴까지 분석·수집할 수 있어 안전운전을 하면 보험료를 할인해주는 정책도 설계하고 있다.

"이런 운전자 주행 패턴은 OS AI가 분석하고 그 결괏값을 서버에 보내면 서버에서도 그 결괏값을 AI가 분석해 디지털 보험료로 책정되는 것입니다. 저희가 이런 작은 단위 저가형 사물인터넷 군집 OS를 세상에서 가장 잘 만든다고 자신합니다. 기술적으로 증명이 많이 됐죠. 캐럿 손해보험은 물론 마이크로 보험, 팻 전용 보험 등 다양한 분야에 적용되고 있습니다."

사람은 죽을 때까지 배운다

마이크로 군집 OS를 탑재한 모듈형 로봇 플랫폼 '모디'를 수출에 성공시킨 오 대표는 사업 과정에서 큰 난간과 어려움이 있었다고 말한다.

"모디를 맨 처음 국내 학교에 공급했지만, 매출도 낮고 학교의 경우 한 곳 한 곳 문을 두들겨 접촉해야 하는 어려움이 있었습니다. 수출은 큰 성과를 거뒀지만 여기서 또 어떻게 다양한 방법으로 모디를 판매할 수 있을까를 고민했죠. 그러다 아예 생각 자체를 바꿔버렸습니다. 코딩 교육 목적으로 만든 제품이었지만 그 코딩 교육을 버려야 했습니다."

코딩 교육을 버린다는 건 오 대표 자신을 버리는 것과 같았다. 로봇과 함께해 온 세월이 한순간 무너지는 듯 무척 힘들고 어려운 선택이었다.

"제품으로 코딩 교육을 하는 게 아니라, 동화책에 코딩 교육을 넣기로 마음을 바꿨습니다. 어차피 아이들은 동화책을 읽으니까 마치 게임이나 유튜브처럼 한층 더 재밌게 코딩 교육이 들어가는 동화책을 만들기로 한 거죠."

이렇게 생각을 바꾸니 코딩 교육을 해야 하는 해외 유명 유아 교재 출판사에서 손을 먼저 내밀었다. 스마트패드로 된 유아용 영어 교육교재에 코딩 교육을 함께 접목해 영어와 코딩을 동시에 배울 수 있도록 하는 취지였다.

"만약 사자, Lion이라는 단어를 배울 때 한 편의 동화 형식으로 단어를 자연스럽게 익힐 수 있도록 애니메이션을 제작하죠. 여기에 코딩 교육을 함께 넣는 것입니다. 라이언을 잠자게 해야 하는데 불이 켜져 있으면 잠을 잘 수 없으니 불을 끌 수 있는 수 있도록 코딩을 게임 형식으로 넣는 것입니다. 이렇게 코딩 교육에 관한 생각을 전환하니 B2B 계약이 크게 늘었습니다."

해외 유명 유아 교재 출판뿐 아니라 2019년 국내 교원그룹과도 손을 잡고 모디블록을 접목해 코딩을 놀면서 배울 수 있는 '레드펜 코딩'을 출시했다.

　사업에 있어 한 시장을 새로 개척하려면 시간이 오래 걸리고 매출도 언제 생길지 장담할 수 없다. 영어와 동화와 같은 어린이 학습 교육은 이미 큰 시장이고 여기에 럭스로보의 새로운 기술을 더하면 기존 교육에 코딩 교육도 함께 접목할 수 있으니 소비자나 기업이나 모두 일거양득의 효과를 얻을 좋은 기회였다. 이렇게 오 대표는 코딩 교육만 집중한 사업이 아닌 영어, 동화와 같은 어린이 교육 시장에 코딩 교육을 결합하는 방식으로 새 시장을 열었다. 오 대표는 이를 '나(코딩 교육)를 버리니 새로운 시장이 열렸다.'고 표현한다. 엄밀히 말하면 코딩 교육의 비중을 낮추고 기존 교육과의 결합을 통해 새 비즈니스를 만든 것이다.

　"전 세계적으로 코딩 교육의 필요성으로 강조하는 시기인 것은 분명합니다. 코딩 교육만 강조하는 대신, 로봇이 융·복합인 영역인 것처럼 기존 영어나 동화 교육과 코딩을 융·복합시킨 거죠. 아이들이 영어는 무조건 배우니 이 영어에 코딩을 넣으면 좀 더 쉽고 재미있게 영어와 코딩을 한꺼번에 배울 수 있겠다고 생각했습니다."

　오 대표는 대학을 졸업하기도 전에 창업에 도전했지만, 로봇만 바라보고 연구실에서만 살았기에 세상을 잘 몰랐다. 그저 수많은 실패에도 로봇은 자신이 가장 좋아하는 일이었기에 회사가 점점 어려움에 처해도 포기가 안 됐다. 돈을 벌고 싶었다면 중간에 이미 포기했을 것이다.

　"실패에서 배우는 교훈이 있습니다. 회사가 400억 밸류까지 갔을 때는 소프트웨어 교육이 중요하고 내 신념이 맞았다고 확신했죠. 그

때까지 투자도 많이 받았으니 버티면 된다고 생각했습니다. 하지만 회사는 점차 어려워지고 회사 자금은 얼마 남아 있지 않았어요. 내가 좋아하는 걸 포기하고 싶지 않은데 어떻게 하면 사업을 영위할 수 있을지 많은 조언도 구하고 고민도 많이 했습니다. 결국, 세상에는 안 되는 건 없다고 마음먹고 기존 생각에서 벗어나 다양하게 시도하니 이런 좋은 결과를 얻을 수 있었던 것 같습니다."

로봇으로 세상과 닿을 수 있는 접점

럭스로보는 2016년 2억 원, 2017년 7억 원, 2018년 10억 원, 2019년 46억 원의 매출 이익을 냈다. 코로나19로 2020년 잠시 주춤했지만 2021년에는 150억 원의 매출을 무난히 달성할 것으로 보인다. 그리고 2022년은 극적으로 500억 원 그리고 2023년 1000억 원의 매출을 예상한다. 가능성은 충분하다.

"로봇 회사 중에 영업이익이 나면서 기하급수적으로 성장하는 회사는 많이 없습니다. 기술은 있지만, 로봇으로서 상품 가치가 있는 상품이 없기 때문이죠. 럭스로보를 통해 로봇으로 세상과 닿을 수 있는 많은 접점을 만들어내고 싶습니다. 우수한 기술을 가지고 이를 잘 상품화해 사람들에게 다가가면 로봇 회사로서 가치 있는 일이 될 것입니다."

사람의 오감 중에 가장 원초적이면서 근본적인 감성이 빛이다. 아기가 빛을 보면서 태어나듯이 사람과 로봇이 연결될 수 있는 그런 세상을 만들고 싶어 회사 이름도 럭스로보luxrobo라고 지었다.

"AI는 잘 모를 때는 대단해 보이지만 조금만 알면 하나의 기술일 뿐이죠. 이 기술을 어떻게 서비스에 녹이느냐가 중요합니다. 성공한 회사가 곧 성공한 AI 회사가 아닙니다. AI를 활용해 어떻게 상품에 녹여내서 어떻게 소비자를 만족시켜 줄 수 있는지를 역으로 생각해야 합니다."

오 대표가 앞서 사물인터넷 디바이스를 보험 서비스와 연계시킨 것처럼 좋은 기술이 곧 좋은 상품을 만들고 결국 소비자들에게 보험료 절감과 같은 혜택이 간다. 앞으로도 이와 같은 방식으로 단일 제품보다는 좋은 기술로 소비자에게 많은 혜택을 줄 수 있는 다양한 분야와의 협업을 통해 회사를 성장시킬 계획이다.

럭스로보는 처음부터 에듀테크를 염두에 둔 것이 아니라 '누구나, 쉽게, 로봇을 만들 수 있게 하자'는 것이 계기가 됐다. 그 후 단기간 내 에듀테크 기업이 진입하기 어려운 국내와 해외 공교육 시장에 진출하는 성과를 거두며 에듀테크를 선도하는 기업으로 성장했다.

2020년 시리즈 B를 통해 KDB산업은행, 컴퍼니케이파트너스, 타임와이즈인베스트먼트, 디에스자산운용 등으로부터 112억 원의 투자금을 유치했으며 앞서 2016년부터 2017년까지는 한화인베스트먼트, 미래에셋벤처투자, 카카오인베스트먼트 등으로부터 56억 원의 시리즈 A 투자를 유치한 바 있다. 현재까지 누적 투자금은 168억 원이다.

"제 인생 모토 중 하나는 '모든 일은 항상 긍정적인 이유가 있다.'입니다. 실패도 긍정적인 이유가 있기에 실패했고, 힘든 경험도 다 긍정적인 이유가 있기에 힘든 거죠. 행복도 마찬가지입니다. 긍정적인 이유가 있기에 행복한 것입니다. 모든 일에 있어 매 순간 힘들다는 불만보다는 이를 계기로 발돋움할 좋은 기회로 삼았으면 합니다. 계단을 올라야지 위로 올라갈 수 있지, 거기서 힘들다고 낙담하면 올라갈 수 없습니다. 항상 긍정적인 마음을 잊지 않았으면 합니다. 그리고 두 번째는 세상에 안 되는 건 하나도 없다는 것입니다. 안 된다고 생각하는 거 자체가 생각이 틀린 것입니다. 뭐든 말로만 하지 말고 바로 행동으로 실천했으면 합니다. 해보고 안 되면 그때 후회하면 됩니다. 열정을 가지고 행동하면 분명 좋은 결과가 있다고 생각합니다."

인간보다 더 똑똑한 교육, 교육 테크 기업들

회사명	주요사업	내용
매스프레소	AI 수학문제 풀이	• 빅데이터를 통해 AI로 수학 문제를 풀어주는 AI 교사 '콴다' 개발 운영 중 : 11억 건 문제 해결 데이터 구축 • 가입자가 800만을 상회하고 한국 중고등학생의 50% 이상 '콴다' 사용 • 언어장벽 없이 통용되는 기술. 일본·베트남·태국 등 50여 개 국 진출 : 라인 이후 일본에서 가장 성공한 앱. 태국에서 구글플레이스토어 교육 챠트 1위 기록 등
호두 잉글리시	AI 영어교육	• 음성인식 빅데이터(1억 1천만 건 이상)를 통해 유아용 음성을 AI(딥러닝)을 통해 음성인식 획기적으로 개선 • 월 사용료 1~2만 원으로 영어교육(5세~12세)이 1개월 무제한 수업 가능한 영어교육 AI '호두잉글리시' 개발 사용 중 • 교육의 경제 민주화 가능(월 수십만 원 이상 영어교육을 1/10 이하로 낮춤) • 일본, 미국, 베트남, 말레이시아, 중국 등 글로벌 진출 중 • AI가 수십만 명 교육을 동시에 수행 가능
럭스로보	AI 코딩교육	• 세계 로봇대회 180회 수상경력이 있고 포브스선정 미래의 30인 리더에 선정된 오상훈 대표가 2014년 설립한 회사 • 코딩교육을 AI를 통해 할 수 있도록 함 • 글로벌 18개 국에 진출(룩셈부르크, 태국 등은 초중고 럭스로보 교재 의무화 사용) • 자동차에 칩을 연결해 운전자 분석 자동으로 차량보험료 산정하는 기술 개발
뤼이드	AI 토익 교육	• 인공지능 기술을 기반으로 토익 시험점수를 강사 없이 올려주는 토익 AI 강사 : 1억 건 이상의 토익 데이터를 지금도 학습하는 '산타AI' : 사람이 측정할 수 없는 분량을 AI가 분석 후 점수가 오를 문제만 추천 • 토익, 토플, SAT, GMAT 등 다양한 시험에 적용이 가능 • 글로벌 IT 전문 매체 CIO Advisor에서 아시아의 25대 인공지능 기업에 선정 • 소프트뱅크 비전펀드로부터 2,000억 원 규모 투자유치(21년 5월)
프리윌린	학원 수학문제	• 2017년 설립한 교육 스타트업 회사 • 2,500여 개 수학학원에 문제은행 서비스 '매쓰플랫' 제공 • 알토스, DSC인베스트먼트에서 50억 원 투자 유치
KT에듀	AI로 자동 출석	• 실시간 영상교육 서비스 플랫폼 (줌과 유사한 서비스) • AI로 학생 얼굴 70여 개 특징 인식 : 자동으로 출석 체크, 표정분석 집중도 확인 등

6장

내 안의 병을
누구보다 먼저 찾다

–

헬스케어

인공지능이
병을 진단하고 치료하는 시대

| 루닛 |

AI를 활용한 정밀 의료 진단 및 치료의 시대가 성큼 다가왔다. 루닛은 그 시대를 앞당긴 세계 1위의 딥러닝 기반의 AI 의료 영상 분석 기업이다. 지난 2013년 설립돼 8년이라는 시간 동안 꾸준히 의료계와 AI를 잇는 가교 구실을 했으며 세계적인 수준의 기술력으로 글로벌 AI 헬스케어 시장을 빠르게 장악하고 있다. 특히 세계 3대 의료기기 회사로 꼽히는 GE헬스케어, 필립스가 루닛 프로그램을 선택할 만큼 독보적인 기술력을 보유하고 있으며 이를 토대로 2021년 하반기 코스닥 상장도 열심히 준비 중이다.

루닛의 독보적인 기술력은 각종 국제 AI 대회에서 구글, 마이크로소프트, IBM 등 글로벌 기업과 하버드 의대팀을 제치고 최상위권에 오르면서 세계적으로 입증됐다. 글로벌 시장조사기관 CB인사이트는 2017년 '세계 100대 AI 기업'에 한국 기업으로는 유일하게 루닛을 선정했으며 2019년과 2020년에는 세계에서 가장 유망한 디지털 헬스 기업 'Digital Health 150'에도 2년 연속 이름을 올렸다.

루닛의 목표는 데이터 기반 AI 기술이 주도하는 의학의 미래를 만드는 것이다. 가장 먼저 전 세계 사망 원인의 높은 비중을 차지하는 암을 정복하는 데 주력하고 있으며 현재 루닛 프로그램은 서울대병원, 삼성서울병원, 서울아산병원, 세브란스병원, 국립암센터 등 국내 종합병원 TOP 10곳 중 7곳에서 사용 중이다.

AI, 암을 정복하라

루닛은 2013년, 분야를 불문하고 국내에서 딥러닝 기술로 창업한 1호 기업이다. 초기부터 딥러닝 기술에 대한 가능성에 주목한 카이스트 출신의 석·박사 6명이 공동 창업해 딥러닝 기술 기반 AI를 통해 암을 포함한 다양한 질병 진단 및 치료에 기여하는 솔루션을 개발했다. 의사 출신인 서범석 대표를 비롯해 영상의학과, 병리과, 가정의학과, 내과 등 11명의 전문의가 근무하고 있다. 이는 전 세계적으로 봐도 의료 AI 기업 중 가장 큰 규모의 의학팀이다. 현재 임직원 수는 약 200여 명이며 60%가 개발자 및 딥러닝, 의료 전문가다.

"창업 전 딥러닝 기술을 어느 분야에 적용할지 고민을 많이 했습니다. 처음에는 패션 쪽에 적용해 보면 어떨까 하는 생각에 시도했지만, 옷을 추천하는 건 정확도 면에서 크게 중요하지 않다는 것을 깨달았습니다. 옷은 취향이 반영되는 분야이기에 90% 또는 95% 같은 차이가 큰 의미가 없었죠. 그렇게 초기 6개월 정도 다른 사업을 하다 우리 기술력으로 최대한 큰 가치를 줄 수 있는 일을 새롭게 찾게 됐고 그렇게 의료 분야에 뛰어들게 됐습니다."

오랫동안 딥러닝 기술에 대한 깊이 있는 연구를 해 온 루닛 창업자들은 자체 보유한 AI 딥러닝 기술로 가슴 뛰는 일을 하고 싶었다. 단순히 비즈니스로만 생각하지 않았다. 더구나 의료 분야는 비즈니스 시장이 크고 기술로 대결하는 영역이 아니었다.

"의료 분야는 1%의 차이가 중요합니다. 1%만 정확해져도 사람의 생명을 구할 수 있는 확률이 높아지기 때문이죠. 루닛은 세계 최고의 AI 기술을 지향하는 동시에, 우리 기술이 '올바른 목적'으로 가치 있게 사용되어야 한다고 생각했습니다. 그 목적이 바로 더 많은 생명을 살리는 일이죠. 이윤보다는 근본적이고 내재적인 가치를 우선시하는 것이 기업의 철학이며 이 과정이 만들어내는 소중한 결실이 루닛이 존재하는 이유입니다."

루닛을 이끄는 서범석 대표는 카이스트 생명과학 학사를 거쳐 서울대학교 의과대학, 연세대학교 보건대학원 석사, 경희대학교 경영대학원 MBA 과정을 마치고 서울대학교병원 가정의학과 전문의로 근무했다. 카이스트에서 다시 의대로 편입한 이유는 단순히 의사가 되고 싶어서가 아니었다. 그저 어릴 적부터 의료 분야가 좋았고 틀에 맞춘 시스템대로 움직이기보다는 직접 주도적으로 개발한 제품으로 전 세계 의료 분야에 가치 있는 일을 창출해보고 싶은 마음이 컸다.

"AI 기술을 가진 회사들은 한꺼번에 많은 걸 합니다. 하지만 저희는 이 기술력으로 혁신할 수 있는 한 가지에 집중하자는 생각이었고 그렇게 선택한 분야가 바로 암이었습니다. AI를 통한 암 정복이 루닛의 첫 번째 미션이죠."

서 대표는 암 정복의 핵심은 '정확한 진단'과 '정확한 치료' 두 가지 방법이 있다고 말한다. 첫 번째는 더욱 효과적인 진단을 통해 암을 조기 발견하는 것 그리고 두 번째는 치료 과정에서 어떤 환자들이 어떤 치료에 잘 반응할지를 정확히 예측하는 것이 중요하다. 암은 종류가 역시 다양해 모두 다룰 수 없으니 제일 흔하게 발생하는 폐암과 유방암부터 정복하기 시작했다.

암 진단 판독 시간이 관건이다

　루닛은 이미지를 정교하게 인식하는 딥러닝 모델을 의료 데이터로 대량 학습을 시켜 사람 눈만으로는 한계가 있었던 기존 의료 영상 판독의 정확성과 객관성을 높일 수 있는 기술들을 개발했다.

　가장 먼저 루닛의 흉부 X-ray 영상 분석솔루션인 '루닛 인사이트 Lunit INSIGHT CXR'는 흉부 X-ray 영상에서 가장 흔하게 발견되는 폐섬유화, 결절, 흉수, 기복증, 기흉 등 9가지 비정상 소견을 97~99% 정확도로 검출한다. 임상적 또는 CT 검사로 확진된 상자가 포함된 약 350만 건의 빅데이터를 딥러닝으로 학습시켰다. 국내 뿐만 아니라 아시아, 미국, 유럽 등 의료기관에서 데이터를 수집해 인종 차이에 따른 분석 오류를 최소화하도록 했다.

　"흉부 X-ray 영상 분석솔루션은 촬영한 환자의 흉부 영상을 AI가 입력·분석해 병변이 의심되는 부위 정도를 색깔 등으로 표시해 의사가 진단하는 데 도움을 주는 소프트웨어입니다. X-ray와 같은 가장 기본적인 검사만으로도 그동안 찾기 어려웠던 병변을 발견할 수 있도록 도와주죠. 크기가 작거나 무언가에 가려져 사람 눈에 잘 보이지 않는 병변도 잘 찾습니다. 이를 통해 의사가 빠르고 정확한 진단을 할 수 있도록 보조해주는 역할을 합니다."

흉부 X-ray 영상 분석솔루션의 정확도는 97~99% 사이다. 폐암 말고도 폐렴, 기흉, 결핵 등도 다 검출한다. 이렇게 가장 기본적이고 보편적인 검사의 성능을 고도화하면 영상의학과의 업무 부담을 줄여줄 수 있다. 또 폐암 조기 진단의 가능성을 높여 폐암의 생존율도 향상하는 데 많은 도움을 준다.

그리고 유방촬영술 영상 분석솔루션인 '루닛 인사이트_{Lunit INSIGHT} MMG'의 유방암 검출 정확도도 역시 96~99%에 달한다. 조직 검사로 확진된 유방암 5만여 상자가 포함된 양질의 빅데이터 24만 장을 학습한 모델이다. 촬영한 영상 이미지를 올리면 종양의 위치는 히트맵으로 표시되고 종양의 악성 정도는 점수로 즉각 표기된다.

"루닛 인사이트 MMG는 96~99%의 정확도로 유방암이 의심되는 부위와 상태를 색상 등으로 표기해 영상의학 전문의의 진단을 보조합니다. 특히 유방 촬영 영상 진단에서 중요한 요소인 유방 조직 밀도에 따라 나타날 수 있는 판독 오류를 AI로 최소화해, 정확한 판독과 진단이 이뤄질 수 있도록 지원하죠. 그 결과 의료진이 유방촬영술 영상에서 유방암을 놓칠 확률을 약 50%가량 감소시켜줍니다. 또 유방촬영술 영상 판독에 드는 시간을 반 이상 절감시켜 신속한 선별도 가능합니다."

'루닛 인사이트 CXR'과 '루닛 인사이트 MMG'는 한국 식품의약품안전처 허가를 비롯해 유럽 CE 인증을 획득했으며, 브라질, 호주, 뉴질랜드, 태국, 인도네시아, 남아프리카 등에서 인허가를 받아 해외 진출을 확대하고 있다. 현재 전 세계 30여 개국 250개 이상의 의료 기관에서 사용되고 있다.

AI 분석으로 항암제 반응 예측 시대

루닛의 딥러닝 기반 AI 기술은 암 진단뿐만 아니라 치료 분야에도 큰 성과를 내고 있다. 자체 개발한 루닛 스코프Lunit SCOPE는 면역항암제에 반응하는 환자들을 AI로 예측해주는 바이오마커다. 딥러닝 기술을 활용한 분석 툴로, 디지털화된 암 조직 영상을 분석해 보여준다. 한 환자의 슬라이드 분석에 걸리는 시간은 5분 이내로, 단시간 내 객관적인 분석이 가능하다. 기존 유전체 분석 등이 3주 이상 소요되는 점을 고려하면 획기적으로 시간이 단축됐다.

"면역항암제는 기존 항암치료에 비해 부작용이 적고 효과가 좋다는 장점이 있습니다. 하지만 치료 반응은 환자마다 다르게 나타나기 때문에 면역항암제를 사용하기 전에 사전 조직 검사가 필요합니다. 현재는 PD-L1 검사를 통해 사용 여부를 결정합니다. 검사 결과 면역관문억제제를 쓰라고 했는데 반응을 실제로 안하는 환자들도 많고, 쓰지 말라는 검사가 나왔는데 그 환자들 중에서 반응이 좋은 경우도 있습니다. PD-L1이 아직 바이오마커로써 정확하지 않아 20~30%의 환자만 반응을 보이는 것입니다. 하지만 여기에 루닛 스코프를 활용하면 실제 치료 반응을 보일 환자를 더 정확히 찾아낼 수 있습니다."

또한 면역항함제는 1년에 1억 원 넘게 약물값을 지급해야 하는 비용 부담도 크다. 따라서 사용 전에 환자의 치료 반응 여부를 루닛 스코프가 AI로 예측하면 좀 더 효과적이고 빠른 맞춤 치료가 가능하다.

"X-ray나 유방촬영술처럼 방사능을 쪼여서 나오는 영상이 아니라, 조직 검사를 해서 조직을 얇게 썰어 현미경으로 보는데 이를 스캔한 영상을 AI가 분석합니다. 그 안에서 볼 수 있는 것들이 많습니다. 면역항암제 기전에서 가장 효과적인 것은 과연 암세포와 면역세포가 어떻게 분포돼 있는지를 확인하는 것이죠. 저희 연구도 그렇고 많은 연구에서 암세포 안에만 면역세포가 있거나 주변에 면역세포가 많으면 면역관문억제제가 잘 듣는다는 결과가 있는데 이는 사람이 현미경으로 관찰하는 것 자체가 주관적이기도 하고 수치화하기 어렵다는 문제가 있습니다."

4기 폐암 환자 대상 면역항암제 투약 가능 여부 검사에서도 기존 검사는 100명 중 42명만 투약 가능 환자로 판단했지만, 루닛 스코프를 같이 활용한 결과 20명이 더 많은 62명으로 판독됐다. 기존 검사와 루닛 스코프를 같이 활용한 양성을 예측하는 정확도는 무려 88%에 달한다.

루닛의 AI 기술력은 이미 세계적으로 입증됐다. 2015년 세계 대회인 국제영상인식대회(ILSVRC, 이미지넷)에서 물체분류/위치추정 분야 5위(국내 1위)에 올랐으며, 2016년 세계적인 권위의 의료영상기술 학회인 'MICCAI 2016'에서 IBM, 마이크로소프트를 제치고 유방암 종양 확산 스코어 자동 판독 알고리즘 대회에서 세계 1위를 차지했다.

2017년 글로벌 시장조사기관 CB인사이트가 선정한 'AI 100대 스타트업'에 한국 기업으로는 유일하게 이름을 올리며 국제 의료 산업을 변화시킨 선두주자로 자리매김했다. 같은 해에는 국제림프절전이검출대회에서도 1위에 오르며 뛰어난 기술력을 증명했다.

2019년과 2020년에는 세계에서 가장 유망한 디지털 헬스 기업 'Digital Health 150'에도 2년 연속 선정됐으며, 2020년 세계경제포럼에서도 한국 기업 중 유일하게 '100대 기술선도기업'으로 뽑혔다.

글로벌 기업이 찾는 의료 영상 분석 소프트웨어

루닛의 우수한 기술력은 해외에서 먼저 알아보고 파트너십을 제안했다. 세계 3대 의료기기 기업으로 알려진 필립스, GE헬스케어와 공급 계약을 맺었으며 일본 최대 의료영상장비 기업인 후지필름도 루닛 기술을 도입했다. 이로써 루닛은 전 세계 엑스레이 시장 약 50% 판로를 확보한 상태다.

"저희는 의료 영상 이미지에서 가장 작게 보는 크기가 0.5cm입니다. 0.5~1cm 사이도 다 잡아내는 기술로 인허가를 받았죠. 그 0.5cm의 차이가 무척 중요합니다. GE헬스케어, 필립스, 후지필름 등의 글로벌 기업들이 저희를 찾는 이유도 바로 이 것으로 생각합니다. 그들로서는 자신들 기계에 1등의 소프트웨어를 탑재하는 것이 중요하기 때문이죠."

GE헬스케어와의 파트너십 자체가 루닛의 제품이 우수하다는 걸 증명해주는 결과다. 세계 최대 의료영상장비 기업인 GE헬스케어는 2등 기업과 절대 파트너십을 맺지 않는다. 기업에서 먼저 전 세계 AI 제품을 검토해보고 성능과 안정성이 가장 뛰어난 루닛과 유일하게 파트너십을 체결하고 인공지능 기반 엑스레이 분석 제품인 '흉부 케어 스위트Thoracic Care Suite'을 출시했다. 당시 GE와 루닛의 파트너십은 글로벌 거대 헬스케어 기업과 의료 AI 스타트업 합작으로 AI 제품을 상용 출시하는 첫 사례여서 국내외에서 큰 화제를 모았다.

일본 메이저 의료기기업체 후지필름과도 파트너십을 맺고 있다. 후지필름은 일본에서는 1등이고 의료기기 분야에서 세계 5위 안에 드는 회사로 의료용 영상관리시스템에서 세계 17.5%의 점유율을 차지하고 있다. 필립스와도 파트너십을 맺고 있으며 이 세 회사를 합치면 세계 시장 점유율이 50% 정도 된다. 하지만 루닛이 목표로 하는 건 세계 시장의 70~80%다. 이를 달성하기 위해 다른 글로벌 기업과도 꾸준히 파트너십 계약을 준비 중이다.

AI로 암 정복에 앞장서다

루닛의 비전은 AI를 통한 암 정복이다. 앞으로는 흉부와 유방 이상으로 확장해 더 많은 의료 분야로 사업을 확대할 예정이다. 지금은 초기 단계이고 앞으로 더 연구가 개발되면 임상에서 기본으로 쓰일 날이 머지않았다.

"등록된 특허만 약 50개 이상입니다. 특허 진입장벽은 분명히 있지만, 그 이상의 노하우가 더 많습니다. 왜냐하면 의료는 정확도가 중요한데 97~99% 정확도를 갖고 있기 때문이죠. 공부할 때도 97점까지는 공부를 열심히 하면 되지만 그 위부터는 점수 올리는 것이 굉장히 어렵습니다. 1~2% 차이가 의료 수준에서는 매우 크죠. 정확도 면에서 진입장벽이 꽤 크기 때문에 국내는 물론 글로벌 1위를 유지할 수 있다고 생각합니다."

루닛 AI는 멕시코, 브라질 등 남미와 중동, 동남아, 유럽 등 전 세계 30여 개국의 의료 현장에 사용되고 있다. 매출의 60%가 해외에서 발생하고 있으며, 이 수치는 앞으로 계속 증가할 전망이다. 루닛 제품을 실제 사용하는 영상의학과 전문의들은 "루닛 AI를 사용한 이후로는 AI 없이 판독하는 것이 쉽지 않다"는 후기를 전하고 있다.

루닛의 서 대표는 앞으로 의료 분야에서 AI가 매우 중요한 역할을 할 것이라고 본다. 진단 쪽에 제일 커지는 이유가 일단 데이터가 이미 많이 쌓여있기 때문이다. 루닛은 그동안 전 세계 많은 의료기관과 계약을 체결하고 공동연구를 진행하며 학습 데이터를 꾸준히 모아왔다. 그 데이터를 루닛 의학팀이 전문가들과 함께 분석하고 인공지능 알고리즘 학습에 사용한다. 데이터는 무조건 많다고 효과적인 것이 아니다. 이를 잘 정제해서 양질의 데이터를 만드는 게 중요하다.

"지금은 진단, 치료 쪽에 집중하고 있습니다. AI는 의료 진단 쪽에서 사람이 70~80점 할 수 있는 능력을 99점으로 빠르고 신속하게 갈 수 있게 만들어줬습니다. 미세한 차이를 잡아내는 게 AI의 큰 가치라고 생각합니다. 치료 쪽에서도 AI 바이오마커를 쓰면 기존 제약

회사들이 피해를 보지 않느냐는 질문을 받는데, 오히려 AI 바이오마커를 활용하면 약에 반응을 보이는 환자들을 더 많이 발견할 수 있습니다. 기존에 저희가 연구한 수치를 보면 100중 42명이 면역항암제 대상이었는데 AI 바이오마커를 쓰면 42명에서 20명이 더 늘어나 62명이 대상이 될 수 있는 거죠. 더 높은 정확도로 더 많은 환자들이 특정 약을 처방 받게 되면 제약회사 입장에서도 매출을 늘릴 수 있는 기회일 수 있기 때문에 저희와 많은 협업을 준비 중입니다."

기술이 발전할수록 AI 의존도는 점점 높아지겠지만 최종 판단은 여전히 의사 몫이 될 것이다.

루닛은 2013년 8월 창업 이후 6차례에 걸쳐 총 600억 원을 투자받았다. 2016년 시리즈A로 20억 원을 투자받았다. 당시 소프트벤처스, 카카오벤처스, 포메이션 8Formation 8 등이 투자자로 나섰다. 2018년 160억 원 규모의 시리즈 B 투자는 국내 VC인 인터베스트가 앵커로 참여했으며 기업가치로 1000억 원을 평가받았다. 2019년 300억 원 수준의 시리즈 C 투자가 이어졌고 기존 투자자였던 레전드캐피탈을 비롯해 인터베스트·IMM인베스트먼트·카카오벤처스·신한금융투자·NH투자증권·LG CNS 등이 투자했다. 이때 루닛은 2,000억 원 수준으로 기업가치를 인정받았다. 1년 새 두 배가 상승한 것이다.

루닛은 2021년 하반기에는 코스닥 입성을 준비를 위해 2021년 2월, 기술성 평가를 신청했다. 지난 2018년 상장 주관사로 NH투자증권을 선정했으며, 현재 상장을 위한 평가를 진행 중이다.

보다 정확한 진단과 치료, AI 의료 기업들

회사명	주요사업	내용
루닛	흉부 X_ray 판독	• 2103년 8월 설립 • 흉부 X-ray 를 AI가 진단하는 솔루션을 개발(폐결절 의심 부문을 표시해줌) • 흉부 X-ray 진단(루닛인사이트) : 18년 12월 식약청 인가 후 상용화 개시 • 기술성평가로 상장추진중(주관사 : NH투자증권)
뷰노	의료 AI 솔루션	• 2014년 삼성종합기술원 출신 3명이 창업. 코스닥 상장(21년 2월) • X-ray 및 MRI 화면을 AI로 진단 분석해 치매, 골연령 진단 분석 • AI기반 안저(안구) 영상판독 솔루션 '뷰노메드펀드스'가 식품의약안전처 국내 1호 혁신의료기 선정(20년 7월)
에어스메디칼	MRI AI	• MRI 촬영 시간 단축 솔루션(기존 30~40분 소요되는 MRI 촬영 시간 절반으로 단축) • 페이스북 개최(20년 12월) MRI 가속영상 복원대회(fastMRI Challenge) 1위 • 아기유니콘 선정(중소벤처기업부, 20년 6월), 끌림벤처스로부터 50억 투자 유치(20년11월)
메디픽셀	영상분석	• 1-2초에 인공지능(AI)으로 심혈관 질환 분석 : '메디픽셀XA' 식약처 인증 획득(21년 1월) • 딥러닝 기술인 합성곱신경망 기반으로 심혈관 조영영상 분석
쓰리빌리언	유전자진단	• AI 기반 휘귀질환 유전자 진단기업 / 마크로젠에서 분사한 기업. • 한 차례 검사로 7,000여 종 휘귀질환 발병 여부를 검사 • 130억 시리즈C 유치(21년 2월) / 상장 추진 중(주관사 : 한국투자증권)
팀엘리시움	진단	• 근골격계 진단에 AI기술 접목한 POM-Checker (의료기기 2등급 제조 인증) • 딥러닝 기술 활용 관절의 좌표를 추출
이오플로우	AI 심전도	• 인공지능(AI)이 심전도 이상 여부를 파악해 주는 손목시계형 측정기 '메모워치' 개발 • 의료진이 원격 모니터링으로 착용자의 심전도 이상을 확인할 수 있는 메모패치 개발 • 이오플로우는 복부에 붙이는 인슐린 펌프인 '이오패치'

회사명	주요사업	내용
클라리파이	의료영상 솔루션	• 2015년 2월 설립된 AI 의료영상분야 전문기업. • AI를 활용 기존 CT장치를 이용하면서 극소량의 방사선량만을 가지고 고품질 이미지 생성하는 자체 제품인 ClariCT. AI를 개발(핵심기술 미국 특허 등록, 21년 1월) • 인공지능 폐기종 3D 리포팅 'ClariPilmo', AI대사증후군 위험 예측 솔루션 'ClariAdipo' 등 보유
아이도트	의료영상 판독	• 2014년 6월 설립 • AI 기반 자궁경부암 판독시스템 'Cerviray Ai'가 의료기기 적합 GMP 3등급 획득(20년9월) • 필리핀 CerviQ와 3년간 2,000만 달러 규모의 '써비레이(Cerviray) AI' 공급 계약 체결(21년 2월) • 서울시 300대 유망기업 선정(20년 6월)
제이엘케이 (JLK)	AI 의료 플랫폼	• 2014년설립. 기술특례 기업으로 코스닥 상장(2019년 12월) • 영상 데이터를 통해 뇌졸중, 뇌출혈, 전립선암 등 판독할 수 있는 AI 플랫폼 'AIHuB' 개발 • 원격 인공지능 기반 헬스케어 플랫폼 제품인 'Hello Health' 개발 : 이용자 개인의 건강관리 정보 제공부 및 개인이 직접 자신의 의료 영상 저장 및 관리 • 19년 매출 2억 원, 20년 매출 45억 원
솔트룩스	의료 영상 플랫폼	• 기술성장기업으로 코스닥 상장(20년 7월) • 당사는 B2B(대 기업고객) 및 B2G(대 공공고객) 인공지능, 빅데이터 솔루션을 프로젝트 구축 혹은 클라우드 기반으로 서비스하는 사업을 영위 • AI 빅데이터 전문 투자사 솔트룩스벤처스 설립(20년 7월)
보로노이	신약개발	• 화합물 설계합성부터 임상후보 물질 도출에 AI 접목 • 미 오릭사에 폐암신약 7,200억 기술 수출(20년 10월)
메디칼 AI	질병진단 AI	• 심전도(ECG)를 통해 다양한 질병들을 AI로 진단 • 인공지능 활용 7만 건 이상의 심전도 데이터와 나이, 성별 등의 데이터를 AI 기술로 분석해 빈혈 진단과 수치까지 파악(채혈의 과정을 거치지 않고 데이터만으로 빈혈의 진단 및 헤모글로빈 수치의 변화 파악) • 바디프랜드 관련 회사
휴이노	스마트헬스 케어 플랫	• 2014년 7월 설립. • 시계형심전도측정기기, 패치형심전도측정기기 등 AI로 심전도 측정 • 유한양행 등으로 총 358억 원 투자유치(유한양행 2대 주주, 국내 판권계약) • 인공지능 기반 원격의료 처방

회사명	주요사업	내용
딥메디	건강관리	• 스마트폰 카메라로 혈압 측정하는 헬스케어 솔루션업체 • 혈액이 빛을 흡수할 때 반사되는 빛의 세기를 측정해 심박 신호, 혈압, 혈관 나이 등 추정 : 이미지데이터 1만여 장을 통해 학습된 딥러닝모델, 딥메디의 심박 추정정확도 99% 이상
이우소프트	치과용 영상장치	• 치과용 영상을 저장, 확대, 축소, 조회와 함께 분석, 전송 처리하는 장치 및 출력장치에 사용되는 SW(인공지능 기술로 치아, 골격 등 인체 구조 등을 표시)
코어라인 소프트	의료영상 전송	• 의료영상을 저장하고 영상의 확대, 축소, 분할, 정합 기능을 사용해 영상을 조회, 분석해 결과를 전송 및 출력하는 장치에 사용되는 SW(AI기술적용 폐 영역 자동 분할)
레이언스	폐렴 진단	• 인공지능으로 폐렴 등을 판독하는 '엑스마루 프로' 식약처 인증 획득
아이메디신	지각신체 진단	• 기억장애형 경도인지장애(aMCI)로 의심되는 환자 대상으로 정량 뇌파 분석 소프트웨어. 학습 통한 경도인지장애 모델 기반으로 aMCI의 가능성을 확률로 시각화해 관련 뇌파 분석 결과 제시, 의료인의 진단을 보조하는데 사용
메디웨일	의료영상검출 보조	• 안저 영상을 이용해 안저 이상 및 질병(백내장, 녹내장, 망막질환)이 의심되는 부위를 검출, 표시해 의료인의 진단결정을 보조하는데 사용하는 소프트웨어
헬스커넥트	질환예측	• 스마트 헬스 플랫폼(뉴헬스온) 개발 • 스마트헬스케어를 기반으로 건강관리, 원격진료, 질환예측
노을	AI 원격진단 (혈액분석)	• 혈액을 통해 말라리아, 혈액암등을 판별하는 milab 개발 • 향후 패혈증 등으로 확대
나노엑스 (본사 : 이스라엘)	영상촬영단축	• 디지털 X-ray · CT 기반 차세대 영상촬영 기기 'Nanox.ARC' 미국식품의약국(FDA)승인 • 아날로그 제품들보다 화질이 선명하며, 최대 30배 빠르게 촬영. 방사능 노출 시간을 1/30 단축하고 비접촉으로 X-ray 촬영 가능 • SKT가 282억 투자 2대주주가 됐으며 나스닥 상장도 추진 중
다나아데이터	의료 빅데이터	• 네이버, 대웅제약, 분당서울대병원의 합작법인 설립(18년 11월, 자본금 100억 원) • 빅데이터, 인공지능 기술을 활용한 SW 개발 및 판매

회사명	주요사업	내용
아산카카오 메디칼	의료 빅데이터	• 카카오, 서울아산병원, 현대중공업지주의 합작법인(19년1월 설 립) • 의료빅데이터 플랫폼 구축, 아산재단이 운용하는 의료기관의 인터넷 및 네트워크 기반 사업
신테카바이오	신약개발(AI)	• 유전체 플랫폼 및 인공지능 딥러닝 신약개발 플랫폼 • 2014년 한국전자통신연구원(ETRI)의 전용 슈퍼컴퓨팅 기술 출자 받은 연구소 기업 • 신약개발에 AI를 활용해 합성신약 후보 물질 발굴 및 항암제 바이오마크 발굴
카카오브레인	빅데이터	• 폐암 진단, 흉부CT 진단 등을 딥러닝으로 분석 • 60여 명의 석박사가 AI 빅데이터 딥러닝에 집중
메디에이지	헬스케어	• 국내외 400여 검진 기관의 빅데이터와 분석 엔진 솔루션을 바 탕으로 개인 임상 데이터를 분석하고 맞춤형 건강 지표 및 건 강관리 솔루션 제공 • 모아데이타와 협력 'AI 개인 맞춤형 주요 암 25종 예측 시스 템' 개발 중
메디칼아이피	의료영상 AI	• 의료 빅데이터를 바탕으로 의료영상분석 AI 솔루션인 '메딥프 로' 개발 • 메딥프로 : MRI 같은 흑백 단층 촬영 영상을 3D 모델링 하는 동시에 장기 영역별로 색을 입혀서 병변을 정확히 파악 • 서울대병원의 방대한 빅데이터 보유 • 폐렴 비율과 중량들을 수치화한 메딥코비드19 개발(49개 국 1174개 기관에서 코로나 치료에 활용)
스탠다임	AI신약개발	• 인공지능 AI신약개발사, 신규 표적 발굴부터 신약물질 설계까 지 가능한 플랫폼 개발 • AI를 활용해 신규 신약후보물질 타깃 발굴부터 신약물질 디자 인까지 자체적으로 수행할 수 있는 기술력을 갖춘 전세계적으 로 몇 안 되는 기업으로 손꼽힘 • SK케미칼, 한미약품 ,HK이노엔(옛 CJ헬스케어), 삼진제약(미 국의 PRI 등과 공동연구를 진행 중

7장

그냥 카메라가 아닙니다, 학습하는 카메라

–

영상/이미지 인식

얼굴을 알아보고, 산불을 감지하는 똑똑한 카메라

| 알체라 |

세계적으로 안면인식 기술이 기존의 스마트폰뿐 아니라 항공, 금융, 의료, 쇼핑 등 우리 생활과 밀접한 분야로 빠르고 넓게 확대되는 추세다. 코로나19가 불러온 비대면 일상 역시 AI 안면인식 기술의 성장을 재촉했으며 이제는 어디에 안면인식 기술이 적용됐는지도 알아채지 못할 만큼 생활 깊숙한 곳까지 파고들었다.

대한무역투자진흥공사에 따르면 2020년 글로벌 안면인식 시장 규모는 65억 달러(7조 3,500억 원)를 기록했으며, 2025년 197억 달러(22조 300억 원)로 24.9% 성장할 것으로 전망했다. 안면인식 기술이란 동영상 혹은 이미지에서 얼굴 영역을 자동으로 검출하고, 고유패턴을 추출해 누구인지 식별하거나 인증하는 생체인식 기술이다.

이 기술로 인해 편의점에서 얼굴 인식만으로 쉽고 빠르게 결제하고, 공항 출입국 심사도 여권 없이 얼굴 인식으로 걸어가면서 탑승 절차를 받는다. 또 보안이 중요한 건물 출입통제부터 위·변조 위험을 막을 수 있는 비대면 계좌 개설도 모두 안면인식 기술을 적용했기에 가능해졌다. 안면인식은 사람만 편리하게 만들어준 게 아니다. 우주에서도 포착될 만큼 큰 산불로 피해가 컸던 캘리포니아 역시 이 안면인식 기술로 산불을 24시간 감지한다. AI 안면인식 적용 분야는 말 그대로 무궁무진하다.

국내 AI 영상인식 분야의 절대 강자라 불리는 알체라는 지난 2016년 삼성종합기술원 출신 연구진들이 설립한 AI 영상인식 분야 전문 기업이다. AI 영상인식 분야의 첫 상장 기업으로 대용량 영상 데이터 수집 및 편집부터 딥러닝 학습, 인공지능 엔진 최적화, 전용 솔루션 제작까지 전체적인 솔루션을 제공하고 있다. 얼굴 인식, 증강현실, 이상 상황감지, 데이터 사업 등 4개 영역을 중심으로 국내외 주요 고객사를 확보하며 독보적인 입지를 구축했다. 국내 AI 영상인식 분야에서는 절대 강자라 할 수 있다.

사람마다 얼굴 ID는 다르다

알체라Alchera는 호주 원주민어로 Dream Time, 꿈의 시대라는 뜻이다. 알체라의 황영규 대표는 회사에 대해 이렇게 설명한다.

"AI로 꿈을 이뤄주는 회사의 미션을 위해 가장 먼저 무엇을 해야 할지 많이 고민했습니다. 저희는 영상인식 전문가들이 모인 회사이니 AI로 카메라를 똑똑하게 만드는 것부터 시작하면 좀 더 편리하고 안전한 사회를 만드는 데 우리가 기술로 이바지할 수 있고, 그런 사회가 되면 사람들이 지금보다는 더 자신의 꿈을 마음껏 펼칠 수 있지 않겠냐는 생각이었습니다. 알체라가 기술 회사인 것은 분명하지만 기술을 위한 기술이 아닌 본질적으로 사람과 사회를 위한 기술을 핵심 가치로 두고 있습니다."

알체라 황영규 대표는 미국 미시간 주립대학교 전자공학과를 졸업한 뒤 미국 위스콘신대학교 전자공학 석사 학위를 취득하고, 서울대학교 융합과학기술대학원 박사 과정을 모두 수료했다. 2006년부터 삼성종합기술원 전문연구원으로 일하며 오랫동안 AI 영상인식 기술을 개발했다. 그리고 2014년 SKT 미래기술원으로 자리를 옮겨 미래기술원 매니저로 일하던 중 뜻밖의 창업 제안을 받고 알체라를 설립했다.

"SKT 미래기술연구원에 근무하던 중 네이버 자회사 스노우(카메라앱) 대표님에게 연락을 받았습니다. 3D 얼굴 인식이 가능한 카메라앱을 만들려고 하는데 어떡하면 되겠냐고 자문을 구하셨죠. 그래서 성심성의껏 도와드렸습니다. 그런데 어느 날 갑자기 저에게 투자할 테니 창업을 해보라는 제안을 주셨습니다. 처음에는 어리둥절해서 제안을 거절했습니다. 당시 직장인이었기에 창업 생각은 못 했는데 그 제안을 듣고 나니 점점 창업에 대한 마음이 생기더라고요. 저에게 찾아온 좋은 행운이자 기회라 생각했습니다."

황 대표는 창업 제안을 듣고 3개월 뒤인 2016년 7월 삼성종합기술원 출신의 전문 엔지니어 2명과 함께 지금의 알체라를 공동 창업했다. 그간 연구했던 기술을 바탕으로 추가 연구하면 스노우에서 필요한 기술을 빠르게 상용화할 수 있겠다는 확신이 있었다.

일반적으로 스타트업은 기술을 만든 뒤 투자를 받는다. 하지만 알체라는 그 반대다. 창업과 동시에 네이버로부터 15억 원의 투자를 받았다. 공동창업자 모두 합쳐 7,000만 원의 자본금으로 시작한 스타트업이 회사를 세우자마자 50억 원의 기업가치를 인정받았다.

당시 스노우 카메라는 얼굴 인식 기술 없이 2D 스티커만 서비스했다. 해외 카메라 앱들이 3D 스티커를 적용하고 있던 때라 스노우도 3D 구현을 위한 얼굴 인식 기술이 시급한 상황이었다. 알체라는 이를 위해 AR 기반의 3D 얼굴 인식 엔진을 빠르게 개발했다. 딥러닝을 이용해 영상에서 인물을 인식하고 3D 가상 물체를 덧입힐 수 있는 새로운 기술이었다.

황 대표는 안면인식 기능에는 대표적으로 다섯 가지 기술이 들어간다고 설명한다. 먼저 '3D 실시간 얼굴 모델링'은 실시간 3D로 얼굴을 분석하고 위치를 파악하는 두 가지 기술이 들어간다. 스노우에 들어간 서비스가 바로 이 기술이다.

"스노우 앱을 예를 들면 토끼 귀 모양의 스티커를 얼굴에 붙이고 고개를 돌렸을 때, 2D로 얼굴을 분석하면 스티커가 얼굴을 따라오지 않아 얼굴과 스티커가 따로 노는 것처럼 보입니다. 그러나 3D로 얼굴을 분석하면 곡률이 생겨 좀 더 입체감 있고 현실감 있는 표현이 가능해지죠. 토끼 귀가 진짜 얼굴에 달린 것처럼 사실적인 표현이 가능해지는 것입니다."

그다음이 '아이디 판별 기술'이다. 사람은 아침, 점심, 저녁 얼굴이 조금씩 다 다르고 지금과 10년 전 얼굴 또한 다르다. 하지만 공통으로 변하지 않는 속성이 있다. 이를 특징 혹은 피처feature라고 부르며 이걸 AI가 만든다. 스노우에 들어가는 3D 실시간 얼굴 모델링 기술과 이런 아이디 판별 기술이 합쳐지면 현재 공항 출·입국 절차의 안면인식 기능이 완성된다.

또 다른 기술은 사람의 얼굴 이미지로 추출된 피처를 비교하고 그룹핑하는 기술이 있다. 얼굴 인식이 잘 되려면 남이랑 비교가 잘 돼야 하고 나에게도 변화가 있으니 이것도 잘 그룹핑 해주는 기술이 필요하다. 이런 다섯 가지 기술이 모두 적용돼야 제대로 된 안면인식 기술 하나가 된다.

데이터가 없으면 박사 100명도 소용없다

황 대표는 이렇게 얼굴을 찾고 3D로 분석하는 기술을 스노우에 서비스했으니 바로 다음 스텝으로 넘어가야 했다. 그동안 삼성종합기술원과 SKT 미래기술원에서 안면인식 기술 연구를 오랫동안 했고 이제 곧 안면인식의 시대가 올 것이 분명하니 알체라의 주요 사업 분야를 안면인식으로 결정하고 이때부터 본격적으로 AI 안면인식 기술에 집중적으로 투자했다.

"영상인식과 AI 분야에 10여 년간 몸담아오면서 느낀 건 AI가 모든 걸 쉽게 만들었다는 점입니다. AI로 기술이 표준화가 됐죠. 예전에는 얼굴 인식과 지문 인식의 인식 기술이 달랐습니다. 지금은 AI로 사람 얼굴 찾는 기술과 일반 객체 찾는 기술이 같아졌습니다. 데이터만 다를 뿐입니다."

황 대표는 AI로 모든 분야 기본 알고리즘이 같아졌다고 말한다. 이

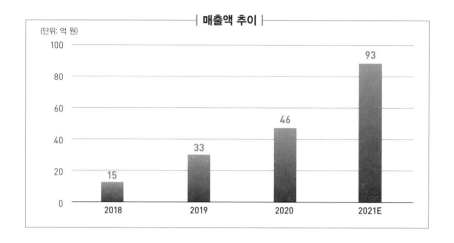

| 매출액 추이 |

(단위: 억 원)

- 2018: 15
- 2019: 33
- 2020: 46
- 2021E: 93

는 데이터가 많아지고 똑같은 알고리즘이 적용되니 할 수 있는 것이 무궁무진하다는 뜻이다.

"예전 자동차 공장에서는 수작업했기 때문에 대규모 생산이 불가능했죠. AI가 등장하면서 영상으로 인식하는 프로세스가 딱 세 가지가 됐습니다. 데이터를 취득하고 학습하고 서비스에 배포하는 세 단계로 프로세스가 단순하게 축소된 거죠. AI에 학습하는 알고리즘은 대부분 80~90% 같습니다. 이렇게 알고리즘이 같으면 시스템이 분업화돼 공장에서 찍어내듯이 찍어 낼 수 있습니다. 뭐든지 다 말입니다."

알체라는 안면인식으로 시작했지만 빨리 그리고 쉽게 데이터만 수집할 수 있으면 다른 객체 인식까지 사업을 확대할 수 있었다. 그래서 초기부터 데이터 팀을 자체적으로 꾸렸다. AI에서 가장 중요한 건 바로 데이터다. 데이터가 없으면 박사 100명도 아무 일 못 한다. 예전과 다르다. 개발자가 아이디어를 내 수식을 쓰면서 코딩도 했지만, 지금은 데이터가 없으면 그것조차 할 수 없다. 그래서 알체라는 초기부터 데이터 팀을 별도로 구성해 데이터를 빨리 생산할 수 있는 플랫폼을 구축했다.

"영상인식 데이터는 그 어떤 대기업보다도 국내에서 제일 많이 보유하고 있다고 자신합니다. 저희와 비교할 만한 기술 경쟁력을 가진 업체가 국내에는 없다고 봅니다. 알체라는 B2B에 초점을 맞추지만, B2C를 지향하는 AI 회사입니다."

데이터를 만드는 회사는 수없이 많다. 하지만 알체라는 AI 전문 지식이 있으니 AI에 잘 맞는 데이터를 가장 빠르고 정확도 높게 수집할 수 있는 것이다. 그러다 보니 유수의 대기업들이 역으로 데이터를 만들어 달라는 제안도 한다.

"AI 전문가들이 모여 있으니 다양한 기술과 분야에 따라 어떤 데이터를 만들면 되겠다는 전문적인 가이드를 줄 수 있는 거죠. 좋은 문제집을 잘 풀어야 시험을 잘 보는 것처럼 AI가 학습할 좋은 문제집, 곧 데이터를 잘 만들어야 AI가 제대로 목적에 맞는 서비스를 제공할 수 있는 것입니다."

만약 100장의 컵 데이터를 AI에 학습시킨다면, 각기 다른 모양의 컵 사진뿐 아니라 다양한 환경의 컵 사진도 필요하다. 이런 데이터뿐 아니라 AI가 제대로 인식할 수 있도록 컵 영역 지정도 잘 해줘야 한다. 똑같은 컵을 각도만 다르게 수백 장 찍어낸다고 해서 모두 쓸 수 있는 데이터가 아니다. 수학 문제집을 풀 때 '1+1=2' '1+2=3' 같은 문제를 100개 푼다고 해서 똑똑해지지 않는다. 100+1, 여기에 곱하기나 나누기가 나오는 다양한 환경의 문제를 많이 풀어야 AI가 학습이 잘 되는 것이다. 알체라는 초기부터 AI 데이터에 집중적으로 투자한 이유가 바로 이 점이다.

안면인식과 산불 감지 시스템 상관관계

알체라는 AI 영상인식 전문기업이다. 메인은 안면인식이지만 이 안면인식 기술을 통해 한국에서 저 멀리 미국 캘리포니아 산불도 철저히 감시한다.

"알체라의 핵심사업 분야는 크게 안면인식과 이상 상황방지입니다. 얼굴 인식 기술은 인천공항 자동출입국 시스템, 외교부 여권 정보 통합관리 시스템, 신한카드 '페이스 페이Face Pay' 등에 활용되고 있습니다. 이상 상황감지 분야는 지능형 폐쇄회로TVcctv를 이용해 실시간으로 시설물 주변 위험 상황을 감지하는 사업이며, 해외에서는 먼저 CCTV 카메라를 통해 캘리포니아 산불의 화재를 감지하는 소프트웨어를 개발해 이상 상황방지 시스템을 구축했습니다. 안면인식 기술이 사람을 위한 안심 서비스라면, 이상 상황방지 기술은 환경을 위한 안심 서비스라 할 수 있죠. 기술이 크게 다르지는 않습니다."

알체라의 이상상황 감지 소프트웨어는 해외에서 더 유명하다. 특히 세계 최대 산불 발생 지역인 미국 캘리포니아의 산불을 알체라의 소프트웨어가 감지한다. 그것도 미국이 아닌 한국에서 말이다.

캘리포니아는 해마다 건조한 날씨에 우주에서도 관측될 만큼 엄청난 규모의 산불이 발생했다. 지난 2017년, 캘리포니아 북부 지역에서 발생한 산불로 4천 5백만 평에 달하는 지역이 전소됐으며, 소노마 카운티에서도 6,000여 개의 집과 건물이 불타고 21명이 목숨을 잃었다. 소노마 카운티는 산불을 막기 위해 산불 방지 방안 서비스를 공모했고, 알체라가 버클리 대학 출신들로 구성된 쟁쟁한 글로벌 기업들을 제치고 서비스 제공회사로 선정됐다. 알체라 서비스는 경쟁사 대비 40% 이상 기술 우위성을 보였다는 평가를 받았다.

"캘리포니아 산처럼 광활한 지역은 센서나 위성으로 감지하기에는 비용이나 여러 기술적인 면에서 아직은 어렵다고 생각합니다. CCTV는 이미 800여 대가 설치돼 있고 여기에 소프트웨어만 덧붙이면 가격 대비 효과가 높은 산불 감지 시스템을 구축할 수 있는 거죠. 알체라는 이를 위해 다른 기업들과 달리 한 발 일찍 이 시장에 진입해 데이터부터 확보했고 산불 감지 기술의 정확도를 높일 수 있었죠."

큰불이 나는 걸 감지하는 건 중요하지 않다. 큰불로 가기 전, 연기가 피었을 때 그 첫 신호를 잘 감지해야 초기 진압이 가능하다. 알체라의 AI 기반 화재 탐지 솔루션이 구축되기 전에는 관제실 직원들이 CCTV 수십 개를 일일이 들여다보며 연기가 나는지 찾았다. 카메라마다 사람이 전부 붙어 있을 수 없었기에 불이 나면 초기 진압이 어려웠다. 산불의 골든타임은 20분인데, 이 안에 빠르게 산불을 감지하고 진압해야 산불이 걷잡을 수 없이 번지는 것을 막을 수 있다.

알체라의 AI 기반 화재 탐지 솔루션은 AI가 카메라 영상을 실시간으로 분석해 연기가 발생하면 경고 시그널을 띄운다. 연기를 알림으로 알려주기에 산불 탐지 신속성과 정확성을 대폭 높일 수 있는 것이다. 한 사람이 CCTV 4대를 봤을 때 30분만 지나도 이상 상황 감지

능력이 50% 미만으로 떨어지는데, 알체라 시스템을 이용하면 한 사람이 40대까지 CCTV를 볼 수 있고 정확도도 70~80%로 올라간다.

"2019년 기준, 미국이 산불로 발생하는 정전 피해액이 약 190조 원입니다. 화재로 전력 공급이 끊기면 먹고 씻는 기본적인 위생 문제가 발생하죠. 더 큰 문제는 심장박동기처럼 생명에 지장을 주는 의료 기기들이 중단되면서 환자나 병원들이 큰 피해를 봅니다. 그리고 그 손해 배상은 전부 전력 회사에 넘겨지는 거죠."

그러다 보니 전력회사 역시 산불 감지에 민감한 회사가 됐고 알체라는 캘리포니아 정부 그리고 전력회사들과 계약을 체결해 산불 감지 시스템을 제공하고 있다.

알체라가 미국, 그리고 전력회사와 맺은 계약은 일회성 소프트웨어 개발비가 아닌 매달 사용료를 받는 구독 형태의 사스(SaaS, 서비스형 소프트웨어) 비즈니스 모델이다. 이 모델로 서비스형 소프트웨어를 제공하면 산불 감지를 원하는 기관이나 기업에 곧바로 적용할 수 있고, 다른 분야로도 확장할 수 있다는 장점이 있다.

"클라우드가 발전하면서 이제 소프트웨어만으로도 서비스가 가능한 시대가 왔습니다. 데이터를 가져와 기술로 공급하는데, 기술이 곧 서비스인 것이죠. 이 소프트웨어를 매달 구독 형식으로 제공하면 지속해서 매출이 들어오고 규모의 경제로 넓혀 나갈 수 있는 데 의미가 크다고 봅니다. 왜냐하면, 카메라는 계속 설치가 될 것이기에 가능성이 어마어마하게 큰 거죠."

알체라는 기존 카메라나 시스템에 소프트웨어만 더하면 매출이 올라가는 구조를 구축했다. 클라우드 방식이기에 미국에 갈 필요도 없다. 소프트웨어 개발도 한국에서, 산불 감지 모니터링과 인식도 한국에서 진행한다. 고객과의 연락이 필요하면 줌을 이용하면 된다.

알체라는 미국과 일하기 전, 2018년 한국전력과 일하며 이미 경험을 차곡차곡 쌓았다. 알체라의 화재 감지 시스템 한국전력 남서울본부 시설감시용 카메라에도 탑재돼 있다.

공항 출입국, 안면인식 스마트 패스

알체라는 2017년부터 안면인식 기술을 집중적으로 투자를 시작해 2018년에 첫 버전을 개발했다. 당시 국내에서 안면인식은 그리 이슈화되지 않았다. 황 대표는 알체라의 안면인식 기술을 2019년 '미국 국립표준기술 연구소'가 주관한 얼굴 인식 벤더테스트FRVT, Face Recognition Vendor Test에 제출했고, 스타트업 임에도 세계 최고 수준임을 확인했다.

"미국 국립표준기술 연구소에서 한 정확도 평가 테스트 결과를 봤는데 안타깝게도 알체라가 1등이 아니었습니다. 그런데 결과지를 천천히 보니 알체라가 1등은 아닌데 상위 잘하는 회사들 범위 안에 들어 있고 1등과 범위 차이가 0.1% 밖에 되지 않았죠. 이게 무슨 의미가 있지? 생각이 들었습니다. 더 큰 쾌거는 알체라가 AI 안면인식 강국인 중국보다 결과가 좋았던 거죠."

테스트 결과 알체라의 오차율은 중국 3대 안면인식 기술업체인 매그비 테크놀로지Megvii Technology의 오차율에 반(50%)밖에 안 됐다. 센스타임보다는 이미 정확도가 3년 전부터 앞섰는데 그때만 해도 두 회사 모두 기업가치가 수조 원대에 달하는 글로벌 AI 영상인식 유니콘 기업이었다.

이 테스트로 인해 앞으로 알체라는 안면인식 쪽으로 사업을 주력해야겠다는 확신과 자신감이 들었다. 공항이나 금융권 등에도 안면인식이 세계적인 트렌드로 자리 잡아 가는 좋은 시기였다. 황 대표는 모든 일에 항상 운이 뒤따랐다고 말한다. 업계 선·후배의 강력 추천으로 비즈니스가 연결됐는데 이렇게 지인들의 평가가 좋다는 건 운보다는 안면인식 기술 분야에서 뛰어난 실력을 이미 인정받고 있었다는 의미다.

"어느 날 인천공항에서 스마트 패스 사업을 추진하는데 여기에 안면인식이 키가 될 거 같다며 자문을 해달라는 연락을 받았습니다. 실제 인천공항 사업에 들어가야 하는 국가 과제이기에 신중하게 고민하고 주변 지인들의 조언과 가이드도 많이 받았죠."

알체라는 2019년 6월, 인천국제공항의 출입국 시스템 사업자로 선정됐다. 자동출입국 심사대에 알체라의 AI 안면인식 소프트웨어가 들어가 있다. 사람의 표정은 물론 사물의 미세한 이상 징후까지도 99% 이상 정확도를 내세우며 다양하고 복잡한 환경에서도 안면 인식률이 높은 알체라 기술력을 인정받았다.

"궁극적으로 세계 공항은 스마트 패스가 트렌드가 될 것입니다. 생체인식으로 탑승 절차를 모두 다 하는 거죠. 이 생체인식 중 가장 핵심이 바로 안면인식입니다. 지문 센서는 알고리즘이 각기 다 다르고 알고리즘이 바뀔 때마다 센서를 다 바꿔줘야 하는 불편함과 비용 부

담이 있습니다. 반면에 안면인식 소프트웨어는 어떤 카메라든지 다 쓸 수 있죠. 그러다 보니 생체인식 중 안면인식이 편리함과 정확도, 비용적인 면에서 모두 우위일 수밖에 없습니다."

이 외에도 알체라 얼굴 인식 기술은 외교부에서 2020년 12월부터 제공하고 있는 여권 재발급 신청 서비스에 적용됐다. 온라인으로 집에서 여권 재발급을 신청하고, 이를 받을 때 본인 확인용으로 알체라의 얼굴 인식 기술이 사용되는 것이다. 전국 250여 개 지자체 및 170여 재외 공관에서 본인 확인 업무 수행에 알체라의 안면인식 기술이 사용되고 있다.

금융권에도 안면인식 기술의 관심은 그 어느 분야보다 크다. 요즘은 은행을 방문하지 않아도 비대면으로 통장을 개설할 수 있다. 인증에는 드라이브 라이센스가 활용되는데, 얼마 전 자녀가 아빠의 드라이브 라이센스를 위조하는 사고가 일어나면서 금융권에서도 빠르게 안면인식 기술을 도입하기 시작했다.

알체라는 신한은행과 카드, 농협 등에 다양한 안면인식 서비스를 제공한다. 신한은행은 비대면으로 통장 개설할 때 안면인식 기술을 사용하고 신한카드는 안면인식으로 카드 결제를 하는 페이스페이 결제시스템을 상용화 중이다. 신용카드 없이 안면인식만으로 결제하는 국내에서 최초의 시도로 CU 한양대점에서 서비스되고 있다. 안면인식 기술이 다양한 분야에 활용되고 있는 만큼 알체라의 고객사도 이렇게 매우 다양하다. 앞서 소개된 기업 외에도 공기업 중에는 한국전력 화재 감시 시스템 공급이 대표적이고 대기업인 SK텔레콤, 삼성전자, LG유플러스 등에도 솔루션을 공급한다.

기술특례로 상장한 AI 영상인식 기업

알체라는 기술특례상장으로 코스닥에 상장된 국내 최초 AI 영상인식 기업이다. 회사 설립 당시 5명이었지만 지금은 전체 직원이 약 120명이다. 정규 직원의 약 60%가 기술인력이고 꾸준히 채용하고 있다.

"2021년 매출 목표는 작년보다 두 배 이상 성장입니다. 이익보다 매출에 더 신경 쓰고 있습니다. AI 시장은 초기 단계여서 규모의 경제를 먼저 달성하는 게 중요하기 때문이죠. 알체라는 앞선 AI 영상인식 기술력과 자체 데이터 구축 시스템을 갖추고 있습니다. 소프트웨어를 구독 모델로 서비스하는 알체라의 사스SaaS 비즈니스 모델을 세계적으로 확장해 나가면 성공 가능성은 분명 어마어마하게 클 것이라고 기대합니다."

황 대표는 대한민국이 AI 강국이 되려면 인재와 기술 모두 필요하지만, 핵심은 사업으로부터 나오는 데이터라고 강조한다.

"이제는 AI는 마치 엑셀이나 파워포인트와 같다고 할 수 있습니다. 누구나 다 하는 툴이 된 거죠. AI 기술은 이미 공개돼 있기에 누구나 쉽게 사용할 수 있습니다. 다만 그 AI는 데이터가 없이는 발전할 수가 없습니다. 게다가 그 데이터는 시장으로부터 얻습니다. 시장에서 사업을 통해 데이터를 얻지 못하면 AI는 무용지물이죠. 아이러니하게 AI 시대에 핵심은 기술이 아니라 사업입니다. 사업의 핵심은 고객이고요. 저는 고객의 Pain Point를 해결할 수 있는 사업부터 먼저하고 데이터를 취득한 뒤 AI 기술을 적용해 지속해서 고객에게 더 좋은 서비스를 싸게 제공하는 것, 이게 바로 AI 시대의 비즈니스라고 생각합니다."

황 대표는 알체라에 AI 전문가들만 있냐고 물어본다면 전부 AI 전문가들이라 말할 수 있다고 자신한다. 왜냐하면, AI는 생각보다 쉽기 때문이다. 알체라는 고등학교를 갓 졸업한 직원도 AI를 학습하고, 개발한다. AI가 그만큼 기술의 문턱을 확 낮췄다.

"회사 경영이 이렇게 어려운지 몰랐습니다. 전부 내로라하는 직원들인데 이들을 조화롭게 한 방향을 이끌어 가는 게 제 몫인 거죠. 모든 악기가 조화롭게 연주되는 오케스트라처럼 협업해 누구나 사랑하는 작품들을 만들어내는 것이 중요하다고 생각합니다."

미국에서 필하모니 오케스트라 공연을 본 황 대표는 지휘자가 각기 다른 악기들을 조화롭게 이끄는 장면에서 큰 감동을 받았다. 음색과 음량이 다 다른 악기마다 특징을 잘 살려 아름다운 음악을 완성하는 걸 보면서 모든 일은 한 사람이 혼자 다 할 수 없다는 것을 깨달았다. 이처럼 고객에게 가치를 주기 위해 여러 사람과 협업을 끌어내는 것이 대표의 중요한 역할이라고 생각한다.

"알체라는 B2B에 초점을 맞추지만 B2C를 지향하는 회사입니다. 모든 사람이 알체라의 AI 기술을 사용하는 걸 목표로 하고 있습니다. 클라우드 공급으로 규모의 경제를 달성해 시장에서 경쟁우위를 확고하게 다질 계획입니다. AI로 꿈의 시대를 실현해 보자는 회사의 모토가 반드시 실현되도록 노력할 것이며, 우리나라 AI 선두주자로 사명감으로 사람들에게 도움과 행복을 줄 수 있는 밝은 AI 문화를 이끄는 회사를 만들어나갔으면 합니다."

새롭게 세계를 읽는 법, 영상·이미지·음성 인식 기업들

회사명	주요사업	내용
알체라	얼굴인식	• 20년 12월 기술성특례로 코스닥 상장 • 얼굴인식 분야 국내 선두권 업체 (금융권, 국가 기관 등에서 사용 중) • 돌발상황인지 시스템 : 미국 캘리포니아 산불방지 AI 시스템 납품. 운영 중 : 미국 캘리포니아주 산불 상황 미리 인지하고 알려주는 시스템. 한 명이 2,000여 개 CCTV 담당 가능토록 AI가 사전에 돌발상황 인지. 클라우드로 한국에서 가동 중
룰루랩	AI 뷰티솔루션	• 인공지능 기반의 맞춤형스킨케어 솔루션 '루미니' 개발 : 피부를 스캔해 10초 안에 분석하고 개인의 피부에 맞는 화장품 추천 • 넷마블에서 시리즈B 투자(20년 11월)
씨유박스	얼굴인식	• 2010년 5월에 설립된 얼굴인식 솔루션 전문기업 • 미국 국립표준기술연구소(NIST)의 얼굴인식 알고리즘 테스트(FRVT)에서 24위(20년 12월)
오이지소프트	얼굴인식	• 한국인터넷진흥원(KISA)으로부터 바이오인식시스템 인증 획득 • 에스케이아이에서 오이지소프트 인수(19년 8월)
핀텔	영상분석	• 방범 · 안전 · 교통 · 리테일 안면인식 등 AI 영상분석 • AI 딥러닝을 기반한 영상분석 시스템 PREVAX2 출시 예정.(PREVAX는 자체 개발한 딥러닝 알고리즘을 사용해 초고화질(UHD) 고해상도 영상 분석 가능하고, 멀리 있는 객체 또한 정확하게 인식) • 상장 추진 중(주관사 :대신증권)
우경정보	영상분석	• 인공지능(AI) 기반 영상고속검색 솔루션 Hi-VS 개발 (CCTV 관제센터의 효율적인 운영과 신속한 사건의 초동조치를 위해 개발). • Hi-VS : 딥러닝 기반 객체 검출 및 분석기술의 대표적인 솔루션으로 사람, 성별, 옷 색상, 차량, 제조사, 색상, 이동방향 등 분석 가능. 고성능 GPU 사용으로 처리속도가 최대 60배 증가
슈프리마		• AI 얼굴인식 기술과 모바일출입인증 솔루션을 인정, 출입인증 기술 기업에 선정(중기부) • AI 집중화를 위해 AI 기술 전담부서를 신설
메사쿠어 컴퍼니	안면인식	• AI 안면인식 솔루션 공급 • AI 엔진 (머신러닝 기반 영상분석 및 안면인식기술) 개발 및 판매 • 하나은행, SK건설, 교원구몬 등에 솔루션 공급
발레앤모델		• 발레 동작을 AI로 분석해 발레 동작 구현 • 혼자서 집에서 교육 모바일로 교육 가능

회사명	주요사업	내용
보이스루	유튜브 영상자막	• AI가 한글자막 생성하면 번역가들이 외국어로 번역하는 플랫폼(자메이크 서비스) • 자메이크는 샌드박스와 자체 제작 채널에 대한 독점적 자막을 공급, 다이아 티비, 레페리, 트레져헌터 등과 파트너십 계약 체결 • 개인 크리에이터 콘텐츠 제작 시장에서 '자메이크'는 마켓쉐어 80%를 달성 • 떵개떵, 동네놈들, 엠브로, 엔조이커플 등 100만 구독자 이상 유튜버들과도 다수 프로젝트 진행 • 한화투자증권 등에서 시리즈A 투자
악어디지탈	이미지분석 및 빅데이터화	• 자체 개발한 AI OCR(글자인식) 기술을 통해 종이문서를 전자 열람, 검색이 가능한 전자 문서로 변환 • 이미지화 된 문서를 디지탈화 해 클라우드에 저장 • 디지탈화 문서는 텍스트 DB화 ⋯→ 검색 등이 자유로움
비쥬얼캠프	시선추적	• 웹캠 기반 인공지능 시선추적 소루션 시소(SeeSo) 개발 • 고가의 하드웨어 방비가 필요한 기존 시선추적기 대신 스마트폰이나 노트북에 소프트웨어를 통해 시선추적이 가능 • 첨당러닝과 학습 플랫폼 구축 협약(학습몰입도, 집중도 등을 시소가 측정 가능)
에스아이에이	위성항공	• 인공지능을 활용해 위성,항공영상을 실시간 탐지 및 분석해주는 오비젼(Ovsion)을 개발 • 기존 영상분석시간을 40분을 3분으로 단축 • 엔비디아의 인공지능 유망 스타트업 지원 프로그램 파트너사로 선정
니어스랩	자율비행 드론	• 인공지능 기반으로 풍력발전소, 교량, 댐 등에 자율비행 드론을 띄워 안전점검 등을 시행 • 독일의 풍력발전기 제조사 지멘스가 메사에 안전점검용 드론 납품 계약 • 직방의 자회사에서 투자
보이저엑스	영상편집	• AI 기반영상편집 서비스 '브루(VREW)'와 책을 스캔해주는 '브이플랫(VFLAT)'과 자동으로 폰트를 만들어 주는 '온글잎'을 개발 • 브루는 동영상 속 음성을 추출해내서 음성인식기술로 영상에 맞게 스크립트를 자동을 만들어 줌 • 문서편집을 하듯 동영상을 쉽고 빠르게 편집 가능
펄스나인	딥리얼 걸그룹	• 인공지능 기반으로 리얼한 가상 인물 생성해 활용 • 기존에 없는 완전히 새로운 가상인물을 창조하며 초상권 문제를 해결 • 수만 장의 한국 아이돌 20년 변천사를 학습해 탄생한 딥리얼 AI 걸그룹 '이터니티' 제작
마이해리티지	딥페이크	• 온라인 가계도 플랫폼 기업으로, 사진 속 얼굴에 표정을 입히고 움직이게 만들어주는 AI 기반 웹서비스 '딥노스탈지아' 제공 • 얼굴이 나온 적당한 크기의 사진을 업로드하면 사진 속 인물이 좌우로 고개를 갸웃거리기도 하고, 살짝 웃기도 하는 등, 살아 움직이는 모습을 볼 수 있음

그냥 카메라가 아닙니다, 학습하는 카메라_영상/이미지 인식

회사명	주요사업	내용
네오사피엔스	인공지능 음성 합성 기술	• 딥러닝 기반의 감정표현 및 운율 조절, 다중언어가 가능한 음성 합성 원천기술 보유 • 인공지능 성우서비스 타입캐스트(typecast) 운영 • 세계 최초 유료 AI오디오북 대교 〈까칠한 아이〉 발매 • MBC VR 휴먼다큐〈너를 만났다〉: 세상을 떠난 딸 음성 복원 • 밀리의 서재와 업무 협약 : 독서 콘텐츠 특화 AI 음성 기술 • 인공지능 기술 이용한 음성 합성 제작 뿐 아니라 배우 제작까지 사업 확장
소리자바	인공지능 커뮤니케이션 솔루션	• 90년대 속기 시장으로 시작해 속기와 음성인식 분야 결합(속기 분야 세계 특허 미 출원 세계 1위, 국내 1위) • AI 비서/튜터, 음성인식 회의록 시스템, 수어 시스템 등 • 정부기관과 금융기관 등 다양한 업종에 솔루션 제공 (법무부·행정안전부·우정사업본부·금융감독원·중앙선거관리위원회·교육청/국민은행·한국투자증권/엠넷·LGU+ 등)
인텔로이드	음성	• Keyword Spotting, STT(Speech-To-Text), NLU(Natural Language Understanding), IoT(Internet of Things)를 모두 자체 개발해 보유 • 의료, 제조, 스마트홈, 차량 등 여러 산업 분야에 AI 기술 제공 • 음성 AI 부문 '2020 4IR어워즈' 수상
플리토	언어 서비스 (번역) 플랫폼	• 인공지능 + 음성 합성 기술 • 전 세계 173개국, 25개 언어 지원, 누적 이용자 1,000만 명+ • 카카오엔터가 올해 내 1조 원 투자 예정 / 모든 언어로 웹툰 플랫폼 구축 • 유튜브 영상 자막 번역 • 고객사: 삼성전자, 현대자동차, 네이버, 카카오, MS, 아마존, 텐센트, NTT도코모, 바이두 등
가오디오랩	VR 오디오 솔루션	• VR,OTT 음향 기술 개발 공급 (영상과 소리의 방향을 일치) • 일정한 음량으로 동일하게 조정해주는 솔루션 (청력 보호) – 네이버, 벅스뮤직, 팟빵, 플로 등
리턴제로	통화 음성 문자 변환	• 통화녹음을 문자로 변환해주는 앱 '비토(VITO)' • 통화 음성 문자 변화, 화자 분리 기술, 선택적 문자 변환 • 개인정보 유출 막기 위해 텍스트로 변환된 내용만 암호화
액션파워	음성인식 텍스트 변환	• 국내 최초 음성인식 기술 활용한 인공지능 받아쓰기 서비스 '다글로' 출시 • 음성 파일, 동영상 파일, 유튜브 링크의 음성을 텍스트로 변환 • 분야별 특화 엔진 운영 (화상회의, 전화통화, 강연, 대면회의·인터뷰·상담, 뉴스, 의회, 법률강의, 교회설교, 일반)

8장

모빌리티의
최종 진화

—

자율주행

데이터를 어떻게 수집하고
어떻게 가공해야 할까

| 인피닉 |

2020년, 산업통상자원부가 '자율주행차와 친환경차' 전담부서인 '미래자동차산업과'를 신설하고 4차 산업혁명의 핵심인 미래차 시장 초기 선점에 박차를 가한다고 밝혀 다가올 자율주행차와 미래차 대중화 시대에 대한 기대감이 무르익고 있다.

세계 주요 국가의 미래차 전환 역시 빠르게 진행 중이며 2030년까지 레벨3 이상 자율주행차가 세계 신차의 50%를 차지할 것으로 전망했다. 우리 정부 또한 2022년을 미래차 대중의 원년으로 삼고, 2025년까지 미래차 중심 사회·산업 생태계를 구축하는 것을 목표로 하고 있다.

국내 자동차 산업을 선도하는 현대자동차는 그룹 핵심 성장축인 자율주행, 전동화, 수소연료전지 분야를 강화 중이며 이를 위해 기존의 독자 연구개발에서 벗어나 국내외에서 자율주행 관련 전문 기술을 보유한 다양한 정보통신기술ICT 업체들과 협력해 미래 자동차 산업의 선점에 힘을 쏟고 있다.

인피닉은 바로 이 현대자동차 자율주행차 개발에 필요한 AI 학습용 데이터 공급하는 국내 AI 데이터 전문기업이다. 안전한 자율주행의 필수조건인 고품질 AI 데이터를 수집하고 가공해 다양한 자율주행 분야에 서비스하는 일을 주력하고 있다.

쓰레기가 들어가면 쓰레기가 나온다

IT 업계에서 'Garbage in, Garbage out'은 '(컴퓨터에) 무가치한 데이터를 넣으면 무가치한 결과가 나온다.'라는 의미로 통용된다. 이 용어는 다양한 산업 분야에 적용되는데, 특히 자율주행은 탑승자의 안전과 생명이 직결된 만큼 안전한 자율주행을 위해서는 도로 모양과 차선, 신호등, 표지판 등 운전 상황에서 접하게 되는 모든 요소가 담긴 방대한 데이터와 이를 제대로 완벽하게 학습한 AI가 필수적이다.

인피닉은 다양한 분야의 AI 엔진이 목적에 맞는 기능을 수행할 수 있도록 데이터를 수집·가공하는 AI 학습용 데이터플랫폼 기업이다. 특히 자율주행에 특화된 AI 데이터 수집·가공 분야에서 국내 1위를 선도하며 유럽 시장까지 사업을 확대했다.

"4차 산업 혁명의 핵심 기술이라 할 수 있는 AI가 구현되기 위해서는 데이터를 어떻게 수집하고 또 어떻게 가공하느냐에 따라 그 가치가 결정됩니다. 인피닉의 AI 학습 데이터는 간단히 말해 '답이 있는 참고서'라 비유할 수 있습니다. 우리가 공부할 때 참고서의 문제를 풀어 답을 찾으며 스스로 학습하죠. 인피닉은 자율주행 AI에게 99%

이상의 신뢰도를 갖춘 정확한 답이 있는 참고서(데이터)를 만들어 제공하는 일을 합니다."

박 대표는 안전한 자율주행의 절대적 필수조건은 바로 '고품질의 AI 데이터'라고 강조한다. 자율주행 목표는 인간의 통제 없이 자동차가 스스로 인지하고 판단해 목적지까지 주행하는 시스템을 완성하는 것이다. 이를 완벽히 실현하기 위해서는 고품질 AI 데이터가 제대로 공급돼야 안전한 자율주행이 가능하다. 그래서 자율주행 데이터는 한 치 오차도 용납할 수 없다. 사람 생명이 걸린 중대한 문제이기 때문이다.

인피닉은 2001년 휴대전화 단말기나 차량 계기판 등 소프트웨어 밸리데이션(validation, 특정한 공정, 방법, 기계 설비 또는 시스템이 미리 설정된 기준에 맞는 결과를 일관되게 도출한다는 것을 검증하고 문서로 만드는 일) 사업으로 시작된 회사다.

"소프트웨어의 품질을 검사하고 보증하는 역할을 하는 회사이기에 기업의 DNA가 '품질'일 수밖에 없었습니다. 이후 다양한 분야의 소프트웨어·하드웨어 테스팅 서비스를 제공하다 자율주행 학습용 데이터 분야로 진입한 건 2016년 미국 반도체 기업 퀄컴QCOM과 함께 일을 한 것이 계기가 됐습니다."

그 당시 퀄컴은 자율주행에서 가장 핵심이 되는 칩셋, 바로 DCU automotive domain control unit(자동차 통합 제어 장치)를 개발하는 일을 했다. 자율주행차는 인식, 판단, 제어하는 많은 CPU가 존재하는데 이 인식·판단·제어를 높은 수준으로 구현하기 위해서는 모든 상황을 통제하는 중앙 관제센터가 있어야 하고 그 역할을 하는 것이 바로

DCU다.

퀄컴은 자율주행에서 가장 핵심이 되는 칩셋을 개발 중이었고 인피닉은 퀄컴과 협업하며 콘텐츠 품질이라는 차원으로 이 사업에 접근했다. 박 대표는 20여 년간 소프트웨어 테스팅으로 품질을 다뤄왔던 경험을 바탕으로 수준 높은 품질의 데이터를 제공할 수 있었다.

"지금 이렇게 고품질의 AI 학습용 데이터를 서비스할 수 있는 건 그 전에 소프트웨어·하드웨어 테스팅 업무의 오랜 경험과 노하우가 쌓였기에 가능했습니다. 그 사업을 하면서 개발 상황들을 정확하게 규정하고 그것들을 문구 하나하나까지 오해의 소지가 없이 정확한 해석을 내놓고 이것들이 제대로 이행이 됐는지를 철저하게 분석하고 확인하는 일을 해왔습니다. 이 규정을 정확하게 하는 것이 사업의 중요한 키가 되는 부분이었고 이런 경험이 바탕이 돼 고품질의 AI 학습용 데이터를 제공할 수 있게 됐습니다."

인피닉은 학습 데이터의 품질이 AI 성능을 좌우할 만큼 가장 중요한 점을 고려해 체계적인 안전 검수 시스템에 통과된 데이터만을 최종 출하한다. 검수 프로세스는 총 5단계로 이뤄지며, 데이터 검수 과정 중 에러 발생 시 반드시 재가공하는 등 최종 품질 수준을 99% 이상으로 유지한다.

자율주행의 기본은 데이터 수집 및 가공

AI 학습용 데이터 전문기업, 인피닉은 자율주행 데이터 수집용 장비와 솔루션을 직접 보유하고 있다. 이로 인해 자체 장비(혹은 운영 위탁받은 장비)를 활용해 수집한 데이터를 현대모비스, 현대엠엔소프트, SKT, 퀄컴, LG전자 등 주요 고객사들에 맞춰 각각 커스터마이징한 AI 학습용 데이터를 제공하는 것이다. 인피닉의 이런 앞선 고품질 데이터 덕에 국내에서 자율주행 관련 개발 기업은 거의 다 인피닉과 일하고 있다고 해도 과언이 아닐 정도다.

"AI 모델 개발 워크로드를 보면 데이터가 80%를 차지합니다. 만약 80%가 똑같고 나머지 20%를 가지고 그 회사만의 독창적인 솔루션을 만들면 경쟁력을 가질 수 있을까요? 전 20%로는 힘들다고 봅니다. AI 개발 목적에 맞게 데이터들이 모두 커스터마이징 되어야 합니다. 회사가 경쟁력을 가지기 위해서는 알고리즘뿐 아니라 데이터셋도 목적에 맞게 차별화된 데이터셋을 써야 하죠. 각국의 기업들이 지금까지 데이터 중요성을 꾸준히 강조했는데 아직도 데이터 구축하는 데 사활을 걸고 있는 이유이기도 합니다."

자율주행 구현 첫 시작은 도로 위에서 접하는 모든 정보를 한데 모은 많은 양의 데이터셋을 구축하는 것이다. 여기는 카메라, 레이더, 라이다 등 센서를 비롯해 3D/HD맵핑, 정밀 GPS 등 다양한 기술을 탑재한 채 도로를 다니며 직접 데이터를 모으는 '자율주행 데이터 수집 차량'이 활용된다. 인피닉이 타사 대비 자율주행 데이터 분야에 더욱 강세를 보이는 건 다른 기술적인 부분도 있지만 바로 이 자체 개발 '자율주행 데이터 수집 차량'을 보유했다는 점이다.

"이 외에도 조금 더 최적화된 모델 베이스로 데이터를 수집할 때는 해당 차량 모델에 직접 데이터 수집 기술들을 탑재해 데이터를 별도로 추가 수집합니다. 차량에는 앞뒤좌우 약 10개 이상의 카메라와 라이다 센서가 설치돼 도로 위 모든 요소를 빠짐없이 수집하죠. 이렇게 수집된 데이터는 데이터 공급 기업에 따라 커스터마이징 작업을 거쳐 자율주행 AI 학습에 알맞은 형태로 가공합니다. 센서 융합으로 수집된 방대한 양의 데이터가 모두 AI 학습 데이터로 사용되는 것은 아니며, 메타 정보를 기록하고 목적에 맞게 선별해 통상 10% 미안 데이터만 AI 학습 데이터로 가공됩니다."

인피닉은 이렇게 차별화된 데이터 수집을 위해 수집 전 날씨, 기상, 도로 등의 다양한 환경과 이동 객체 및 보행자, 표지판, 신호등, 구조물 등 고객사의 요구 조건에 맞는 여러 설정을 규정해 데이터 수집 정확도를 높인다. 이후 본격적인 데이터 수집 시에는 전용 차량을 이용하며, 11개의 RGB 카메라와 시각정보 확보가 어려운 야간이나 악천후 등에 대비한 적외선 및 열화상 카메라, 나이트 비전vision 카메라가 각 1대씩 장착돼 360도 모든 방향의 영상 데이터를 수집한다. 이렇게 확보된 영상 데이터는 '자동 객체 감지 솔루션', '실시간 작업관리 시스템' 그리고 '글로벌 어노테이션 센터GAC, Global Annotation Center'를 통해 가공되는데, 이중 '자동 객체 감지'는 AI 기술을 활용해 데이터 전 처리 과정에서 차량, 사람, 도로 표지판 등 자율주행 구현을 위해 식별해야 하는 객체들을 자동으로 레이블링하는 솔루션을 말한다.

그뿐만 아니라 인피닉은 캘리브레이션Calibration 및 HW 구축 전문 기업과의 협업을 통해, 수집한 데이터 각기 다른 센서를 정밀하게 조정하고, 데이터의 인터벌, 색감, 밝기, 명암 등을 동기화하는 기술도 보유하고 있다.

"자율주행 AI 기술을 실현하기 위해서는 데이터 수집, 플랫폼, 활용 이 세 단계를 거칩니다. 플랫폼과 활용 단계는 기술집약적이지만, 데이터 수집은 굉장히 노동집약적이죠. 수많은 도로와 상황들의 데이터를 수집하는 과정 자체가 노동 집약일 수밖에 없습니다."

자율주행 엔진을 학습하기 위해 기본적으로 데이터와 지도가 필요하다. 지도 같은 경우는 항공 촬영을 하거나 위성사진을 이용하기도 하지만 세세한 부분들은 직접 차량이 돌아다니면서 찍는 수밖에 없다. 그래서 굉장히 노동집약적이라는 말이다.

"보통 학교 시험에서 80점을 맞으려면 교과서로 공부해도 됩니다. 그런데 90점 이상을 맞으려면 참고서가 따로 필요하죠. 다른 업체들과의 공통모델을 가지고는 80점을 받을 수 있는데 좀 더 정확도를 높이기 위해서는 이를 보완할 방법을 따로 추가로 학습해야 합니다. 신형 K7을 타는데 여기에 최적화된 성능이 필요하면 직접 K7의 높이에 맞는 형태로 데이터를 다시 추가 수집해야 하죠. 그래서 차량 모델별로 프로젝트들이 다 다시 분리해서 데이터를 수집하는 것이 바로 이런 이유에서입니다."

이는 그만큼 비즈니스 기회가 많다는 것을 뜻하기도 한다. 요즘 모든 분야를 통틀어 생성되고 있는 전 세계 데이터 70% 이상이 최근 2년 동안 만들어진 데이터다. 굉장히 빠른 속도로 데이터가 만들어지고 있다는 것이다. 그런데 그중 거의 80% 이상이 구조화되지 않았다. 그냥 존재할 뿐이다. 이를 AI나 다른 용도로 활용될 수 있게 구조화해야지 실제로 AI에 활용할 수 있는 것이다. 그래서 AI 산업에 기회나 확장성 면에서 보면 엄청나다고 하는 것이다.

데이터, 누구나 쉽게 접근 가능한 세상

인피닉은 AI 학습 데이터 생산·가공의 진입장벽을 획기적으로 개선한 크라우드소싱 플랫폼 '마이크라우드MyCrowd.ai'를 운영하고 있다. 고객이 그들에게 필요한 특정 데이터셋의 수집·가공을 의뢰하거나 인피닉에 의해 수집·가공한 데이터셋을 구매할 수 있는 플랫폼이다.

클라우드소싱은 대중crowd과 아웃소싱outsourcing의 합성어로, 기업 활동 일부 과정에 대중을 참여시켜 일자리를 늘리는 새로운 고용 방식이다.

"인피닉이 런칭한 클라우드소싱 플랫폼 '마이크라우드'는 누구나 참여 가능한 개방형 크라우드소싱과 전문가 참여를 통한 관리형 크라우드소싱을 융합해 AI 데이터가 필요한 기업들에 합리적인 비용에 고품질 데이터셋을 AI 개발 주기에 맞춰 제공하는 AI 학습 데이터플랫폼입니다. 다른 크라우드소싱 플랫폼과 가장 큰 차이는 학생, 주부, 취업준비생 등 비전문가도 손쉽게 데이터 라벨링 작업을 수행할 수 있도록 데이터 가공에 필요한 모든 프로세스를 원스톱으로 제공한다는 점입니다."

이를 위해 인피닉은 마이크라우드에 AI 기술로 자체 개발한 자동 분할 기능인 '매직핀Magic Pin'을 도입했다. 사진, 영상 등 비정형 데이터 내 배경과 물체를 구분하는 주석 작업을 자동으로 인식하는 기능이다. 일반 작업자보다 10배 이상 빠른 작업 속도로 시간을 절약할 수 있을 뿐 아니라 정교한 인식률로 높은 품질의 작업 결과물을 보장한다.

마이크라우드는 이러한 차별화된 기술을 통해 데이터 수요 기업들에는 고품질 데이터를 제공한다. 또 이를 통해 크라우드소싱 작업자들에게는 포스트 코로나 시대에 적합한 새로운 비대면 일자리를 동시에 제공한다.

"마이클라우드의 크라우드워커 중에서 월수입 1,000만 원이 넘는 예도 있습니다. 크라우드워커 회원은 약 2만 명이 넘죠. 크라우드워커가 자율주행 영상을 찍으면 그 영상에 매직핀으로 주석 작업을 실행하는데 여기에도 AI 기술이 활용됩니다. 차량을 정확히 인식하려면 사이드미러, 바퀴까지 100~150개 정도 점으로 그 영역을 표시해야 하는데 매직핀 기능으로 외곽의 포인트 두 개만 찍으면 AI가 알아서 이를 보고 인식해 영역을 잡아주죠. 크라우드워커는 이 기능을 활용해 포인트 두 개를 찍고 여기에 이름만 달아주면 됩니다."

인피닉이 업무에 접근하는 방식을 내부에서는 '이지투워크Easy To Work'라 부른다. 크라우드소싱 플랫폼은 화려한 기술들이 중요하지 않다. 그보다 현장에서 발로 뛰고 작업하는 크라우드워커가 일하기 쉽고 편해야 한다고 생각해서다. 인피닉은 이 매직핀 기술을 개발하기 전 3~4년 동안 이 산업을 충분히 이해하고 어떤 부분이 크라우드워커들이 일할 때 가장 어려운 부분일까 충분히 고민해 이를 기술적으로 풀어냈다. 그러니 다른 데이터 기업들과 데이터를 쌓아 온 방식이 처음부터 다른 거다.

"지금까지의 크라우드소싱 플랫폼은 숙련도에 따라 단계별로 작업을 할당하기에 장기간 활동하는 숙련자가 아닌 이상, 빠른 시기에 수익을 창출하기 어려웠습니다. 마이크라우드는 자체 개발한 솔루션을 통해 비숙련자도 누구나 손쉽고 빠르게 작업할 수 있는 진정한 의미에서 대중을 위한 일자리 플랫폼이라 생각합니다."

이 외에도 국내는 물론 베트남 등지에 직영 데이터센터를 설립해 글로벌 데이터 가공 네트워크를 운영 중이다. 국내 500여 명, 베트남 현지에 1,000명 이상의 데이터 전문 작업자를 보유하며 월 100만 건 이상을 처리할 수 있는 AI 데이터 가공 능력을 구축했다. 이러한 탄탄한 기반을 바탕으로 한국, 일본, 유럽 등 10여 개 기업과 함께 AI 및 자율주행 데이터 작업을 진행 중이다.

앞으로 어떤 직업이 부족할까?

박 대표는 인피닉이 다른 데이터 기업들과의 차이점은 바로 그들과 반대편에서 출발했기 때문이라고 말한다. 대부분 데이터 기업은 알고리즘을 개발하는 인력들이 데이터로 넘어온 경우가 많다. 실제로 데이터는 알고리즘 기술도 필요하지만, 매우 많은 오퍼레이션(operation, 일정한 규칙 또는 명령에 따라서 실시되는 전자 제어 장치의 작동) 최적화 작업이 필요하다. 하지만 다른 데이터 기업들은 대부분 이를 개발자 관점에서 계속 접근한다. 그렇기에 먼저 오토메이션을 지향하고 그 외에 나머지는 사람들이 하면 된다는 방식이었다.

인피닉은 기술적 차원을 넘어 오퍼레이션 기준으로 그 위에서 계속 다른 기술들을 쌓아 올리는 방식을 고수했다. 처음부터 100% 휴먼 베이스로 시작하고 거기서 다시 기술을 개발해 부분적으로 대체했다. 클라우드 플랫폼이 주목을 받을 때 역시 타사와 같이 클라우드 플랫폼을 하지 않았다. 그렇게 4년을 클라우드 플랫폼이 없는 상태로 하다 2020년에 클라우드 플랫폼을 런칭했다. 충분히 이 산업에 대해 이해를 하고 난 다음에 문제점을 대체해 나가 위해서였다. 오히려 좀 실질적인 업무 측면에서 접근한 게 다른 데이터 기업과의 차이점이라 할 수 있다.

박 대표는 자율주행뿐 아니라 국내에서 데이터 관련 데이터 사이언티스트Data Scientist들이 부족하다고 말한다. 데이터 사이언티스트라고 하면 IBM에만 존재하는 전설의 직업이라고 많이 인식하는 것이 사실이다. 하지만 국내에도 이런 부분에 대한 수요가 급속도로 증가하고 있다. 일의 내용 자체가 굉장히 세계적이라 이런 경력들을 쌓으면 국내뿐 아니라 국제적으로도 경쟁력 쌓을 수 있다.

그리고 박 대표가 실제 AI 데이터 수집 및 가공 사업을 운영하며 힘들었던 점에 대해서는 이렇게 말한다.

"AI의 특징은 네트워크 자체가 구조를 설계하고 어떻게 하면 이런 효과가 나는지를 연구자들이 미리 밝혀놨지만 실제로 AI 활용에서 문제가 되는 건 AI가 어떤 과정을 거쳐 특정 결론에 이르렀는지 그 과정을 알 수 없는 이른바 '블랙박스화'입니다. 그래서 AI를 기존 소프트웨어 테스팅 품질 사업처럼 명확하게 규정할 수 없는 거죠. 그동안 데이터를 학습시키고 결과를 분석한 다음 방향을 바꾸는 일이 잦았습니다. 이는 AI 분야에서 이상한 일이 아니고 굉장히 자연스러운 현상입니다."

인피닉은 고품질의 학습용 데이터를 위해 계속해서 스펙을 변경하고 조정하는 과정을 거쳐 고도화시켜나갔다. 기존 사업에서는 처음

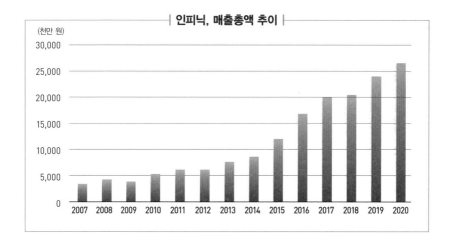

부터 이를 잘 설계해 정확성을 높였다면 AI는 유연성과의 싸움이었다. 원하는 수준이 나올 때까지 계속 반복해서 수정을 거듭해야 하는 상황이 힘이 들었다. AI 개발자들에게 이 정도의 성능을 구현해달라고 요구하면 답은 항상 똑같았다. "네~ 해 볼게요."이다.

현대차, 테슬라 등 국내외 완성차 업계의 주도하에 자율주행차 상용화 시대에 한발 가까워지면서, 이러한 자율주행 데이터 관련 기술 및 기업에 대한 업계 안팎의 관심은 그 어느 때보다 높은 상황이다. 최근 국토부에서도 자율주행차 상용화 시대를 앞당기고자 중소기업 및 스타트업 등을 대상으로 자율주행 데이터 수집차량을 무상으로 대여해주는 사업을 하는 등 자율주행 기술 개발을 위한 데이터 마련에 주력하고 있다.

인피닉은 이런 AI 학습 데이터 전문기업으로 2021년 3월, 미래의 성장 동력인 'AI 학습 데이터' 분야에서 최신 기술과 플랫폼, 솔루션 등에 대한 까다로운 심사를 거쳐 서울시로부터 '서울시우수기업(Hiseoul 기업)' 인증을 받는 영광을 얻었다. 오랫동안 쌓아온 기술력과 확실한 경쟁력을 기반으로 다년간 품질검증 분야 업계 최상위권을 앞다투면서 높은 경쟁력을 갖추고 있음을 인정받은 셈이다.

데이터를 어떻게 학습할까?

자율주행 AI에 데이터를 학습시키는 방법은 지도학습과 비지도 학습 두 가지가 있다. 비지도 학습은 답을 알려주지 않고 문제를 자주 보여주는 방식이다. 이미 획득한 지식을 바탕으로 계속 문제를 풀면서 스스로 판단 능력을 습득해 나가는 방법이다.

AI에게 개와 고양이를 인식시킬 때 개와 고양이가 섞인 이미지 1백만 장을 보여준다. 그러면 AI는 개와 고양이를 분류해 인식한다. 여기에 AI가 조금 더 효율적으로 학습하기 위해서는 개와 고양이 사진에 어떤 동물인지 답을 달아주는데 이게 바로 '지도학습'이다. 이렇게 개체마다 답을 달아주는 과정을 레이블링이라고 하며 인피닉은 이 지도학습 데이터를 만드는 일을 한다. 데이터에 코드값을 주거나 직접 텍스트로 표기해 개와 고양이를 구별할 수 있도록 하는 것인데 인피닉은 이런 AI의 인식, 판단, 제어 단계 중 AI가 인식하는 데 기여하고 있다.

"자율주행 AI의 인식은 단순히 사물을 분별해 판단하는 것이 아닙니다. 도로에는 기본적으로 움직이는 이동 물체들이 있고 멈춰 있는 정지 물체들이 있는데 차간 거리 속도를 계산한 뒤 고도화되면 이

방향을 계산해야 하죠. 크기와 방향이 가지고 있는 양, 벡터vector값을 계산해야 하는 것까지 인식 단계에 속합니다. 자율주행 중 갑자기 들어오는 차에 대해 반응이 늦다고 하는 건. 이 벡터값을 인식하고 반영하는 부분들이 개발이 덜 돼 있기 때문인데 현재는 3~4년 전보다는 그런 부분들이 훨씬 보완됐습니다. 벡터값을 계산하는 연구를 많이 했다는 증거죠."

이런 인식 과정을 거친 자율주행 AI는 스스로 판단한 뒤 실제 차를 어떤 식으로 운행할지를 결정하는 제어 단계에 다다른다. 실제 AI 학습 기술에 99% 정도 사용하고 있는 방식은 바로 지도학습이다.

박 대표는 비지도 학습은 학습량이 워낙 많기에 효율성이 떨어진다고 말한다. 우리는 차를 운전할 때 차와 사람, 도로, 차선, 신호등, 그다음 주변 건물과 인도를 지나가는 사람들을 무의식적으로 다 본다. 이뿐만이 아니다. 앞의 차가 브레이크를 밟았는지 밟지 않았는지, 똑바로 가는지 방향을 틀기 시작했는지 다 보면서 운전한다. 자율주행차량이 4, 5단계 핸즈프리, 마임즈프리까지 가기 위해서는 이 모든 것, 그리고 더 많은 부분까지 다 봐야 한다.

"인피닉의 핵심 기술은 자율주행 AI가 방대한 데이터를 잘 인식하도록 이에 맞는 데이터를 만드는 것입니다. 자율주행의 기술들이 실제 구현되기 위해서는 그 밑에 인프라 개념으로 많은 데이터가 기반이 되어야 하기 때문입니다. 데이터를 4차 산업의 쌀이라고 하는 이유가 바로 이것이죠."

2027년까지 연평균 30%씩 성장

인피닉은 자율주행 AI 솔루션과 AI 데이터 기술을 접목해 자체 개발한 크라우드소싱 플랫폼 '마이크라우드'를 통해 플랫폼 서비스로 사업 분야를 확장했다. 룩셈부르크에 유럽 법인을 차린 데 이어 자율주행 시뮬레이션 개발 기업 모라이와 AI 및 자율주행 분야 업무협약 MOU을 맺었다. 또 3년 연속 '데이터바우처 지원사업' 대상자로 선정되기도 했다.

인피닉은 유럽 법인을 거점 삼아 국내를 넘어 글로벌 자율주행 데이터 시장까지 사업 영역을 확장할 계획이다. 동시에 현대자동차 등과 협력하며 축적한 데이터 수집, 가공 기술력을 바탕으로 여러 해외 경쟁사를 상대로 국제무대에서도 경쟁우위를 차지하기 위한 준비에 들어갈 예정이다.

"유럽 법인이 위치한 룩셈부르크 자동차 산업 연구개발단지 Automotive Campus는 자동차 관련 기업의 연구와 혁신 활동을 지원하는 곳으로 독일, 프랑스, 스웨덴, 이탈리아 등 유럽 전 지역을 1시간 이내에 이동할 수 있는 전략적 요충지입니다. 인피닉은 이러한 이점을 바탕으로 유럽 글로벌 자동차 제조사를 대상으로 영업 기반 및 비즈니스 관계망을 효과적으로 형성할 수 있을 것으로 기대하고 있습니다."

인피닉은 국내에서 진행하던 유럽 완성차 업체의 기술 검증 등 해외 사업 구축을 위한 활동을 현지 법인으로 이관해 진행을 앞당기고, 유럽 고객사에 맞춘 마케팅, 영업 활동에 본격적으로 나설 계획이다. 또 스마트팜, 스마트시티 등 인공지능을 기반으로 유럽에서 활발한 투자가 이뤄지고 있는 분야에도 빠르게 진입해 2021년부터 구체적 성과를 낼 방침이다.

"인피닉은 최초 국외 법인인 룩셈부르크 지사를 교두보로 자율주행 데이터 분야 본격적인 글로벌 진출에 박차를 가할 것입니다. 유럽은 세계 최대 자동차 시장이자 연구소, 전문인력, 대학 등 자율주행 인프라를 갖춘 곳으로, 활발한 네트워크 형성과 정보 축적을 통해 기업 투자 효율을 높이고, R&D 협력을 강화해 나갈 예정입니다."

유럽 시장 조사에서 데이터 시장은 2027년까지 연평균 30%씩 성장하리라 예측했다. 유럽 전체 데이터 시장이 연평균 30% 성장한다는 건 엄청난 수치다. 지금 100이었던 게 130이 되고 170이 되고 3년 만에 2배 이상씩 성장하는 거다. 2027년이면 지금 시장 규모의 최소한 4배 이상은 성장할 것이라는 뜻이다.

자율주행은
도시에서 시작된다

| 라이드플럭스 |

세계 자동차 시장에 지각변동이 일어나고 있다. 글로벌 자동차 시장이 내연기관에서 친환경차로 빠르게 이동하면서 자동차 업계가 사활을 걸고 있는 분야가 바로 운전자 대신 차량 스스로 도로를 달리게 하는 '자율주행'이다. 세계 자율주행 관련 시장 규모는 향후 10~15년 안에 100배 이상 폭발적인 성장이 이뤄질 것이라고 예상되며 금융투자업계 역시 글로벌 주요 빅테크 기업들이 본격적인 자율주행 상용화 경쟁에 나서는 추세를 보면 자율주행차 시장이 2025년에 370조 원 규모로 성장할 것으로 전망한다.

글로벌 빅테크 기업들 역시 자율주행을 미래 핵심사업으로 추진 중이다. 테슬라를 비롯해, 알파벳Alphabet(구글 지주사) 자회사인 웨이모Waymo, 중국의 바이두Baidu, 인텔Intel 자회사인 모빌아이Mobileye 등이 대표적이며 세계 곳곳에서 자율주행의 움직임이 실제 빠르게 시행되고 있다.

이런 세계적인 추세에 따라 국내 기업들 역시 발 빠르게 움직이며 미래 첨단기술로만 여겨졌던 자율주행차를 상용화하고 있다. 이 중 제주도를 세계 최고의 자율주행 도시로 만들겠다는 비전으로 실제 제주도에서 자율주행 기술을 연구하고 자율주행차를 서비스 중인 스타트업이 있다. 바로 자율주행 소프트웨어 솔루션 기업, 라이드플럭스RideFlux다.

국내는 자율주행 기술이 뒤처졌다?

라이드플럭스는 매사추세츠공과대학MIT 기계공학 박사인 박중희 대표와 윤호 서울대 기계 항공공학 박사가 지난 2018년 공동 창업한 자율주행 소프트웨어 기술 개발 스타트업이다. 박 대표는 어릴 적부터 로봇 공학에 관심이 많았다. 그래서 서울대학교 전기공학 학사를 거쳐 전기·컴퓨터 공학 석사 그리고 자율주행과 로봇 공학 분야로 MIT 기계공학 박사 학위까지 받으며 기술 연구를 꾸준히 해왔다. 박 대표는 사업하겠다는 생각을 한 번도 해본 적 없다. 로봇 공학쪽에 뜻이 있어 연구와 기술 개발에만 열심히 해왔다. 그러다 미국 MIT에서 박사 과정을 공부할 때, 지도교수인 칼 이아그네마 박사가 자율주행 기술로 창업하면서 자율주행 분야에 본격적으로 발을 들였다. 칼 교수가 설립한 앱티브는 웨이모, 크루즈 등과 함께 세계 3위권에 손꼽히는 자율주행 기술 기업으로, 2019년 3월 현대차와 미국에서 합작법인 모셔널을 세워 국내에서도 큰 주목을 받았다.

누토노미nuTonomy는 2016년 세계 최초로 싱가포르에서 '자율주행

택시'를 선보인 바 있는 세계적 자율주행 소프트웨어 기업으로 2017년 앱티브가 인수해 사명이 앱티브로 바뀌었으며 2018년 칼 이아그네마 사장을 중심으로 자율주행사업부를 꾸렸다. 현재 칼 이아그네마는 이 자율주행사업부가 앱티브로 분사되고, 현대차가 공통 투자하면서 세운 합자법인 모셔널의 대표를 맡고 있다.

"완전 자율주행 기술 분야가 개발되고 성장하는 흐름을 보면 스타트업이 먼저 기술을 만들고 이후에 완성차 기업과 합작을 통해 커나가는 모습을 보입니다. 제가 직접 보고 경험했습니다. 칼 교수와 함께 일할 2013~4년 당시, 회사는 불과 몇 몇 안 될 정도로 작았습니다. MIT 학생들이 방학 때 인턴을 하면서 시작된 회사죠. 그렇게 자체적으로 기술 개발을 먼저 완성하고 자본력이 있는 글로벌 완성차 기업과 합작하며 성장하는 것이 해외뿐 아니라 국내도 마찬가지 흐름이 되리라 생각했습니다."

박 대표는 완전 자율주행 기술이 스타트업에서 성공할 수 있는 이유는 바로 유연한 조직 성장 속도 때문이라 설명한다. 스타트업이 그때그때 필요한 인원을 계속 늘리면서 단계적으로 성장해야 기술이 완성된다는 뜻이다. 그전까지는 공학이란 학계만 생각하다가 산업에 관심을 끌게 된 계기가 바로 이런 자율주행 분야의 큰 성장 흐름이었다. 그가 근무한 누토노미 역시 앱티브가 약 5,000억 원에 인수할 때만 해도 엔지니어가 70명 정도였다. 이렇게 필요한 순간에 필요한 인원을 확장하며 세계적인 완성차 기업과 협업할 정도로 단단히 성장했다.

"대규모 자본이 있으면 기술 개발을 좀 더 효율적으로 할 수 있을 거로 생각했습니다. 그래서 국내에 들어와 자본력이 강한 대기업 책임연구원으로 일했죠. 그런데 자율주행 기술은 로봇공학자, AI 개발자, 자동차공학자 등 다양한 분야의 전문가들이 한 팀에 모여야 가능하기에 자본력보다는 유연한 조직 구성이 더 중요하다는 것을 깨달았습니다."

2018년, 박 대표는 해외 자율주행 기술이 급속도로 발전하는 것이 확실히 보였다. 이에 반해 국내는 많이 뒤처졌다는 것이 느껴졌고 한시라도 빨리 국내에서도 자율주행 기술을 개발하고 상용화시켜야겠다는 생각이 들어 라이드플럭스를 창업했다.

완전 자율주행이 특정 지역에서만 서비스되는 이유

2018년, 차량공유업체 쏘카는 미래 모빌리티 시장 필수 요소인 자율주행 연구 파트너로 라이드플럭스를 선택했다. 라이드플럭스가 설립되기도 전이었으며 쏘카 역시 서비스 고도화를 위한 첫 투자였다. 라이드플럭스는 이렇게 설립투자를 받고 창업한 회사다. 누적투자금액 120억 원 이상을 유치하고 지속적인 투자금을 바탕으로 장기적인 연구개발에 집중하고 있다.

라이드플럭스 주요 사업은 자율주행 서비스다. 자율주행 기업에는 테슬라나 현대자동차와 같이 완성차 회사가 있고 소프트웨어를 개발하는 스타트업이 있다. 완전 자율주행 기술은 완성차 기업보다 스타트업이 성공하는 추세다. 완성차에 스타트업이 개발한 자율주행 소프트웨어를 접목하는 방식이다. 현재 이런 식이 될 수밖에 없는 이유가 있다.

"차를 5천만 원 주고 샀는데 여기에 자율주행 기술이 들어가니 1억 원을 더 추가해야 한다면 누가 자율주행차를 사겠습니까. 자율주행차를 산다고 해도 그 차가 어디를 주행할지 모르니 차가 다니는 대부분 길에서 다 작동하도록 범용적으로 설계해야 하죠. 이 부분이 굉장히 어려운 점입니다. 그러다 보니 현재 판매를 위한 자율주행차는 운전자를 보조하는 수단으로 그칠 수밖에 없습니다."

미국자동차기술학회SAE의 자율주행자동차의 발달 수준 단계를 보면 0단계는 자율주행 기능 없는 일반 차량을 말하고 1단계는 자동 브레이크, 자동속도조절 등 운전 보조 기능, 2단계는 부분 자율주행, 운전자의 상시 감독 필요한 수준이다. 그리고 3단계는 조건부 자율주행으로 자동차가 안전기능 제어, 탑승자 제어가 필요한 경우 신호를 보내는 단계고, 4단계는 고도 자율주행으로 주변 환경 관계없이 운전자 제어가 불필요하다. 그리고 5단계가 바로 완전 자율주행으로 사람이 타지 않고도 움직이는 무인 주행을 말한다.

자율주행을 켜 놓고는 다른 일을 해도 되는 단계가 3단계 이상이다. 사고 발생 시, 자율주행차량 제조사가 책임을 진다는 내용도 포함된다. 2단계에서 3단계로 가는 이 단계가 자율주행 업계에서는 힘든 장벽이다. 그 때문에 대부분 완전 자율주행을 선도하는 회사들이 특정 지역 내에서만 운행되는 서비스 모델로 접근하는 것이다.

"자율주행 서비스는 서비스할 지역을 미리 정해놓고 그 지역 내에서 자율주행차량을 열심히 학습시키는 방식입니다. 그 지역에 대한 모든 정보가 완벽하게 학습되면 운전석에 사람이 없어도 완전 자율주행이 가능하죠."

실제 이런 지역 내 완전 자율주행 서비스는 무인 택시, 로봇 택시, 로봇 셔틀 등의 이름으로 세계 곳곳에서 운영되고 있다. 대표적으로 구글 자율주행차 웨이모가 미국 피닉스에서, 그리고 모셔널(아직은 운전요원 탑승)은 미국 라스베이거스에서 자율주행 서비스를 시행하고 있으며 중국 상하이에서도 로봇 택시가 속속 등장하고 있다.

"지금 현재 자율주행차량은 프로토타입이다 보니 들어가는 소프트웨어나 부품 자체가 굉장히 고가이죠. 소비자들에게 자율주행차를 판매하기에는 부담스러운 가격입니다. 그런데 기술이 점차 고도화되고 저희 같은 회사가 자율주행차를 구성하고 서비스를 계속 운행하다 보면 이 서비스를 이용하는 사람들도 많아지고 지역 역시 빠르게 확대되리라 생각합니다. 또 시간이 지나 완성차 기업들과 함께 협업할 시기가 오면 자율주행차량이 다양한 분야로 판매되도록 부품이나 기술을 더욱 경량화, 소형화, 저전력화하면서 고도화될 것입니다."

완전 자율주행이 확산되면 개인이 차를 소유할 필요가 없다. 기술이 탑재된 차량 단가도 비싸니 완전 자율주행차 문화가 전 세계적으로 정착하기 전까지는 필요할 때만 쓰는 게 합리적이다. 그래서 웨이모가 승차 공유업체 리프트와 협력하듯 전 세계적으로 차량 공유와 자율주행 기술은 같이 간다.

자율주행 선두 도시는?

라이드플럭스 자율주행 서비스는 현재 제주시에서만 운영된다. 박 대표가 자율주행 서비스 도시로 제주를 선택한 이유는 세 가지가 있다. 첫째가 바로 환경이다. 제주라는 섬 특성상 해안, 산악, 평지 같은 다양한 교통 환경과 기후 변화를 압축적으로 학습할 수 있기 때문이다. 그리고 둘째는 서비스다. 제주도는 연간 1,500만 명의 관광객이 찾는 대표 관광지다. 관광객 대부분 차 없이 들어와 잘 모르는 도로를 운행하기에 자율주행차가 유용한 환경이다. 셋째는 안전이다. 제주에 렌터카 사고 비율이 높은데, 자율주행차가 사고를 줄일 수 있다고 생각한다. 만약 도로에 자율주행차만 달린다면 규칙 위반이 없어 교통사고를 사전에 방지할 수 있다.

"쏘카와 함께한 완전자율주행 차량 셔틀은 제주 공항에서 쏘카 차량을 픽업할 장소까지 왕복 5킬로미터 구간을 오갑니다. 2021년 상반기에 중문까지 그 지역을 확대할 예정이죠. 자율주행 유료 서비스가 법령이 만들어지고 실제로 상용화된 게 2020년 말입니다. 제주에서 일단 완벽하게 자율주행 서비스 시장을 점령하고 다른 도시로 확장할 계획입니다."

현재 자율주행차량 셔틀이 운영되는 이 구간은 차량이 많고 이면도로·교차로 등이 있어 난이도 있는 도로다. 이런 다양한 상황을 겪어야 기술 수준이 높아진다. 박 대표는 차에 블랙박스 8개를 달아 시험 운행을 포함해 총 5,683회(2020년 1월 기준) 이상 자율주행차량을 검증하며 데이터를 확보했다.

"시범 서비스 시작 전 1,700여 회 테스트를 통해 안전성 검증을 했습니다. 그리고 2020년 5월부터 자율주행 서비스를 본격적으로 운영했죠. 시험 주행할 때 현실과 기술의 조화가 이런 것이구나를 경험했습니다. 제주 공항을 나오자마자 차선을 연속 변경해야 하는데, 제한 속도 시속 30킬로미터를 저희 자율주행차만 지키더군요. 규정 속도를 유지하면서 다양한 상황에서 차선을 바꾸는 방식을 고민해 개발해야 했습니다. 골목길에서 갑자기 튀어나오는 차도 피해야 합니다. 한 번은 트럭 보조석에서 뺑튀기가 갑자기 도로로 쏟아지는 일이 있었는데, 과연 그냥 지나가도 되는지에 대한 고민이 많았습니다. 만약 그게 뺑튀기가 아니고 쇳덩이였으면 큰 사고가 일어날 수 있는 위험한 상황이기 때문이죠."

이렇게 돌발적으로 일어날 수 있는 작은 상황들까지 자율주행차량이 잘 대응할 수 있도록 학습되어야 한다. 이런 식으로 도로 경험을 늘리면서 데이터를 계속 쌓아가면서 고도화되는 거다. 만약 테스트 중 실제 위험한 상황이 발생하면 사람이 바로 개입한다. 무조건 안전하게 테스트하는 것이 중요하다. 그리고 그 데이터를 연구실로 가져와 시뮬레이션 해보면서 기술을 발전시키고 일반 도로에 적용할 수 있도록 한다. 도로에서 운전할 때 인지하지 못하는 다양한 정보들을 미리 모두 학습해 놓는다. 사람의 생명이 달린 일이니 안전이 최우선이기 때문이다.

"자동주행 모드로 운전되던 테슬라의 전기자동차가 고속도로 교차로에서 옆면이 하얗게 칠해진 트레일러트럭을 하늘과 구분 못 해 트럭 밑으로 통과하려다가 사고가 발생한 사건이 있었습니다. 테슬라는 라이다 없이 차량에 장착된 카메라와 레이더만으로 도로 상황을 인식하는 방식입니다. 그런데 라이드플럭스는 라이다까지 함께 사용해 보다 높은 안전성을 추구합니다. 카메라는 사람 눈처럼 상황을 보이는 대로 받아들인다면 레이저를 쏘아서 그 물체에 맞고 다시 돌아와 인식하는 방식이라 사물을 좀 더 정확히 인식할 수 있습니다. 완전 자율주행차의 목표는 사람보다 안전한 자율주행 기술을 개발하는 것이기 때문입니다."

실제 제주 공항에서 쏘카스테이션까지 자율주행 서비스를 운영한 라이드플럭스는 서비스를 이용한 고객에게 평점 5.0 만점에 4.9점, 탑승객 95%에게 최고 만족도 평가를 받았다.

민간 기업 최초로 자율주행 서비스를 실현하다

라이드플럭스는 라이다 기반 인지와 같은 특정 모듈 개발에 주력하는 회사와 달리 풀스택Full-Stack 소프트웨어를 연구한다. 자율주행 기술의 핵심인 기본 인지 및 측위, 예측 및 판단, 제어 등은 물론 보행자와 다른 차량의 현재 상태 인지와 미래 움직임 예측의 정확도를 높이기 위한 데이터 구축 및 분석, 해당 도로에서의 원활한 운행을 보조하는 고정밀 지도 기술도 모두 주력하는 '자율주행 소프트웨어 종합 세트 기업'이라 할 수 있다.

이를 위해 라이드플럭스의 자율주행차 안에는 자체 개발한 자율주행 소프트웨어들이 다양하게 탑재되고 카메라와 센서를 통해 실시간 주행 중 얻는 다양한 정보들을 바로바로 처리한다.

"현재 완전 자율주행은 각 모듈을 분리해 기술을 별도로 개발할 정도로 성숙하지 않습니다. 각 모듈 모두 유기적으로 맞춰 가야 하는 수준이죠. 예를 들어 한 부분에서 한계가 보이면 다른 부분으로 기술을 돌리거나 보조하는 식으로 맞물려 돌아가야 합니다."

초기 자율주행 소프트웨어 기술은 여러 회사 간의 협력보다는 일단 소규모 인원이라도 서로 계속 원활한 커뮤니케이션 하면서, 기술을 고도화시켜나가야 한다는 말이다. 라이드플럭스는 20여 명의 엔지니어가 열심히 자율주행 기술을 개발 중이다.

라이드플럭스 핵심 기술은 자율주행차량 주변을 정확하게 인식하는 인지 기능과 바람직한 행동을 결정하는 판단 기능이다. 우선 자율주행차는 자율주행차량의 정확한 위치, 자세 및 속력 등을 인식하는 측위와 주변 차량, 보행자 등의 물체와 잠정적 위험 영역을 인식하는 인지 단계를 거친다. 그리고 인지한 물체의 앞으로의 행동과 발생할 수 있는 위험 상황을 미리 헤아려 짐작하는 예측, 예측한 상황을 기반으로 가장 바람직한 행동을 결정하는 계획, 마지막으로 계획한 대로 차량을 작용하도록 하는 제어 단계로 진행된다. 여기에 고정밀 지도와 이를 학습한 AI 데이터, 그리고 시뮬레이터 기술들이 함께 복합적으로 적용된다. 이에 대한 특허도 지속해서 출원하고 있다.

"자율주행차는 예측할 수 없는 복잡한 상황, 다양한 날씨 등에서도 이를 잘 인식하고 가장 현명하고 바람직한 방법으로 판단해 안전하게 제어하는 것이 중요합니다. 라이드플럭스의 자율주행차량은 서로 다른 고유의 특성을 가진 센서들을 활용해 그에 맞는 상황 인식을 잘하죠. 제주도라는 지역 특성상 다른 기업들보다 다양한 상황의 테스트를 많이 거칠 수 있었습니다. 제주도가 전 세계에서 자율주행 서비스를 테스트하고 상용화하기에 가장 좋은 도시라고 생각하는 점이 바로 이 부분입니다."

라이드플럭스의 자율주행 서비스는 현재 보조운전자가 함께 탑승한다. 자율주행 업계에서 보조운전자 없이 완전 자율주행을 실현하는 게 가장 큰 챌린지 포인트다. 보조운전자 없이 완전 자율주행 서비스를 실현하려면 아직 기술적으로 범용적으로도 시간이 필요하다. 세계에서 유일하게 완전 자율주행 서비스를 운행하는 건 아직 웨이모 한 곳뿐이다.

라이드플럭스는 자체 수집한 빅데이터를 통해 만들어진 소프트웨어가 장착된다. 많은 검증과 테스트를 통해 딥러닝으로 쌓은 AI 기술을 가지고 자율주행 소프트웨어를 개발한다.

"신호등 인식은 대표적 AI 기술 중 하나입니다. 신호등 자체도 어느 위치에 있는지 미리 학습시키고 계속 바뀌는 신호들을 딥러닝을 통해 스스로 학습해 판단하죠. 빅데이터를 인식하는 알고리즘까지 사람이 설계하는 건 전통적인 방식으로 요즘은 빨간불과 파란불 등의 사진들을 수만 장 학습시켜 딥러닝 네트워크가 자연적으로 인식하는 것이 바로 딥러닝 기술이죠."

자율주행 AI와 다른 업계의 AI 기술과의 차이점은 바로 인간의 생명이 달렸다는 점이다. 한 번의 사고가 생명을 앗아갈 수 있을 정도로 위험하기에 안전이 최우선이다. 그렇기에 소프트웨어도 여럿 장착하고 센서와 같은 장치들도 다양하게 설치되는 것이다.

다섯 사람을 살리기 위해 한 사람을 희생시켜야 할까?

자율주행차는 첨단기술의 집합체로 불린다. 그런데 여기서 우리가 생각해봐야 할 문제가 있다. 바로 트롤리 딜레마Trolley Dilemma다. 트롤리 딜레마는 다섯 사람을 구하기 위해 한 사람을 죽이는 것이 도덕적·윤리적으로 허용 가능한지에 대한 철학적 질문이다.

"생명의 존엄성을 숫자로 판단할 수 있는가? 혹은 그 결정을 자율주행 소프트웨어 업계에서 하는 것이 맞는가? 등 트롤리 딜레마 질문에 대해 다양한 생각을 해왔습니다. 사람이 본성에 의해 운전한다면 자율주행차량은 스스로 학습된 것이기에 그런 질문을 많이 받죠. 기본적으로 자율주행차의 가장 큰 목표는 바로 그런 상황 자체가 발생하지 않도록 만드는 것입니다. 그게 가장 자율주행의 큰 핵심이죠. 그래서 차량에 센서도 여러 개 달고 백업을 여러 개 넣어 그런 사고 자체를 미리 방지하기 위한 노력을 하는 것입니다."

자율주행차가 필요한 이유 중 하나가 '안전' 때문이다. 전 세계 매년 125만 명 이상이 교통사고로 사망하고 있으며 교통사고 중 94%는 운전자의 부주의가 원인이다. 숫자로 환산하면 매일 비행기 10대가 추락하는 것과 비슷한 수치다. 자율주행 기술 개발은 이러한 문제를 해결하기 위해 시작됐다.

"라이드플럭스는 자율주행 기술로 도로 이용자의 생명을 구한다는 책임감을 느끼고 개발에 임하고 있습니다. 도로 위 안전을 위한 기술인만큼 안전에 대해서만큼은 그 어떤 타협도 하지 않죠. 준비되지 않은 기술로 성급하게 도로 상황을 위협하지 않으며 어떤 상황에서도 실험 중 안전 수칙을 철저히 준수합니다. 운전자 뿐 아니라 도로 위 모두의 안전을 위해 시작된 회사이기에 그 목표를 다 할 때까지 멈추지 않을 것입니다.

그다음 자율주행이 추구하는 건 바로 '편리성'이다. 사람은 평생 차에서 4년 1개월을, 이 중 운전을 위해 2년 9개월의 시간을 사용한다고 한다. 라이드플럭스의 자율주행 기술은 이동을 위해 모두가 당연하다고 여겼던 2년 9개월의 시간을 되돌려주고자 한다. 바쁘고 지친 직장인, 1분 1초가 아까운 수험생, 그리고 느긋하게 창밖을 바라보고 싶은 관광객 등 누구나 이동 중에 개인 시간을 확보할 수 있도록 기술 개발에 끊임없이 집중한다.

라이드플럭스의 가까운 미래는 제주도 어디를 가든지 자율주행차로 이동하는 문화를 정착시키는 것이다. 그리고 두 번째 비전은 바로 해외 지역 확장이다. 전 세계적으로 2025년이 되면 약 100여 개 도시에서 대규모로 완전 자율주행 서비스가 실행될 것이라고 예상한다. 그때 제주도를 최고의 자율주행 도시로 만들어 글로벌 자율주행 서비스 산업을 선도함과 동시에 라이드플럭스가 해외 곳곳에서 자율주행 서비스를 운영하는 것을 목표로 하고 있다.

미래는 '알아서' 가고 오고 있다, 자율주행 기업들

회사명	주요사업	내용
라이드 플럭스	제주 자율주행	• 제주도에서 실제 자율주행 시범 서비스 중 • 제주—중문간 자율주행 서비스 21년중 실제 운행 계획
렉스젠	자율주행	• 인공지능 영상처리 시스템과 스마트시티. 스마트 교통시스템 개발 업체 • 딥러닝 영상분석으로 통행량을 산출해 내고 차종 분류, 보행자 카운팅을 통해 스마트 교통관제 도움 • 필리핀 주요 도시에 3년간 20억 원 교통시스템 수출 및 한국도로공사 스마트 CCTV 구축
인피닉	데이터레이블	• 자율주행에 필수적인 이미지와 동영상을 데이터화 하는 솔루션 개발 • 데이터를 분석 실시간 자율주행이 가능하게 함
메타빌드	교통시스템	• 주행 중인 차량운전자나 도로관제센터에 돌발상황감지(급정거, 나화물, 사고등) 위험정보와 도로인프라 등을 실시간 통합, 제공하는 서비즈C—ITS(차세대교통시스템) 개발 및 운용 • 교통 속도, 교통량, 점유율을 검지하는 레이더 차량검지기, 교통 돌발사고 검지기 개발
베이리스	차량용시스템	• 자율주행 플랫폼과 차량용 시스템을 개발 • 메이리스모빌리티플랫폼: 자동차, 드론, AI 기술 연계, 원격지에서 다인 동시접속, 다기체 제어 가능
스프링 클라우드	데이터 분석	• 자율주행 모빌리티 및 데이터 분석 서비스 제공 업체 : 가상과 실도로 성능평가 솔루션, 자율주행 모빌리티 서비스플랫폼(오페라) 개발 • 코스닥 상장 추진(주관사 : 신한금융투자)
토로드 라이브	자율주행	• 도심형 자율주행 '스노버'를 개발 • 서울과 미국 캘리포니아에서 운전자 개입없이 자동화 운전하는 4단계 자율주행 테스트 중 • 실내 무인자율 주행 전동차를 인천국제공항에서 운영 시작
펀진	차량네트워크	• 차량 네트워크제품 포톤 개발 : 포톤은 컨트롤러, 이너넷스위치, 카메라 구성된 네트워크 솔루션으로 자율주행에 필요한 대용량 데이터 송수신과 제어 처리를 빠르게 진행하게 해줌 • 인공지능 영상인식 기반 운전자 얼굴인식 및 상태 모니터링 솔루션 '퓨전' 개발

회사명	주요사업	내용
넥스트칩	영상신호처리	• 차량용 카메라에 들어가 주차선 표시와 자동보정, 화면수성 등의 기능을 하는 이미지시그널프로세서 개발, 현대자동차에 공급 시작 • 영상신호처리(ISP)반도체 팹리스 회사 • ISP: 이미지센서로 들어온 신호를 다양한 기술 적용, 사람 눈으로 보는 것처럼 선명한 이미지 구현
서울로보틱스	라이다 S/W	• 자율주행 라이다 소프트웨어 전문기업 • 만도와 자율주행 3D 라이다 상용화를 위한 MOU 체결 • 글로벌 기업인 퀄컴과 함께 스카트시티에 쓰이는 라이다솔루션 공동 개발및 소프트웨어 공급
뷰런 테크놀리지	라이다	• 라이다 전문 업체 • 21년2월 라이다센서만으로 자율주행 임시면허를 받아 서울에서 부산까지 자율주행 성공 • 이스라엘 라이다 센서 제조사 '이노비즈테크놀리지사'와 자율주행 솔루션 협력
트위니	자율주행	• 자율주행 물류 로봇 '나르고' 개발 : 기차처럼 대열 주행이 가능한 자율주행 물류 운송기차. : 사람 보행 속도, 적재 중량은 100kg, 작동시간 8시간 • 카이스트 석박사 연구원들이 만든 자율주행 소프트웨어 전문기업
스트라드비젼	자율주행차	• ADAS 및 자율주행용 AI 기반 카메라 인식 소프트웨어(카메라로 촬영하는 영상을 AI 기술로 분석해 보행자, 주변 차량, 신호 등 등을 인식하는 SW) • 독일 자동차 제조사에 솔루션 제공 계약 체결(2021년) • 현대차그룹, LG전자에서 투자. 시리즈B 투자 규모 322억 원, 기업가치 1,700억 원

9장

아무리 뛰어난 기술이라도
이게 없으면 무용지물

-

AI 반도체

얼굴 인식 잠금 해제부터
자율주행까지

| 딥엑스 |

최근 정부가 AI 반도체 강국을 목표로 대규모 연구개발R&D '차세대지능형반도체 기술개발 사업'을 시작했다. 이를 위해 정부는 2020년부터 2029년까지 차세대 AI 반도체 산업 육성을 위해 총 1조 96억 원을 투입한다고 발표했다. AI 반도체 시장 점유율을 20%까지 끌어올리고 혁신기업 20개, 고급인재 3,000명을 확보해 AI 반도체 선도국으로 도약하겠다는 각오다.

인간의 신경망과 유사한 구조를 지닌 AI 반도체는 학습·추론 등 AI 서비스 구현에 필요한 대규모 연산을 높은 성능과 전력 효율로 실행하는 반도체를 말한다. 다가오는 사물인터넷, 증강현실, 자율주행 시대의 핵심 기반이자 차세대 성장 동력으로 지목돼 전 세계 각국과 기업이 기술개발 치열한 경쟁을 벌이고 있다.

이런 AI 반도체 산업의 가장 쟁점은 인공 신경망 처리장치, NPU Neural Processing Unit다. AI 핵심 요소인 딥러닝 연산에 최적화된 비메모리 반도체 처리장치가 바로 NPU다. 기존 CPU와 비교해 50배 높은 효율을 지닌 AI 연산 특화 프로세스로 모바일, 자동차, 가전, 네트워크 등 다양한 산업 분야와 융합해 새로운 대규모 시장을 창출할 수 있다.

김녹원 대표는 미국 실리콘밸리에서 IBM, 시스코 시스템즈, 애플 등 글로벌 기업의 핵심 반도체 개발자로 근무했다. 그리고 한국에 돌아와 국내 AI 산업 발전에 이바지하기 위해 설립된 시스템 반도체 기업 딥엑스DEEPX를 설립했다. 2019년 국내 최초로 엣지용 NPU 개발에 성공했으며 2020년에는 과학기술정보통신부가 출범한 '차세대 지능형 반도체 기술개발사업'에서 초저전력 NPU 기술 개발 과제 총괄기관으로 선정돼 사물인터넷 기기에 활용되는 실시간 추론연산 AI 반도체 개발을 주도하고 있다.

수십억 원 가치의 애플 주식을 내려놓다

김녹원 대표는 2011년 미국 UCLA 전기공학 박사 과정을 마치고 6년간 실리콘밸리에서 일했다. 2010년 박사 과정 중에는 IBM 왓슨 연구소에서 딥러닝 하드웨어 프로세서 개발에 참여했으며, 2011년부터 2014년까지는 미국 정보통신 네트워크 장비 기업 시스코 시스템즈Cisco Systems에서 인터넷 라우터 장비에 들어가는 칩셋을 설계했다.

2014년에는 애플로 자리를 옮겨 '아이폰X'와 '아이폰XS'에 저전력 고성능을 자랑하는 AI 반도체, NPU가 탑재된 APApplication Processor (애플리케이션 프로세서)를 개발하는 수석 연구원으로 일했다. 애플이 수년간 비공개로 주력한 핵심 기술이 바로 NPU가 탑재된 AP이며, 이를 세계 최초로 상용화시킨 장본인이 김녹원 대표다.

"2~3년 전, AI 반도체 개발을 하고 있을 때였습니다. 영국의 천재 컴퓨터 과학자라 불리는 앨런 튜링Alan Turing이 1947년 런던 수학 학회에서 '우리가 진짜 원하는 컴퓨터는 경험을 통해서 배우는 컴퓨터다'라고 말한 문구를 읽게 됐죠. 전 20년 동안 컴퓨터 하드웨어, 시스템 반도체를 전문으로 설계하는 엔지니어였습니다. 그런데 별안간 AI 반도체를 개발하고 있는 이 현실이 우연이 아니라 컴퓨터가 만들어지기 전부터 필연임을 깨닫게 된 계기가 됐죠."

그가 미래가 보장된 애플 수석 연구원 자리를 내려놓고 한국에 돌아와 2018년도에 시스템 반도체 기업, 딥엑스를 설립한 목적은 분명했다. 바로 다음 시대에 필요한 기술을 빨리 개발해 국내 AI 산업 발전을 위해서였다. 경제적인 수익 창출을 바랐다면 여전히 애플 수석 연구원으로 남아 있지 이런 힘든 도전은 하지 않았을 것이다.

"제가 기술을 통해 이루고자 하는 건 셀 수 없이 빠르게 증가하고 있는 사물인터넷을 지능적 개체들로 진화시키는 것입니다. 'intelligented by DeepX!' 딥엑스가 개발한 AI 반도체 엣지용 NPU를 어떤 AI 분야에 접목하든 모두 지능화를 이루게 하겠다는 것이 저희 비전이죠. 그런 미래를 앞당기는 데 조금이라도 도움을 줄 수 있다면 큰 의미가 있다고 생각합니다. 그래서 제가 제일 잘하는 시스템 반도체 분야에서 AI 시대에 가장 핵심 기술이 될 차세대 AI 반도체, NPU를 개발하게 된 것입니다."

딥러닝 알고리즘 연산 최적화

NPU를 4차 산업혁명 시대의 AI 기술 적용에 필수적인 차세대 반도체라고 부르는 이유는 NPU가 딥러닝 연산에 최적화된 비메모리 반도체 처리장치며, 이는 AI가 탑재된 사물인터넷 기기가 작동하기 위한 필수적인 핵심 요소이기 때문이다. 기존 CPU와 비교해 50배 높은 전력성능 효율을 지닌 AI 연산 특화 프로세서다.

김 대표는 NPU에 대해 말하기에 앞서 CPU 프로세서의 시작부터 설명했다.

"일본의 카시오가 계산기를 처음 개발했을 때는 가격이 백만 원이 넘는 고가였습니다. 계산기 한 대를 만들기 위해서는 설계를 전부 다 새로 해야 했기 때문이죠. 이후 1970년대 카시오는 인텔을 만나면서 CPU를 활용한 소프트웨어로 계산기를 만들었고, 새로운 계산기를 만들기 위해 같은 칩에 소프트웨어만 바꾸면 되니 제작비용이 만 원대로 내려갈 수 있었던 것입니다."

컴퓨터 역시 기본적으로 계산기 원리와 같다. '입력→처리→출력'이라는 일련의 과정을 거치고 예나 지금이나 핵심적인 역할을 하는 부품이 바로 CPU다. CPU는 이런 단순한 계산기에서 컴퓨터 범용 기기로 확장되면서 더 많은 기능이 필요해지면서 점점 더 복잡해졌다. 지금 쓰는 컴퓨터에는 쿼드코어, 옥타코어 등이 들어가는데 이는 슈퍼 엘리트 4~8명을 넣어 놓은 것이라고 비유할 수 있다.

이에 반해 그래픽처리장치, GPUGraphic Processing Unit는 연산을 빠른 속도로 수행하는 데 필요 없는 부분을 과감히 삭제했다. 예를 들어 게임을 하려면 스크린 픽셀이 몇만 개가 필요하다. 초당 60장부터 144장 이상을 보여줘야 하기에 단순 반복 연산을 많이 필요로 한다.

박사급 인력 4명이 들어간 것이 CPU면, GPU는 중·고등학생 3,000~5,000명을 모아 놓은 것이다. 게임을 할 때 사용되는 걸 보면 GPU 코어가 3,000~5,000개 들어가기 때문이다.

AI에서 쓰는 수식은 곱하기 더하기의 단순한 연산이 약 90% 이상을 할애한다. 이는 초등학교 2~3학년 수준이라고 비유할 수 있다. 문제는 이런 단순한 연산을 하는 초등학생의 수가 엄청나게 많이 필요하다는 것이다.

"AI 알고리즘은 인간이 만든 어떤 알고리즘보다 더 많은 연산을 합니다. 다른 알고리즘이 하나를 처리하기 위해 200번의 연산을 한다면 어떤 AI 알고리즘은 여기에 곱하기 3억 번을 하죠. 그래야 AI가 한 번의 추론 연산을 합니다."

이제껏 곱하기 3억 번이라는 연산을 수행하는 알고리즘이 존재한 적이 없다. 올해 초 MLPERF라는 NPU 벤치마크를 통해 자사 NPU 성능을 객관적으로 평가했다. 딥엑스 MobileNet 알고리즘을 초당 1,000번의 추론을 할 수 있는 NPU를 개발하는데 성공했고, 이는 세계 최고 수준으로 평가된다. 지금은 다른 다양한 알고리즘에 적용하고자 노력 중이다.

"저희는 고성능은 물론 그 어떤 회사보다 배터리를 가장 적게 소모하는 엣지용 NPU를 만들고 있습니다. NPU 용도는 자율주행차, 드론, 딜리버리 로봇 등과 같은 스마트 모빌리티, 인터넷과 연결된 사물인터넷 디바이스(가전) 그리고 네트워크 디바이스 크게 세 가지 용도로 활용되죠. 이 모든 분야의 공통점은 빠른 연산 속도와 저전력이 필요하다는 것이고 이에 가장 최적화된 AI 반도체가 바로 엣지용 NPU입니다."

반도체는 전력 소모가 크면 과열이 일어난다. 특히 자율주행차는 과열이 심해지면 계산식이 틀어질 정도로 연산이 깨진다. 그러면 예를 들어 2×4=8이 나와야 하는데 엉뚱하게 12가 나오는 결과를 초래하면서 생명에 위협을 줄 수 있는 큰 사로고 이어질 수 있다. 그래서 자율주행차에서 AI 반도체 칩의 저전력 의미가 굉장히 중요하다.

이세돌 대 알파고, 이세돌이 승자였던 진짜 이유

국내에 AI 기술이 널리 알려진 건 2016년에 이뤄진 알파고와 이세돌 9단의 대국이었다. 이 대국의 승자는 4:1로 알파고 승리였지만 김 대표는 AI 분야의 공학도 관점에서 이 대국의 승자는 인간의 뇌였다고 말한다.

"초기 알파고 인공지능이 1MW 전력 사용량을 쓸 때 사람의 뇌는 20W 에너지를 소모한다고 알려져 있습니다. 초기 알파고 AI 솔루션이 사람보다 5만 배 더 에너지를 사용했고 지적 노동에서 가장 경제적인 수단은 여전히 인류 역사대로 인간의 뇌였던 거죠. 그러나 초기 알파고 AI 솔루션이 1MW 전력 소모량은 AI 기술이 발전을 전혀 안한다고 해도 30~40년 정도가 지나면 무어의 법칙(Moore's Law 반도체 성능이 2년마다 2배로 증가한다는 법칙)에 따라 1W 아래로 내려갈 것입니다. 그 시기가 되면 지적 노동의 경제적 수단은 인간의 뇌가 아니고 기계가 될 것이고 이게 바로 4차 산업 혁명의 요체죠."

1차산업혁명은 증기기관 노동력이 인간 노동력보다 값이 쌌기 때문에 일어났다. 마찬가지로 지적 노동에서 인간의 뇌보다 더 싼 기계 솔루션이 나오면 지적 노동 현장의 주체가 바뀌는 4차 산업혁명이 일어나게 되는 것이다. 이를 위해 필요한 것이 바로 인간의 신경망과 유사한 구조를 지닌 AI 반도체 NPU다.

"2010년도부터 2020년 사이에 굉장한 변혁이 있었습니다. 그 변혁이란 사물인터넷 디바이스의 개체 수 증가입니다. 2010년도는 미미한 개수의 소형 디바이스가 인터넷에 연결됐는데 지금은 전 세계 500억 개 정도의 소형기기가 인터넷에 연결됐습니다. 즉, 사물인터넷이 엄청난 양의 데이터를 뿜어내는 개체가 됐다는 것을 뜻합니다."

2010년도부터 2020년 사이, 전 세계적으로 44ZB(제타바이트)의 데이터가 생산됐다. 전 인류가 모두 합심한다고 해도 인간이 이 엄청난 데이터를 처리하는 건 불가능하다. 인간을 대신해서 처리해 줄 수 있는 기술이 필요한데 그게 바로 딥러닝이다.

지금까지 딥러닝은 클라우드 플랫폼을 통해 AI 연산을 하고 앤드 디바이스가 서비스를 받는 형태로 구현됐다. 그러나 딥러닝이 제대로 구현되기 위해서는 정보를 분산해서 처리하는 엣지 디바이스에서 AI를 처리할 수 있어야 한다. 그래서 김 대표는 AI의 핵심인 스스로 생각하고 인지하는 딥러닝 기술에 최적화된 엣지용 NPU를 개발했다.

"지금까지 생산돼 온 엄청난 데이터 중에 40%는 실시간 응답이 필요한 데이터입니다. 그러면 언제 그 많은 데이터를 클라우드 서버로 가져갔다가 다시 가지고 올까요. 이게 문제가 되는 거죠. 반도체 기술, 컴퓨터 하드웨어 기술은 전통적으로 연산 전력보다 통신 전력이 더 많이 듭니다. 데이터가 생산된 곳에서 연산 처리를 하면 가장 전력이 적게 든다는 이점이 있습니다."

통신은 언제나 끊길 수 있다. 이 끊긴 상황에서도 AI가 동작해야 한다. 그럴 때 온 디바이스에서 AI를 돌려줄 수 있는 하드웨어 플랫폼, 솔루션들이 필요하게 된다. 이런 이유로 정보를 분산해서 처리하는 이른바 '엣지 디바이스' 시장이 급격히 커지고 있다.

실생활에서 쓰이는 NPU는 얼굴 인식을 이용한 잠금 해제 장치다. 잠금 해제를 할 때마다 사용자의 얼굴을 학습해 어떤 모습을 해도 인식할 수 있도록 해준다. NPU를 사용하게 되면 전력 소모 역시 수십 배 낮출 수 있다. CPU 대비 NPU가 1/50 전력을 소모한다. 그리고 가장 많이 사용되는 바로 자율주행차다. 카메라를 통해서 교통 표지판과 자동차를 실시간으로 인식해 자율주행을 가능하게 하는 것이다. 더 나아가 NPU는 AI 스피커처럼 사람과 대화할 수 있는 AI 기술이 실시간으로 이뤄질 수 있게 한다.

"기존 기술 CPU와 GPU는 AI 연산의 연산 능력이 턱없이 부족합니다. 수치로 보면 GPU는 CPU 대비 4배 연산 능력, 8배의 전력 효율성을 가지고 AI 연산할 때 NPU는 CPU 대비 25배의 연산 능력, 1/50의 전력 소모가 들기에 효율이 높죠. 결국 배터리 기반으로 주로 구동되는 엣지 디바이스에서는 이런 이점들 때문에 NPU를 선택할 수밖에 없는 것입니다."

엣지 디바이스의 생명은 높은 연산 능력과 저전력이다. 그래서 엣지 디바이스 시장에서는 NPU가 주요 솔루션이 됐다. 딥엑스는 2019년 8월 1차 NPU(개발코드명 GENESIS) 개발에 성공했다. NPU의 경량화와 전력 효율성 고도화 측면에서 확실한 강점이 있다. 자율주행 자동차, 드론, 스마트 가전기기, 감시카메라 등을 비롯한 각종 AI 전자기기에 필수적인 맞춤형 NPU를 지속해서 선보일 계획이다.

김 대표는 2025년도 AI 반도체 시장이 전 세계적으로 약 60조 원 규모로 급성장할 것이고 그중에 50% 이상은 엣지 디바이스의 NPU가 차지할 것이고 말한다.

"AI 시대가 시작되기 직전에 GPU 시장이 전 세계 15조 원 규모였습니다. 그런데 지금 빠르게 성장하는 NPU가 불과 몇 년 안에 60조 원을 돌파한다는 건 어마어마한 시장이 새롭게 생긴다는 뜻이죠. 이를 내다보고 딥엑스를 설립하게 된 것입니다."

AI 시장은 굉장히 빠른 속도로 진화한다는 특성이 있다. 이는 표준화하기 어렵다는 뜻이다. 어제 새로 나온 알고리즘이 있어도 오늘 또 한층 더 좋아진 알고리즘이 나오면 바로 구식이 된다. 앞으로는 더욱더 다양한 기기에서 다양한 용도로 AI 기술이 필요하다. 다품종 소량 시장으로 시작되는 것이기에 스타트업에게 유리하다. 하지만 사물인터넷 디바이스 개체 수가 10년 동안 500억 개로 늘어나는 것처럼 엣지 디바이스에 적용되는 NPU의 범위가 굉장히 빠르게 증가할 것이다. 첫 출발은 다품종 소량 시장이었지만 시간이 지남에 따라 다량 시장이 된다.

그러면 비즈니스 모델로도 굉장히 가능성이 크다.

"이미 세계에는 NPU를 개발한 기업들이 있습니다. 국내 최고 수준

원천 기술로 세계 최고 엣지 디바이스 NPU를 이뤄내는 것을 목표로 하고 있습니다. 현재 개발 중인 NPU의 성능을 비교해도 자원이 제약적인 환경에서 30% 연산 성능이 높은 결과를 나타냈습니다.”

딥엑스는 2021년 상용화 가능한 테스트 칩을 내고 2022년도에 상용화될 칩을 선보일 계획이다. 엣지 디바이스에 들어가는 NPU 기술이 대량 생산이 되는 시점은 지금이 아니다. 2023~4년도에 이뤄질 거라고 보고 있으며 그때 필요한 기술 방향을 준비하고 있다.

딥엑스는 앞으로도 꾸준히 연구개발에 힘을 쏟을 계획이다. 임직원 대다수가 R&D 인력이며, 미국 실리콘밸리에 자회사를 보유 중이고 해외 AI 반도체 개발 협력을 강화해 나갈 계획이다.

AI 반도체, 지금이 기회다

김 대표는 애플에서 아이폰X·XS에 들어가는 NPU를 세계 최초로 상용화시키고 2017년 한국에 돌아왔다. 국내 반도체 시장은 NPU에 대한 고민이 많았지만 2017년 9월, 아이폰 X·XS 출시까지 기술 보안 유지를 위해 꿀 먹은 벙어리로 지냈다. 그가 이미 개발에 성공시킨 고성능 저전력 NPU가 탑재된 아이폰 X·XS가 출시를 앞두고 있었지만 아무 말도 할 수 없었다.

“애플의 ‘아이폰 X·XS’에 사용된 애플리케이션 프로세서는 다른 회사 기술과 비교해 성능이 같다면 전력은 1/4 수준으로 낮죠. 전력 25% 차이는 매우 큽니다. 애플은 처음부터 저전력이었기에 다른 핸드폰처럼 배터리 탈부착이 필요 없었던 것입니다."

김 대표가 애플에서 마지막 작업한 것이 또 있다. 바로 M1 칩이다. 아이맥에 들어가는 칩인데 예전에는 인텔 칩을 사용했지만 이번에 이를 애플이 만든 M1 CPU로 바꿨다. 1/8 수준의 낮은 전력으로도 인텔 칩과 같은 성능을 낼 수 있다.

이렇게 김 대표는 창업 전 오로지 기술 연구에만 몰두하는 전문 엔지니어로만 살았다. 하지만 창업은 그 어려운 기술 개발을 성공시킨 엘리트 엔지니어에게도 큰 부담과 어려움이었다.

초기에는 투자를 받고 2주 동안 새벽 3시에 잠이 깼다. 여러 압박 감 때문에 잠을 이룰 수 없었다. 하지만 해야 할 일이 분명했고 빨리 제자리로 돌아와 걱정보다는 다시 일에 집중했다.

'Present Sufferings Are Not Worth Comparing With The Glory That Will Be Revealed', 현재 고난은 미래에 다가올 영광에 비교할 수 없다는 말이다. 김 대표가 가장 좋아하는 문구다. 어떤 고난을 어떻게 이겨내느냐가 결국 결과물의 가치를 바꾼다는 의미심장한 뜻을 내포하고 있다. 세계 최고 기술에 도전하는 기업이 되기 위해서 어떤 고난이 와도 열심히 도전하고 이겨낼 것이라는 김 대표의 다짐이 담겨 있다.

우리나라 반도체 기업 설문에 따르면 미국의 반도체 기술 수준이 100점이라고 했을 때, 우리나라는 83~84점 정도의 수준을 지니고 있다고 조사됐다. 미국의 GAFA Google·Amazon·Facebook·Apple라 불리는 IT 기업들도 AI 반도체 기술 확보에 박차를 가하고 있으며 인텔, IBM, 엔비디아 등 기존 기업 외에도 테슬라 같은 자동차 회사까지 기술 개발을 열심히 하고 있다. 하지만 중국을 제외한 일본, 프랑스, 독일 등 유럽 국가들은 AI 반도체 기술 개발이 한국보다는 많이 뒤처진다. 지금 이 기회를 잘 잡으면 국내 AI 반도체 기술이 세계적 수준으로 올라갈 가능성이 크다. 딥엑스는 이 기회를 절대 놓치지 않기 위해 차별화된 원천 기술 확보로 글로벌 경쟁력을 키워가고 있다.

어쨌든 다가올 시대 필요한 이 기술, AI 반도체 기업들

회사명	주요사업	내용
딥엑스	AI칩	• 딥러닝 알고리즘 경량화 기술을 보유한 벤처기업 • 방대한 딥러닝 연산처리를 돕는 NPU(차세대 신경망처리장치)를 개발해 양산화 주력 : 가격은 기존 제품의 10분의 1, 전력 효율성 100배 이상 목표 • NPU와 AI 기술과 관련된 20여 개의 특허를 국내외 출원 • 과학기술정보통신부가 출범시킨 '차세대 지능형 반도체 기술 개발사업'에서 초저전력 NPU 기술개발 과제의 총괄기관으로 선정 • 시리즈B 투자 완료 (21년 5월) : 210억 원
네패스	AI 반도체	• 2020년 8월 국내 최초로 AI 반도체(AI Neuromorphic Chip)를 상용화 : 뉴로모픽칩 NM500은 576개의 하드웨어 뉴런 기본 장착
삼성전자	NPU	• 20년 11월 삼성전자의 프리미엄 모바일 애플리케이션 프로세서(AP) '엑시노스 9(9820)'가 공개(인공지능 역할을 하는 NPU를 탑재해 인공지능 연산 능력이 기존 제품(9810) 대비 약 7배 향상. 해당 연산은 주로 모바일에서의 음성 인식 및 영상 인식에 사용)
퓨리오사AI	AI 칩	• 2017년 창업 • 21년 6월 네이버, DSC인베스트먼트 등으로부터 800억 원 규모 투자 유치 • 데이터센터나 자율주행차 등에 적용될 고성능 AI 칩 개발
씨이랩		• 2010년 설립, 기술성장성으로 코스닥 상장(21년 2월) • 인공지능 모델링 및 분석 기술 ,그래픽 처리장치(GPU) 활용 • GPU 점유율 1위 미국 엔비디아의 국내 소프트웨어 파트너사
오픈엣지 테크놀리지	AI 반도체 설계	• 인공지능 엣지컴퓨팅 구현에 필요한 핵심 반도체 IP를 개발, 공급 • 2019년 NPU 솔루션 출시 • AR, 드론, 자율주행, 가전 등의 엣지 컴퓨팅에 반도체 IP 제공
포지큐브	AI 칩	• 삼성빅스비, 삼성페이등 삼성전자 AI 전문가들이 설립 • 전화응대, 주문과 예약 등을 AI가 스스로 처리해 주는 '로비리셉션스토어' 개발 : 예) 농민이 비료구매 상담시 ARS처럼 상담사 두세 번 거칠 필요없이 담당자 연결 • AI관련 31개 특허 출원

10장

이상하다?
보고 싶고 사고 싶은 게
눈에 보인다

—

추천 알고리즘

접속하면 사고 싶은 옷이 먼저 뜬다

| 에이블리 |

2019년 5월경, 플랫폼 비즈니스 판을 바꾸는 『한국의 SNS 부자들』을 준비할 때 '유명 패션 셀럽들을 모은 쇼핑 플랫폼'이라는 에이블리와 비슷한 콘셉트의 한 패션 회사에 인터뷰를 요청한 적이 있다.

여러 가지 이유로 인터뷰를 고사한 그 회사는 당시 10~20대들 사이에서 가장 핫한 패션 쇼핑 플랫폼이었고 매출액도 에이블리보다 높았다. 하지만 2018년 창업 초기부터 AI 취향 추천 서비스를 기획하고 이를 고도화해 실제 플랫폼에 도입한 에이블리는 이제 그 회사와 비교 불가능할 정도로 급속 성장했다. 방문자 수 420만 명으로 국내 패션 통합 카테고리(대기업은 물론 패션 관련 플랫폼, 쇼핑몰 등을 모두 포함)에서 1위를 거머쥐며 빠르고 독보적인 성장세를 기록해 나가고 있다.

에이블리는 2019년 말 월간 거래액 50억 원에서 2021년 2월 인터뷰 당시 430억 원으로, 2018년 창업 첫해 연간 거래액 150억 원에서 2년 만에 4,000억 원으로 2700% 증가했으며 2021년에는 8,000억 원을 목표로 삼고 있다. 국내 패션 업계가 들썩일 정도로 빠른 성장률과 규모는 물론 영향력 면에서 모두 기록적인 수치를 돌파하며 가장 핫한 여성 의류 쇼핑 플랫폼으로 자리 잡았다.

에이블리 강석훈 대표는 여기에는 두 가지 비결이 있다고 말한다. 첫 번째는 소비자 취향 데이터를 잘 쌓을 수 있는 환경, 셀러(판매자)와 상품을 가장 많이 보유하고 있다는 것이고 두 번째가 바로 다른 기업보다 앞서 준비한 만족도 높은 AI 취향 분석 추천 서비스다.

'내가' 사고픈 게 많은 패션 플랫폼

"살 게 많네!"라는 말은 방문자들이 에이블리 앱에 들어왔을 때 자주 하는 말이다. 에이블리 강석훈 대표는 쇼핑 앱에 들어가면 대게 "살 게 많다!", 혹은 "살 게 없다." 이 두 반응이 나온다고 말한다. 여기에는 주어가 생략돼 있는데 바로 '내가'다. 결국, "내가 살 게 많다"라면 그건 추천 서비스를 잘 만든 것이고 "내가 살 게 없다"라는 추천 서비스가 제대로 이뤄지지 않는다는 것을 뜻한다.

이 두 말의 공통점이 바로 '내가'인데, '내가' 살 것이 많이 있으려면 첫 번째 고를 수 있는 상품이 많아야 하고 두 번째가 바로 그 수많은 상품 가운데 개인의 취향을 제대로 분석해 가장 잘 맞는 것들을 알아서 골라줘야 한다. 에이블리는 바로 이 "내가 살 게 많네!"라는 소비자들의 말 한마디를 듣기 위해 2018년 창업 초기부터 AI 추천 서비스를 지속해서 개발해왔다.

이를 위해 강 대표는 비즈니스 방향을 크게 두 가지로 나눴다. 먼저 첫 번째 상품을 많이 보유하기 위해 국내 패션 앱 최초로 에이블리만의 파트너스 모델을 새롭게 만들어 셀러들의 수수료 0% 방침을 내걸었다. 창업 진입장벽이 낮춰지면서 셀러들이 자연스럽게 에이블리 플랫폼에 모여들었다. 현재 에이블리의 입점 셀러와 브랜드는 약 1만 2,000명(곳). 4,000개의 브랜드를 보유한 온라인 패션 플랫폼 무신사의 약 4배 규모다. 하루 업로드되는 신상품 수만도 7천~1만 개, 한 달에 약 20만 개가 되니 첫 번째는 이미 어느 정도 자리를 잡은 셈이다.

두 번째는 소비자의 취향을 제대로 분석해 가장 잘 맞는 스타일을 골라주는 AI 추천 서비스다. 패션 비즈니스를 하는 강 대표가 이렇게 패션 분야와 거리가 멀 것 같은 테크를 접목한 취향 추천 서비스에 주목하는 건 그가 개인 취향을 바탕으로 영화 콘텐츠를 추천하는 온라인 동영상 스트리밍 서비스 왓챠의 공동창업자였기 때문이다. 왓챠는 '콘텐츠 개인화'라는 비전을 가지고 시작한 스타트업이었는데, 강석훈 대표의 두번째 창업인 에이블리에서 개인화 AI 취향 추천을 커머스에 접목해보자는 목표 아래 흩어졌던 왓챠 초창기 창업 멤버 중 5명이 다시 모이게 됐다.

검색의 시대에서 추천의 시대로

강 대표가 함께 참여한 왓챠의 초창기 비전은 '개인화'였다. 2010년, 그 당시 사람들은 필요한 정보를 찾을 때 자신이 원하는 것에 부합하는 가장 적절한 검색어를 고민해 정한 뒤, 이를 네이버와 같은 포털 사이트에서 입력해 검색 결과를 하나하나 보면서 자신에게 맞는 정보를 찾았다.

프랑스 파리로 여행을 계획했다면 파리에 가서 무엇을 해야 할지에 대한 가장 적절한 검색어를 찾은 뒤 그걸 포털 사이트에 입력해 수많은 검색 결과 중 자신의 취향에 맞는 정보들을 다시 판단하는 일련의 과정을 거쳤다. 그 당시 '검색을 잘하는 사람'이라는 말이 나올 정도로 어떻게 검색하고 원하는 결과를 찾느냐가 중요했는데 강 대표는 이런 과정이 매우 노동집약적이며 비효율적이라고 생각했다.

그럼, 이제 '검색의 시대'에서 '추천의 시대'로 바뀌어야 할 필요성을 느꼈고 이를 위해 무엇을 변화시켜야 할지를 고민했다. 그 답으로 '자동화'와 '개인화'라는 두 가지 키워드가 도출됐다. 첫 번째는 자신이 원하는 정보를 찾는 과정에서 고민할 필요 없이 모두 '자동화'시키는 거다. 그리고 두 번째가 그 사람의 취향에 잘 맞는 정보를 찾아주는 '개인화'다. 이 두 가지가 동시에 완성되면 '검색의 시대'에서 '추천의 시대'로 바뀔 것이라 확신했다. 이 헤게모니를 잘 잡으면 정말 세계에서 큰 영향력을 발휘하는 글로벌 기업이 될 것이라는 미래가 보였다.

알고리즘이 아닌 데이터 싸움이다

검색의 시대를 변화시키기 위해서는 모든 걸 '자동화'로 만들어야 하고 그 사람에게 최적화된 정보를 제공하는 '개인화'가 동시에 이뤄져야 한다. 이게 바로 '추천 서비스'다. 강 대표는 이를 '자동화와 개인화의 결합이 곧 추천 서비스'라고 한 문장으로 정리했다.

"에이블리 창업 시작부터 커머스 영역에서도 단순히 '가격 비교 추천'이 아닌 자동화와 개인화가 결합한 '취향 맞춤 추천'이라는 키워드를 잘 녹이고 싶었습니다. 취향 추천을 잘하기 위해서는 당연히 데이터를 쌓아 줄 회원(소비자)이 많아야 하고, 그 회원들이 찜과 댓글 등과 같은 취향 반영 액션을 많이 취해야 하죠. 그래야 정확한 데이터가 잘 쌓이고 이 잘 쌓인 데이터를 잘 만든 알고리즘과 결합해 회원 개개인에게 맞는 AI 취향 추천 서비스를 제공할 수 있다고 생각했습니다."

추천을 잘하기 위해서 무엇보다 회원들 취향 데이터를 잘 모으는 게 가장 중요했다. 특정 개인이 검색어를 넣는 시대에서 그걸 고민하지 않고, 알아서 추천되는 시대로 갈려면 이 개인에 대한 데이터가 많이 쌓여야 한다. 막연히 추천에 대해 말할 때 알고리즘의 싸움이라 생각하기 쉬운데 사실 좋은 데이터와 잘 만들어진 알고리즘, 이 둘 다 충족돼야 한다.

"AI의 알고리즘은 특정 집단의 기술이 아닌 이제 보편화가 될 거로 생각합니다. 워낙 뛰어난 엔지니어들도 많고 요즘은 알고리즘조차 사람이 아닌 머신이 설계하죠. 이게 바로 딥러닝인데 블랙박스처럼 작동하는 딥러닝의 특성상 어떻게 이런 알고리즘이 나왔는지도 사람이 잘 모르는 시대가 됐습니다. 이제 머신이 알아서 다 하기에 알고리즘은 앞으로 평준화가 될 것으로 보이고 결국은 데이터 싸움이 될 것입니다."

강 대표는 이제 어떤 데이터를 얼마나 많이 가지고 있느냐가 중요한 시대가 올 것으로 예측한다. 이를 석유에 비유할 수 있는데 석유 추출 기술은 다 비슷해졌는데 석유가 나오는 땅을 가져야 산유국이 되는 것처럼 결국 질 좋은 데이터를 잘 모은 기업들이 추천을 잘할 수 있게 된다는 것이다.

이에 강 대표는 마음에 드는 상품을 회원들이 찜하는 데이터를 2018년 사업 초창기부터 잘 모아왔다. 지금도 여전히 잘 쌓고 있으며 이런 취향 분석 데이터 수집은 국내 패션 업계에서 에이블리가 유일무이하다고 자신한다. 데이터 수집에 중요한 방문자 수 역시 에이블리가 국내 1위다. 2021년 2월 기준, 회원이 '좋아요'를 누른 상품 찜의 수가 2억 5천만 개가 쌓였으며 1달에 약 3천만 개 이상씩 쌓이니 이런 성장세로 간다면 곧 10억 개를 돌파할 것이라고 예상한다.

그렇다면 에이블리도 누구나 가져다 쓸 수 있는 아마존의 오픈 API 서비스 AWS Amazon Web Services(아마존 웹 서비스) Personalize를 활용해 추천하는 것일까? 대답은 '아니요.'다.

"요즘 많은 기업에서 아마존이 제공하는 오픈 API를 활용해 상품 추천 서비스를 제공하고 있습니다. 하지만 에이블리는 패션이라는 분야의 특성상 이 알고리즘을 적용하기 힘들었죠. 패션은 개인의 스타일 취향이 반영되는 분야라 목적형 구매에 적합한 아마존의 알고리즘은 오히려 패션 쇼핑을 방해하는 요소가 될 수 있었습니다. 데이터의 양이 많은 것도 중요하지만 그보다 더 개인에 적합한 질 좋은 데이터가 필요했기에 제대로 된 스타일 추천을 위해서는 아마존 퍼스널라이즈를 적용할 수 없었습니다."

세계 최고 이커머스 기업인 아마존은 국내 쿠팡과 같은 회사다. 취향이 반영된 스타일의 상품이 아닌 생필품을 파는 플랫폼이고 AWS는 이런 목적 구매 형식의 알고리즘에 최적화가 돼 있었다.

아마존의 알고리즘을 이용하면, 한번 생수를 보고난 후 모든 화면이 생수로 도배가 된다. 왜냐하면, 이 소비자는 아마존에서 생수라는 목적 구매를 위해 들어왔고 그러면 비슷한 여러 상품을 보면서 가격 비교를 하는게 좋기 때문이다. 패션과 같은 스타일 추천에는 적합한 AI 알고리즘이 아니다.

패션 쇼핑은 치마, 바지, 블라우스 등 다양한 스타일을 둘러보면 개인 취향에 맞는 스타일이 적용된 상품을 구매한다. 아마존 퍼스널라이즈가 패션에 적용되면 치마를 검색하면 치마만, 바지를 검색하면 바지만, 블라우스를 검색하면 블라우스만 스타일에 상관없이 죄다 같은 종류만 노출된다. 그러면 내 취향에 맞는 제대로 된 쇼핑이 불가능하다. 아무리 상품이 많아도 이런 식으로 보여주면 취향에 따른 다양한 구경과 구매를 할 수 없다.

패션 쇼핑은 치마를 검색했을 때, 개인 스타일과 잘 어울리는 치마를 보여주고, 여기에서 더 나아가 그 치마와 잘 어울리는 신발, 재킷, 액세서리 등을 다양하게 추천해줘야 한다. 에이블리에 들어오면 "내가 살 게 많네."라는 말이 이래서 나오는 것이다.

에이블리 역시 창업 초기부터 이런 고객 취향 데이터를 차곡차곡 잘 쌓아왔고, 이것을 활용해 아마존 퍼스널라이즈에 기반한 AI 알고리즘을 좀 더 고도화시켜 나가기 시작했다.

취향이 반영된 추천 모델은 다르다

최근 여러 기업에서 AWS를 활용한 추천 서비스로 AI 기술을 도입했다고 적극적인 홍보 활동을 펼친다. 강 대표는 에이블리 초창기인 2019년 초부터 AWS 추천 서비스를 도입해 테스트했고, 이를 에이블리의 V1, 1세대 추천 서비스 모델이라 부른다. 그리고 현재는 5세대 알고리즘까지 취향이 반영된 추천 서비스를 고도화시켰다.

에이블리의 V1은 원하는 상품을 검색하면 그 종류의 상품들만 전부 노출되는 아마존의 시퀀스 모델 구조다. 강 대표는 아마존 퍼스널라이즈에 패션 쇼핑에 맞는 취향 추천 서비스가 적용될 수 있도록 자체 개조 작업을 시도했다. 아마존 퍼스널라이즈를 활용했지만, 에이블리만의 AI 추천 서비스로 다시 만들어야 했고 여기에는 왓챠 때부터 함께한 개발자들이 함께 참여했다.

초기의 알고리즘에 다양성과 변동성과 역동성을 가미해 에이블리만의 추천 알고리즘을 만들었고, 이것은 현재 5번째 개선 버전까지 출시가 됐다. 초기의 추천 알고리즘이 동일한 상품들에 대한 가격비교 알고리즘에 가까웠다면, 현재의 알고리즘은 한 사람의 종합 취향을 다 고려해 그 취향과 유사한 사람들을 뽑은 뒤 서로 교차 추천하는 구조이다. 이는 아마존의 추천보다는 유튜브와 넷플릭스의 추천과 좀 더 가깝다. 정확히 말해, 에이블리의 추천 서비스는 커머스 추천 모델이 아니라고 할 수 있다. 취향이 반영된 콘텐츠 추천 모델이다.

수많은 시행착오 끝에 완성된 에이블리의 5번째 추천 서비스는 테스트 결과 소비자 행동과 관련된 여러 영역에서 전부 향상된 결과를 얻었다. 여기서 한 가지라도 나빠지면 그건 좋은 추천 서비스가 아니기에 모든 행동을 관찰하며 수치를 개선해 만족시켜야 했다.

앞으로 에이블리는 기존의 상품 추천을 넘어 마켓 추천, 그리고 UIuser interface 추천까지 나아가려고 한다. 즉, 사용자가 어떤 파트를 먼저 둘러보는지에 대한 추천도 제공할 것이다. 만약 한 사람이 에이블리 앱에 들어가 리뷰부터 본다면 리뷰를 먼저 노출하고, 비슷한 상품을 먼저 본다면 비슷한 상품을 먼저 노출해주는 식이다. 이는 완전한 '개인화' 추천 서비스를 의미한다고 볼 수 있다.

"내부적으로는 이제부터가 '진정한 개인화의 시작'이라 부르죠. 2021년은 자동화와 개인화 모두 동시에 이뤄지는 에이블리만의 취향 추천 서비스를 제공할 수 있을 것 같아 기대가 큽니다. 에이블리의 알고리즘은 스타일 탐색 위주 커머스 모든 분야에 적용될 수 있고 그래서 패션을 넘어 취향이 반영된 인테리어나 화장품 등 여러 라이프스타일 관련 카테고리 확장에 힘쓰고 있습니다."

에이블리가 2020년 10월부터 인테리어 카테고리에 주력한 이유가 바로 이 때문이다. 옷을 구매하는 취향을 바탕으로 집을 꾸미고 친구 선물을 산다. 이런 일관된 취향을 가지고 있기에 데이터를 잘 모으면 패션, 인테리어 등 취향을 바탕으로 한 교차 추천이 가능하다. 에이블리가 패션을 넘어 라이프스타일 매니저가 되는 것이다. 이제 에이블리에서 옷만 몇 벌 구매해도 개인 취향에 맞는 인테리어 용품도 추천받을 수 있다. 인테리어 카테고리를 시작한 지 얼마 되지 않았지만 벌써 월 매출 50억 원이라는 결과가 이미 증명했다.

편견 없는 AI 알고리즘

강 대표는 AI 알고리즘은 편견이 없다고 말한다. 2018년 에이블리에 입점한 크림치즈마켓은 1년 3개월 만에 월 매출 10억 원을 돌파해 큰 화제를 모았다. 하지만 1년이 지났지만, 여전히 매출 5~10억 원에 머물러 있고 다른 셀럽들이 그 수준으로 매출이 향상되는 변화를 맞았다. 이제 에이블리에서는 어느 하나의 마켓이 집중해 노출되거나 매출을 독점하지 않는다. 바로 알고리즘이 셀러의 상품 추천 비중을 공평하게 관리하기 때문이다.

"AI 알고리즘은 신규 셀러의 제품도 공평하게 노출하죠. AI 추천 서비스가 도입되지 않았다면 어느 한 인기 셀러의 상품들만 계속 추천되고 이로 인해 그 마켓이 에이블리를 독과점하는 상황이 벌어질 수 있습니다. 그런 면에서 AI 취향 추천 서비스는 공정하다는 생각이 듭니다. 한 마켓만 지속해서 추천하는 게 아니라 다양한 셀러들의 상품을 편견 없이 공정하게 노출하기 때문이죠."

AI 취향 추천 알고리즘으로 공정한 시장 경제를 경험한 강 대표는 앞으로 비전도 확실해졌다. 바로 어느 개인도 차별 없이 꿈을 펼칠 수 있는 넥스트 커머스 생태계를 이끄는 기업이 되는 것이다.

AI는 이렇게 공정 경쟁이 가능한 시대를 만들고 있다. 에이블리 역시 많은 셀러들이 공정 경쟁을 할 수 커머스 생태계를 만들 것이고 1천 평 규모의 7층짜리 물류센터를 보유하며 판매자의 상품을 보관·배송·고객 응대까지 일괄 대행하는 풀필먼트 서비스에 투자를 지속하는 이유도 바로 이 때문이다.

"에이블리가 커머스 영역에서 개인이 무언가를 할 수 있도록 공평한 기회를 열어주는 기업이 됐으면 합니다. AI가 매일 업로드되는 수많은 상품 중에서 편견 없이 좋은 상품들을 유저에게 추천하다 보니 에이블리에서 창업한 주부 셀러의 월 매출이 7억 원 정도 나오는 성공 사례들이 등장했죠. 가까운 미래에는 앱스토어에서 앱을 만들어 볼까? 유튜브에 콘텐츠를 올려 볼까? 에이블리에서 상품을 팔아 볼까? 하는 말이 자연스럽게 나올 수 있도록 미래를 꿈꾸는 모든 창업자에게 공정한 기회를 제공하는 기업이 되고자 합니다."

에이블리가 이런 비전을 구현하기 위해 추구하는 것은 '스타일 커머스', '체인 플랫폼' 두 가지 영역에서 이뤄지고 있다. '스타일 커머스'는 개인화에 맞춘 취향 추천 서비스를 통해 어떤 사람이든 에이블리에 들어오면 그 취향을 잘 분석해 만족스러운 쇼핑이 되도록 하는 것이다.

그리고 '체인 플랫폼'은 창업부터 판매까지 모든 과정을 고민할 필요 없게 만드는 거다. 지금은 에이블리에서 창업하면 동대문종합시장에서 물건을 떼어와 팔았는데 앞으로는 "내가 어떤 생수를 만들어 팔지?"라고 기획만 하면 그 생수를 만들 수 있게끔 공장을 연결하는 프로그램도 개발 중이다.

셀러가 그저 무엇을 팔고 싶은지 기획만 하면 이와 잘 맞는 공급처를 연결하는 것이 첫 번째 체인 플랫폼의 개념이고, 두 번째 개념이 바로 글로벌이다. 앱스토어나 유튜브처럼 콘텐츠를 만들어 플랫폼에 올리기만 하면 전 세계에서 구매가 발생할 수 있도록 다양한 에이블리 글로벌 플랜들을 실행해 나가고 있다. 일본에서는 에이블리 앱이 이미 출시됐으며 내년 중 동남아 시장으로 진출을 계획 중이다.

"셀러가 처음 창업하면 상품 기획에서부터 촬영, 가격 책정 등에 대한 노하우가 없어 시행착오를 많이 겪게 돼요. 상품의 정보 노출 순서를 어떻게 할까?, 상품의 메인 이미지는 무엇을 고를까? 고민이 꽤 많죠. 이제 이런 모든 과정을 그동안 성공한 마켓들의 수많은 노하우를 학습한 AI가 대신할 수 있습니다. 셀러는 그저 가만히 있으면 그 상품이 잘 판매가 되도록 AI 알고리즘이 이 모든 과정에 관여하죠. 상품 페이지의 제목도 지어주고 사진도 보정해서 뚝딱 상품 페이지를 만들어냅니다."

지난 2020년 에이블리는 중소기업벤처기업부과 기술보증기금이 주관한 2020년 '예비 유니콘 특별보증' 지원기업으로 최종 선정됐다. '예비 유니콘 특별보증'은 벤처 강국 실현을 위해 정부에서 추진하는 'K-유니콘 프로젝트'의 핵심사업 중 하나로, 기업가치 1조 원 이상의 '유니콘 기업'이 될 수 있는 유망 스타트업을 선정 및 지원하는 프로젝트다.

2023년
OTT 글로벌 시장 규모 86조 원

| 왓챠 |

OTT(over the top, 온라인 동영상 서비스) 시장이 팬데믹과 맞물려 가파른 성장세를 보이고 있다. 과학기술정보통신부의 자료에 따르면 글로벌 OTT 시장 규모가 2023년에는 86조 원으로 2배 이상 성장하리라 전망했다. 높은 수준의 자체 제작 영화 서비스가 하나의 새로운 문화 플랫폼으로 자리 잡았으며 영화계에서는 OTT가 극장을 대신할 새로운 플랫폼으로 떠오른 것이다.

국내 통신·방송·플랫폼 업체들도 넷플릭스와 같은 글로벌 OTT에 맞서기 위해 활발하게 합종연횡하며 체력을 키우고 있다. SK브로드밴드는 카카오엔터테인먼트와 콘텐츠 사업 파트너십을 체결했고, LG유플러스도 LG헬로비전, CJ CGV, 한국데이터거래소KDX와 함께 '미디어 데이터 얼라이언스'를 출범했다. 쿠팡 또한 자체 OTT 서비스인 '쿠팡플레이' 사업 강화를 위해 올해만 1,000억 원 넘게 투자해 플랫폼 고도화를 꾀하는 중이다.

이렇게 경쟁이 치열한 국내의 OTT 시장에서 흔들림 없이 꾸준히 성장하는 토종 OTT 서비스가 있다. 바로 개인 맞춤 영화 추천 서비스라는 차별화로 거대 기업들 사이에서도 당당히 상위권 자리를 지키고 있는 왓챠다. 왓챠는 2013년 5월, 영화, 책, TV 프로그램 추천·평가 서비스 왓챠피디아를 시작으로 그 별점 데이터를 모아 2016년 1월, 영화, 드라마, 예능, 다큐멘터리, 애니메이션까지 무제한으로 시청할 수 있는 온라인 동영상 스트리밍 서비스를 런칭했다.

외국 기업은 물론 국내 통신사·방송사까지 거대 자금을 투자하며 치열한 경쟁을 OTT 시장에서 펼치고 있다. 2011년 7명으로 시작한 왓챠가 선전할 수 있었던 배경은 따로 있다. 9만 편 보유 콘텐츠를 다수가 아닌 개인 취향에 딱 맞게 골라 선보이는 AI 추천 서비스를 선보인 1세대이자 1호 스타트업이라는 점이다. 이로 인해 왓챠만의 진입장벽을 단단히 쌓은 차별화로 넷플릭스와 견줄 만한 국내 대표 OTT로 우뚝 성장했다.

전문가보다 취향 저격 추천 서비스

왓챠의 개인 취향별 추천 서비스는 기존 영화 관련 기업에서 영화 전문가들이 주관적으로 추천하는 서비스 방식과는 전혀 다른 개념이다. 개인이 쌓은 영화 평가나 별점, 시청기록 등의 빅데이터를 학습한 AI 추천 엔진이 개인 취향을 객관적이고 과학적으로 분석해 이에 꼭 맞는 영화 콘텐츠를 추천한다. 그래서 다수가 아닌 개개인에게 더욱 정확한 영화 추천이 가능한 것이다.

왓챠는 영화 산업에 종사하던 사람들이 오랜 경력과 전문성을 바탕으로 만든 회사처럼 보인다. 개인에 맞는 영화 추천을 그 누구보다 잘하기 때문이다. 하지만 왓챠는 데이터를 기반으로 철저한 분석 기술을 개발한 공대 출신들이 의기투합해 만든 스타트업이다. 특별히 영화에 대한 전문성이 없어도 그들보다 더 정확하고 성공적으로 추천을 제공할 수 있는 건 바로 이 데이터를 기반으로 고도화된 왓챠만의 AI 추천 엔진 덕이다.

왓챠가 자체 개발한 AI 추천 엔진은 머신러닝Machine Learning과 딥러닝Deep Learning을 통해 10여 년간 꾸준히 고도화됐다. 그들이 부르는 애칭도 있다. 바로 프랑스 정통 꼬냑 하우스 레미마틴Remy Martin에서 따온 이름, 레미Remy다.

왓챠 머신러닝 팀은 박 대표가 창업 초기부터 가장 공을 들인 개발조직이다. 사용자의 데이터를 활용해 해당 사용자의 취향에 맞는 새로운 콘텐츠를 찾는데 여기에 데이터와 패턴 규칙을 컴퓨터 스스로 추출하는 머신러닝과 딥러닝이 적용된다. 머신러닝은 알고리즘을 사용해 데이터를 구분 분석하고 해당 데이터에서 학습하며, 학습한 내용에 따라 정보에 근거한 결정을 내린다. 딥러닝은 알고리즘을 계층으로 구성해 자체적으로 배우고 지능적인 결정을 내릴 수 있는 인공 신경망을 만든다.

지금은 머신러닝을 활용한 기술들이 일상에서도 눈치채지 못할 정도로 흔해졌지만, 왓챠는 10여 년 전부터 머신러닝 기술을 사용해 창업한 1세대이자 1호 스타트업으로 유명하다.

왓챠를 창업한 박태훈 대표는 서울과학고를 다닐 때부터 '개인화',

'자동화', '추천'이라는 세 가지 키워드를 담은 서비스를 만들고 싶다는 꿈이 있었다. 서울과학고를 조기 졸업한 뒤 2003년, 카이스트 전산학과를 입학했고 이후 넥슨에서 메이플 스토리 북미 서비스를 개발하는 산업기능 요원으로 군 복무를 마쳤다. 그리고 다시 복학해 본격적으로 그 꿈을 실현하기 위해 마음이 맞는 친구들과 함께 창업을 결심했고 '개인화', '자동화', '추천'이라는 서비스가 적용될 창업 아이템으로 영화를 선택해 2012년 8월, 영화 평가 및 추천 서비스 앱인 왓챠피디아를 만들었다.

그는 처음부터 영화 콘텐츠 사업을 할 의도는 아니었다. 그 시작은 온전히 기술이었다. 어릴 적부터 매스컴에 나온 IT 관련 기사는 모두 읽을 정도로 신기술 트렌드에 관심이 많았으며 앞으로는 그동안 품어 온 '개인화', '자동화', '추천' 서비스가 시대를 선도할 대세가 될 것이라는 확신이 들었다.

이 세 가지 서비스가 반영된 개인별 영화 추천을 성공적으로 실현시키기 위해서는 무엇보다 빅데이터를 스스로 분석할 AI 엔진이 필요했고 대학 시절 미리 접한 머신러닝 기술로 이를 고도화시켰다.

박 대표가 먼저 지금 왓챠처럼 OTT 서비스가 아니라 영화 평가 및 추천 서비스 플랫폼 왓챠피디아로 사업을 시작한 건 바로 이 AI 추천 엔진을 학습시킬 데이터 수집을 위해서였다. 개인의 취향에 맞는 영화를 정확히 추천하기 위해서는 먼저 최대한 많은 데이터를 쌓는 시간이 필요했다.

그렇게 시작한 왓챠피디아는 약 10년 동안 수많은 영화 추천 및 평가 데이터를 단단히 쌓아나갔다. 왓챠피디아는 영화 추천 서비스로 시작해 TV, 도서로 영역을 넓혔고 일본어와 영어판도 출시해 지금까지도 글로벌 사용자들이 함께 공유하는 플랫폼으로 운영 중이며 앞으로 음악, 공연, 게임, 웹툰 등 다양한 문화 콘텐츠로 서비스 영역으로 확장할 계획을 추진하고 있다.

인공지능은 나보다 더 나를 잘 안다

왓챠피디아로 영화 추천 및 평가 관련 빅데이터를 차곡차곡 쌓아온 왓챠는 이 데이터를 활용해 AI 추천 엔진을 학습시켰고 이를 기반으로 2016년 본격적으로 OTT 서비스 왓챠를 런칭했다.

왓챠가 출시된 건 넷플릭스가 한국에 진출할 즈음인 2016년 1월이었는데, 이런 상황에서도 개인 취향에 맞춘 영화 추천 서비스로 많은 영화 마니아 사이에서 큰 주목을 받으며 토종 OTT의 기상을 높이 세웠다. 왓챠는 출시부터 AI 추천 알고리즘 기술력에 실제 영화 평가 및 추천 빅데이터를 결합한 서비스로 큰 성과를 냈고 '나보다 더 나를 잘 아는 영화 추천'으로 OTT 시장의 센세이션을 일으켰다.

왓챠의 첫 임무는 '개인을 가장 잘 이해하는 서비스가 되자!'였다. 이를 위해 왓챠가 궁금한 건 사용자의 나이, 성별, 직업 등 회원들의 개인정보가 아니었다. 그들 개인 각각의 취향이나 관심사였다. 연령대와 사는 지역이 같다고 취향이 비슷하지 않다. 만약 그렇다면 같은 학교 출신의 동창들은 다 취향이 같아야 한다. 특히 문화 콘텐츠는 더욱더 그렇지 않다. 이에 왓챠는 영화 작품에 대한 개인의 취향 데이터가 무엇보다 중요했고 초반부터 영화 평가 및 별점을 모으는 데 집중했다.

왓챠 개인 맞춤 추천 서비스는 기존 영화 커뮤니티에서 글쓴이의 주관적인 정보를 반영해 영화를 추천하는 서비스와 완전히 다르다. 왓챠피디아에서는 처음부터 별점을 학습시킨 자체 개발 AI 추천 알고리즘이 자동으로 개인에게 맞는 영화를 추천한다. 그래서 데이터를 모으고 사람들이 많이 쓰도록 하는 것이 1차 목표였다. 집중했다. 왓챠와 넷플릭스 추천 서비스에서 가장 큰 차이점은 왓챠는 왓챠피디아 별점을 미리 확보하고 있다는 점이다. 이는 왓챠에서 서비스가 되지 않는 콘텐츠를 포함하여 거의 모든 콘텐츠들에 대한 데이터가 있다는 점을 의미한다. 넷플릭스는 넷플릭스에서 서비스되는 콘텐츠에 대한 데이터만 확보하고 있다.

최근 개봉한 영화 평가와 코멘트들이 쌓이면 이걸 분석해 어떤 콘텐츠를 서비스해야 하는지 예측하는 별도의 모델도 만들었다. 이렇게 독자 개발 AI 추천 엔진을 통해 자본이 적은 스타트업에서도 가성비 좋은 콘텐츠를 제공할 수 있었다. 현재는 그동안 쌓아 온 데이터를 기반으로 새로운 영화가 얼마나 흥행할 것인지를 예측하는 모델을 만들었고 계속 고도화시켜 가는 중이다.

왓챠피디아는 국내외에서 제작되는 거의 모든 작품에 대한 평가 자료를 수집하고 있다. 왓챠나 다른 OTT에서 수입하지 않은 작품에 대해서도 평가가 진행된다. 이런 방대한 데이터양 덕분에 이용자가 볼만한 콘텐츠를 찾을 때 그 이용자에 맞춘 '개인화' 추천이 되는 수준이 굉장히 높은 편이다.

머신러닝 기반 추천 덕분에 왓챠에서 상위권을 차지하는 콘텐츠를 보면 최신작이 아닌 작품도 더러 있다. 왓챠가 시즌3까지 독점 수입한 샌드라 오 주연의 영국 드라마 〈킬링이브〉도 데이터로 예측한 흥행 가능성이 높아 바로 판권 구매를 결정한 작품이다.

이렇게 왓챠는 서비스에 대한 사용자들의 신뢰도와 인지도를 어느정도 쌓고 나서 바로 온라인 스트리밍 서비스 왓챠를 런칭했다. 초반부터 강세를 몰고 온 왓챠의 정확도 높은 개인화 성공비결은 그동안 쌓은 데이터를 통해 사용자 영화 취향을 자동으로 분석하는 머신러닝과 딥러닝 기술에 있다. 데이터를 기반으로 한 기술을 적용하므로 이런 양질의 데이터는 왓챠를 성공으로 이끈 중요한 자산이다.

이 영화를 시청할 확률, 재밌게 볼 확률

왓챠는 왓챠피디아에서 별점을 남기지 않아도 왓챠에서 발생하는 시청 이력과 성향이 비슷한 다른 사용자의 왓챠피디아 별점 등을 합쳐 복합적으로 영화를 개인에 맞게 추천하는 형태의 모델을 개발했다. 또 왓챠는 가입 과정 중뿐만 아니라 기존 사용자도 언제든지 자신의 취향에 따라 영화를 평가하는 페이지가 있으며 이를 기반으로 영화를 추천한다. 왓챠피디아에서 왓챠로 넘어온 사용자는 이미 별점을 쌓였기에 바로 추천 서비스가 가능하다.

왓챠는 사용자별 시청 평가와 기존 별점, 코멘트를 어떻게 잘 융합해 하나의 데이터로 만들어 사용자가 만족할 만한 콘텐츠를 잘 추천하느냐를 많이 고민했고 점점 더 AI 추천 엔진을 고도화시켜나갔다.

먼저 왓챠는 사용자의 취향을 파악해 콘텐츠 큐레이션을 제공하고, 기존 작품 평가를 분석해 개별 콘텐츠에 대한 사용자 예상 별점도 제시한다. 사용자는 이 예상 별점을 토대로 콘텐츠를 소비할지, 말지를 결정한다. 여기에는 왓챠피디아의 영향이 컸다. 왓챠피디아의 빅데이터를 학습시킨 추천 AI 추천 알고리즘은 온라인 스트리밍 서비스 왓챠의 성장을 빠르게 견인했고 왓챠는 개인 취향을 파악해 사용자 각각이 진짜 원하는 콘텐츠를 찾아주는 데 주력할 수 있었다.

경쟁이 치열한 OTT 시장에서 왓챠가 주목받는 가장 큰 차별화는 바로 이 정교한 AI 추천 알고리즘을 통해 개인화된 서비스를 제공한다는 것이다. 특정 콘텐츠를 '시청할 확률'과 '시청했을 때 재미있게 볼 확률'까지 계산해 왓챠에 있는 모든 부분을 개인화한다. 먼저 사용자들 사이의 관계성, 패턴을 통한 추천이 있다. 예를 들어 A와 B라는 사람의 평가 내용에 유사성이 보일 때, A가 본 영화 중 B가 아직 보진 않았지만 높은 확률로 좋아할 것 같은 작품을 추천해주는 식이다.

그리고 콘텐츠 자체 데이터를 기반으로 하는 추천이다. A가 좋아했던 작품이 호러, 스릴러, 미국 등 키워드가 있을 때 같은 키워드로 설명되는 작품을 추천한다. 이런 알고리즘을 바탕으로 왓챠에 보이는 콘텐츠 순서도 개인 취향을 고려해 배열된다.

왓챠가 이렇게 콘텐츠 배열까지 완벽하게 신경 쓰는 이유는 바로 '사용자가 좋아하는 것에 더 집중할 수 있는 개인화 추천'을 위해서다. 왓챠를 이용하는 구독자 중 약 72%가 이런 추천 영역을 통해 영화를 시청하는데, 모두에게 노출되는 신작 큐레이션, 홈배너 영역이 아닌 내가 좋아할 만한 작품 추천을 통해 왓챠의 콘텐츠를 소비한다. 이는 높은 비율로 왓챠 추천을 신뢰했다는 뜻이고 그만큼 사용자의 취향을 정확하게 분석했다는 의미다.

왓챠 사용자는 단순히 콘텐츠이 양이 많아서 왓챠를 구독하는 것이 아니다. 사용자를 위한 AI 추천 알고리즘이 정교화돼 있는 서비스로 개인화된 맞춤형 콘텐츠를 제시하기에 사용자들의 이용가치를 높이는 것이다.

그리고 구글의 자연어처리 모델인 버트BERT라는 기술도 도입했다. 버트는 번역에서 쓰는 기술 중 하나인데, 생성하고자 하는 단어의 앞과 뒤 문맥을 모두 살피고 관계를 예측한다. 수집한 문장에서 단어의 15%를 무작위로 지운 후, 그 자리에 들어갈 단어가 무엇일지 학습해 생성되는 텍스트 정확도를 확 끌어올리는 기술이다.

버트는 자연어처리 분야에서 시작했지만 추천 시스템 분야에서도 활용되고 있다. 왓챠에서도 이런 버트에 기반해서 보유한 데이터의 성향에 맞게 개량한 모델을 자체 개발했다. 버트 기반 모델의 핵심은 감상한 작품의 순서를 잘 반영할 수 있다는 점이다. 순서를 반영하게 되면 같은 콘텐츠를 A 〉 B 〉 C 순으로 감상한 사용자와 C 〉 B 〉 A 순으로 감상한 사용자는 각기 다른 추천을 제공받게 된다. 물론 순서를 반영할 수 있는 모델은 LSTM, GRU 등도 있지만 버트가 그들보다 장문에서 효과적이라는 점과 왓챠에서의 콘텐츠 소비도 수십, 수백 개가 될 수 있는 점을 고려해서 버트를 활용하게 됐다. 실제로 이 모델을 도입해서 기존 모델보다 추천 정확도를 많이 높일 수 있었다.

왓챠는 추천 서비스와 함께 국내 사용자들이 좋아할 만한 콘텐츠를 영리하게 수입해온 것도 인기에 한몫했다. 국내에서 독점 공개한 미국 HBO의 〈왕좌의 게임〉이 대표적이다. 쌓아온 데이터를 바탕으로 국내 사용자의 수요를 정확히 예측했기 때문에 가능했던 일이다.

악성 댓글의 시대는 끝나간다

왓챠는 영화·드라마 등 콘텐츠 감상평에 AI 모니터링 기술을 개발·적용하고 있다. 왓챠 사용자들은 영화나 드라마 시청 전후 다른 사용자들의 감상평을 보는 경우가 많다. 유명 영화평론가들도 왓챠에 코멘트를 남기기에 감상평은 왓챠의 UX(User Experience, 사용자 경험)를 좌우하는 핵심 요소 중 하나다.

왓챠에서 독자 개발한 AI 모니터링 기술은 코멘트의 부적절성 여부를 판단해 확실하게 부적절한 경우 블라인드 처리한다. 특수기호를 사용한 욕설이나 혐오 표현까지 잡아낸다. 과거에는 문제 되지 않았지만 시대 변화에 따라 지금은 차별·비하 표현으로 여겨지는 표현도 잡아낼 수 있도록 AI가 학습하고 있다. 또 정치적 올바름에 어긋나는 혐오 표현인지까지도 AI가 판단할 수 있게 고도화시키고 있다.

왓챠의 영화 추천은 사람이 관여하지 않는다. 빅데이터를 학습한 AI 추천 엔진이 하므로 주관적인 감정 없이 사용자들에게 그저 평등하게 영화를 추천할 수 있는 것이다. 이를 왓챠에서는 '기회의 평등'이라고 부른다. 예를 들어 어떤 콘텐츠는 광고를 많이 하거나 스크린을 다 독점하는 게 가능했다. 왓챠에서는 그런 방식이 더 유효하지 않다. 추천 AI 알고리즘이 콘텐츠를 어떻게 노출하느냐, 어떤 사람들에게 연결이 되느냐가 핵심이기 때문이다. 왓챠는 처음부터 추천 서비스를 만들 계획으로 시작됐다. 박스오피스 순위는 없어지지 않겠지만 이를 상대화시키는 것을 기대했다. 이 역시 다양성으로 이어지고 있는 흐름이다.

하지만 영화라는 것이 내가 좋아하는 장르의 영화만 보게 되면 자칫 지루할 수 있다. 새로운 콘텐츠도 접해야 영화 감상의 폭도 넓어진다. 추천 분야에서는 이런 부분이 딜레마다. 좋아하는 것만 추천하면 그 안에 갇히게 될 수 있다. 이를 어떻게 벗어나게 할 것인가 역시 왓챠가 풀어야 할 숙제고 이를 다양성의 관점에서 풀기 시작했다.

왓챠는 설립 당시 '모든 것을 개인화하자'라는 모토에서 출발했다. 하지만 사업을 진행하면서 임무가 하나씩 이뤄졌고 미션의 과제를 더 확장해 다양한 사람들의 취향을 맞추자는 '다양성'으로 방향을 넓혔다. 다양한 콘텐츠를 다양한 취향의 사람들과 연결해 세상을 더 다양하게 만들겠다는 취지다. 세상에는 굉장히 다양한 콘텐츠가 있고 다양한 사람들이 존재한다. 이를 잘 연결해 주는 역할을 바로 왓챠가 하는 것이고 이로 인해 세상은 더 다양해질 수 있다고 믿는다.

그래서 회사의 비전을 '모두의 다름이 인정받고 개인 취향이 존중받는 더 다양한 세상을 만든다.'라고 재정립했다. 데이터와 기술을 이용해 다양한 취향의 사람들이 다양한 관점의 콘텐츠를 발견하고 소비할 수 있도록 연결하는 것이 왓챠의 새로운 미션이다.

취향을 잘 맞추는 것과 다양하게 추천하는 것은 서로 다른 축이다. 이 두 개를 모두 만족시키는 게 왓챠의 목표이며 이를 고려한 모델을 지속해서 연구·도입해 테스트하는 과정을 진행 중이다.

왓챠가 공개한 연말 결산 리포트에 따르면 2020년 한 해 왓챠 총 시청 시간은 약 1만 9,000년으로 2019년과 비교해 약 1.97배 증가했다. 콘텐츠 평가·추천 서비스 왓챠피디아에는 한 해 농안 약 6,700만 개의 평가가 쌓일 만큼 많은 이용자가 왓챠를 이용했다. 누적 평가는 약 6억 개다.

왓챠는 이와 같은 성장세를 이어 2020년 '왓챠 익스클루시브'라는 이름으로 매월 독점 콘텐츠를 선보이기도 했다. 2020년 한 해 동안 매월 영화 2,520편, TV 시리즈 1,275편을 새롭게 공개했고 현재 9만 편이 넘는 콘텐츠를 서비스하고 있다.

투자가 이어지고 있는 OTT 서비스

2012년 영화 평가 및 추천 서비스 왓챠피디아를 선보인 왓챠는 2016년 온라인 동영상 스트리밍 서비스 왓챠를 출시하며 사업을 확대했다. 연평균 191%의 매출 증가율, 다운로드 수 1천만 건 이상, 약 9만 편 가량의 영화·드라마·다큐멘터리·예능 콘텐츠 등의 성과를 기록하고 있다.

왓챠는 2012년 5월 카카오벤처스로부터 8억 원 규모의 투자를 유치한 데 이어, 기업 성장에 따라 27억 원 규모의 시리즈 A, 2016년 55억 원 규모의 시리즈 B, 2018년 140억 원 규모의 시리즈 C 투자를 유치한 바 있다. 지난 2020년에는 360억 원 규모의 시리즈 D 투자를 유치하며 콘텐츠·인프라 경쟁력 강화에 나섰다. 총 누적 투자 금액은 약 590억 원이다. 이번 투자는 기존 시리즈 C 투자사인 메이플투자파트너스를 비롯해 에이티넘인베스트먼트, 컴퍼니케이파트너스, 퀀텀벤처스코리아, SBI인베스트먼트, 가이아벤처파트너스, 이베스트투자증권, LSS 프라이빗에쿼티, 카카오벤처스 등이 투자사로 참여했다.

이렇게 시리즈D를 매듭지은 왓챠는 콘텐츠와 플랫폼 경쟁력 강화에 역량을 집중할 계획이다. 이를 위해 오리지널 콘텐츠를 적극적으로 제작하고 독점 콘텐츠를 강화할 전망이다. 새로운 유형의 콘텐츠 발굴·투자에도 뛰어든다.

그동안 왓챠는 매달 '왓챠 익스클루시브'라는 타이틀로 신규 독점 콘텐츠를 공개하는 등 배급 단에서 독점 콘텐츠를 선보였지만 직접 제작까지 나서는 것은 처음이다. 왓챠는 콘텐츠 제작사들과 기획 단계부터 공동제작에 나서거나 왓챠가 기획한 방향에 맞춰 공동 제작하는 등 다양한 방식의 협업을 추진 중이다. 드라마·영화뿐 아니라 예능·다큐멘터리 분야에서도 콘텐츠 전략을 세워나가는 왓챠만의 방식을 고수할 예정이다.

왓챠는 기존에 보유한 콘텐츠와 별점 데이터를 기반으로 아시아 시장 전반으로 영향력을 확대했다. 해외로 OTT 서비스를 정식 출시한 곳은 왓챠가 유일하다. 2020년 9월, 일본에서 정식 서비스를 출시한 데 이어 앞으로 다음 진출 국가를 고심하고 있다.

최근 국내 통신·방송·플랫폼 업체들이 넷플릭스 등 글로벌 OTT에 맞서기 위해 활발하게 합종연횡하며 체력을 키우고 있다. 이에 대해 왓챠는 이 시장이 합종연횡 해서 성공할 수 있는 구조는 아니라고 말한다. 단순히 방송시장, 통신 시장처럼 점유율을 가져가는 시장이 아니고 한 사람, 한 가족이 OTT 서비스 이용하기 때문에 합친다고 해서 시장 점유율을 많이 가져간다는 보장이 없다는 이유에서다.

오히려 국내 경쟁력이 떨어지는 역효과가 날 가능성이 있다. 서비스마다 방향이나 특성이 달라 시너지가 난다는 것도 아니다. 경쟁력이 있는 해외 OTT 서비스들이 들어오고 있는 상황에서 스스로 경쟁력이나 생존 가치를 입증해야 하는 것이 중요하다. 국내 OTT 서비스도 해외 진출하고 글로벌 네트워크를 만들어가야지 국내에서 합종연횡을 통해 국내 시장을 잘 지킨다고 해서 절대 살아남을 수 있는 시장은 아니라는 판단에서다.

신발 온라인에서 샀다가 낭패라고?

| 펄핏 |

온라인 커머스는 이제 우리의 일상이 됐다. 식품부터 세제와 같은 생필품, 그리고 가구와 옷 등 생활에 필요한 모든 물건을 온라인으로 구매한다고 해도 과언이 아니다. 하지만 이 모든 물건 중 아직 온라인 구매가 망설여지는 품목이 바로 신발이다.

신발은 브랜드별로 사이즈가 각기 다르고 같은 브랜드 안에서도 모델이나 소재별로 사이즈가 제각각이라 단지 사이즈만 보고 온라인 구매를 하면 내 발에 맞는 신발 쇼핑에 실패할 확률이 높기 때문이다. 그래서 아직도 신발은 대부분 오프라인 매장에서 직접 신어보고 구매하는 경우가 많다.

"정말 신발은 직접 신어보지 않고 온라인 커머스에서 손쉽게 구매할 방법은 없을까?" 펄핏의 이선용 대표는 이 물음에 대한 답을 풀기 위해 2년간 157,800명의 발과 7,000여 개의 신발 내측을 분석한 데이터를 머신러닝으로 분석해 내 발에 맞는 완벽한 핏의 신발을 추천하는 AI 서비스를 자체적으로 개발했다.

반품률이 가장 높은 온라인 신발 시장

글로벌 패션 이커머스 시장은 2019년 525조 원에서 2022년 약 2,000조 원 규모로 빠르게 커지는 추세다. 코로나19 사태는 온라인 커머스 시장의 성장률을 71%가량 급상승시켰고 앞으로도 너욱너 빠르게 성장 그래프를 이어갈 것으로 보인다.

그러나 모든 패션 분야가 이렇게 성장 가도를 달리지는 않는다. 특히 신발은 사이즈 선택의 어려움으로 발생하는 심각한 반품 문제가 시장 성장의 한계 요소로 지목된다. 이는 전 세계 88%의 소비자들이 온라인 신발 쇼핑에서 호소하는 불편함이다. 신발은 브랜드별로 사이즈가 각기 다르고 같은 브랜드 안에서도 모델이나 소재별로 사이즈가 제각각이라 오프라인 매장에서 직접 신어보지 않고서는 나에게 완벽하게 맞는 사이즈를 선택하기 힘들다.

현재 내 발에 잘 맞는 사이즈의 신발을 구매하는 방법은 다음과 같다. 먼저 온라인 쇼핑에서 신발 구매 시, 내 발 크기를 대략 유추해 신발을 구매하고 신발이 배송되면 직접 신어본 뒤 발에 맞지 않으면 다시 반품한다. 이는 내 발 사이즈에 정확하게 맞는 신발 구매의 실패 확률이 높으며 이런 방식으로 신발 구매한 소비자의 약 27%가 사이즈 선택 실패로 신발을 반품한다. 또 신발 온라인 몰에서 소개하는 상품 설명과 후기를 읽어보고 이를 참고해 사거나 직접 회사의 고객센터에 사이즈를 문의하기도 한다. 이런 노력에도 아쉽지만 사이즈 선택의 실패 확률은 높을 수밖에 없다. 그리고 여러 사이즈를 동시에 사 집에서 신어 본 뒤 나에게 맞는 신발은 구매하고 나머지는

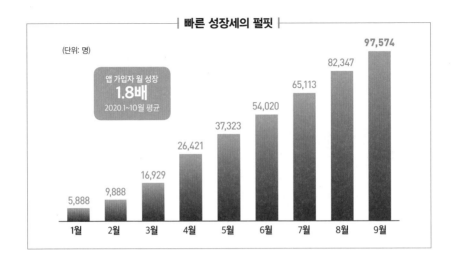

(단위: 명)

앱 가입자 월 성장
1.8배
2020.1~10월 평균

97,574

82,347

65,113

54,020

37,323

26,421

16,929

9,888

5,888

| 1월 | 2월 | 3월 | 4월 | 5월 | 6월 | 7월 | 8월 | 9월 |

반품하기도 하며 아예 신발은 온라인 구매를 포기하는 소비자들도 적지 않다.

그리고 마지막으로 매장에 가서 직접 여러 사이즈의 신발을 착용해 본 뒤 사는 방법이다. 내 발 사이즈에 맞는 신발 구매를 성공적으로 할 수 있지만 귀찮고 번거로운 일이며 시간이 또한 많이 걸린다.

패션 이커머스 회사들은 이런 사이즈 선택의 불편함을 해결하기 위해 무료 반품 서비스를 제공한다. 일단 구매해 직접 신발을 신어보고 맞지 않으면 반품하라는 것인데 이에 따른 업체들의 비용 부담도 커졌다.

미국에서 무료 반품 서비스를 제공하는 이커머스 회사 비율은 60%이며 온라인 반품 비용은 550조 원에 이른다. 2016년 대비해 2020년도 온라인 반품은 75.2%만큼 증가했다.

2017년 리테일 산업 조사 결과에 따르면, 신발 1건당 반품 비용이 판매가의 30%를 차지한다. 반품 비용은 재고 관리비가 13%, 폐기가 17%, 오염 제거 및 재집합비가 33%, 그리고 배송비용이 37%의 구조다.

온라인 평균 반품 비율은 뷰티가 5%, 가정용품이 12%, 전자제품이 15%이며 옷과 같은 패션 아이템이 20%, 그리고 신발이 가장 많은 35~50%를 차지했다. 옷보다도 핏이 민감한 신발 품목은 온라인 반품률이 다른 품목들에 비해 높으며, 주요 반품 사유의 52%가 사이즈 선택 잘못에 기인한다.

신발 크기 선택의 어려움은 소비자의 불편함 뿐 아니라 신발 회사에도 막대한 손실을 끼치며 이 반품 문제가 신발 이커머스 시장의 성장을 방해하는 가장 중요한 요소로 손꼽힌다.

운동 중 겪은 신발 핏의 불편함

펄핏 이선용 대표는 어릴 적부터 농구를 좋아했다. 하지만 그의 발에 꼭 맞는 여자 농구화를 찾기가 어려웠다. 신발 크기가 조금만 어긋나도 발을 다치거나 불편해서 운동에 집중할 수 없는 상황을 몸소 겪은 것이다. 신발 크기가 얼마나 중요한지를 제일 잘 아는 사람 중한 명이었고 이런 문제점을 해결하고 싶다는 요구가 컸다.

"2016년 회사 창업할 당시 창업자들과 같이 고민했던 부분은 이 바로 '신발 구매 시 사이즈 선택에 대한 어려움'이었어요. 국내에는 240 혹은 245mm라는 신발 크기가 존재하는데, 사실 내 발 사이즈도 정확히 잘 모르는 경우가 대부분이죠. 또 신발 회사마다 크기가 각기 다르니 오프라인 매장에 가서 일일이 다 신어봐야 내 발에 맞는 핏을 구매할 수 있죠. 저는 이 과정이 너무나 번거롭고 비효율적이라고 생각했습니다."

그리고 그 당시, 신발 분야에서 아마존이 미국 신발 이커머스 회사 자포스ZAPPOS를 약 1조3천억 원에 매각한 전설적 창업 성공담이 있었다. 국내는 물론 아시아에서 온라인으로 신발을 자포스처럼 잘 파는 회사가 없었고, 펄핏을 미국의 자포스같은 회사로 만들고 싶었다.

신발을 온라인 이커머스에서 잘 팔기 위해서는 소비자가 가장 불편해하는 사이즈, 핏 선택의 문제를 정확히 해결하는 것이 관건이었다. 이 문제를 잘만 풀면 글로벌 기업으로 성공 가능성이 크다고 봤다.

본격적으로 신발의 사이즈 선택 잘못으로 인해 발생하는 전반적인 신발 시장의 반품 데이터를 조사했다. 놀랍게도 아마존이 12억 달러에 매각해 신발 업계의 억만장자라 불리는 미국 온라인 신발 쇼핑몰 자포스ZAPPOS도 무료 반품 서비스로 인해 높은 반품 비용을 치르는 것으로 추정된다.

글로벌 유명 신발 브랜드 나이키도 사정은 마찬가지였다. 아이러니하게도 신발을 만드는 제조회사지만 자사 고객의 70%가 잘못된 신발 크기를 선택해 신고 있다는 것을 인정하는 발표를 하기도 했다. 또 2020년 기준, 나이키 역시 크기 때문에 버려지는 비용이 상당할 것으로 추정된다.

이런 사이즈 선택의 어려움으로 발생하는 반품 비용은 어느 한 특정 나라에서만 벌어지는 것이 아니라 전 세계의 신발 회사에서 겪는 공통된 고민이었고 이 점이 온라인 신발 채널의 성장을 방해하는 중요한 한계 요소로 작용한다는 걸 알았다.

"2017년 초 먼저 테스트 삼아 '슈가진'이라는 여성 구두 온라인 쇼핑몰을 오픈했습니다. 가장 쉽게 접근할 수 있는 동대문 도매상가에서 여러 종류의 구두를 떼어왔고 펄핏이 원하는 신발 데이터 수집을 위해 카페24와 같은 인터넷 비즈니스 서비스 업체가 아닌 자체적으로 홈페이지를 제작했죠."

이 대표는 슈가진 가입 단계부터 신발 데이터를 위해 소비자가 평소 신는 신발 사이즈를 구두와 운동화로 나눠 기록하게 했다. 발볼 역시 좁다, 넓다, 보통. 이렇게 나눠 이 중 선택하게 했다. 슈가진에서 판매하는 신발은 모두 여성 직원들이 직접 신어보면서 사이즈를 일일이 분석하고 이를 엑셀에 구두별, 사이즈별로 정리했다. 예를 들어 이 구두는 240mm이지만 크기가 작게 나왔으니 사이즈를 한 단계 높여 추천하자는 디테일한 부분까지 모두 테이블로 만들었다.

수많은 여성 신발 플랫폼 중 자세한 사이즈 추천 서비스를 제공하는 차별화로 시작한 슈가진은 오픈 첫 달 600만 원의 매출 이익을 얻었다. 비록 적은 수치지만 이 대표에게는 600만 원의 수익이 너무나도 소중했다.

슈즈매거진을 줄여 만든 '슈가진'은 스타일 추천이라는 또 다른 기능도 있었다. 이상형 월드컵처럼 가입할 때 일곱 개의 퀴즈를 풀면 나만의 쇼룸 카테고리에 그에 맞는 다섯 가지의 스타일 신발을 추천했다. 예상보다 소비자의 반응은 좋았고 소비자들에게 사이즈와 스타일 추천, 이 둘 중 어느 서비스가 더 필요한지 물었다.

대부분 소비자는 사이즈 추천이 더 필요하다고 답했고 그동안 신발을 살 때 사이즈 때문에 겪은 불편했던 에피소드를 다양하게 보내왔다. 이로 인해 이 대표는 사이즈 추천이 소비자들에게 절실한 요구라는 점을 확실하게 파악했고 다음 단계로 이 비즈니스를 어떻게 확장해 나갈지, 기술 개발은 어떻게 고도화시킬지에 대해 고민했다.

내 발에 꼭 맞는 신발 추천 서비스

당시 스타트업 액셀러레이터 스파크랩스Sparklabs 김호민 대표를 주기적으로 만나 더욱 발전시킬 비즈니스 모델에 대해 상의했다. 김 대표는 신발 크기 선택의 어려움은 전 세계 사람들이 다 겪는 문제이고, 이걸 누군가 풀면 구글이나 페이스북처럼 조 단위의 글로벌 회사가 될 수 있겠다고 자신감을 불어넣어 줬다.

그런데 사이즈 선택의 문제를 푸는 기능은 간편해야 했다. 먼저 누구나 가지고 있는 스마트폰으로 자신의 발을 쉽고 정확하게 측정할 수 있어야 했다. 신발 크기도 각기 다르니 신발마다 각기 다른 내측을 스캔해 이 데이터로 소비자의 발에 맞는 정확한 핏의 신발을 매칭시키면 이 문제가 해결될 것이라고 결론지었다.

"신발 크기가 제각각인 이유는 크기 체계가 단순히 발 길이로만 이뤄졌기 때문이죠. 실제 신발 크기는 발 길이뿐만 아니라 너비, 발등 높이 등을 종합적으로 고려해야 합니다. 이 신발 크기 문제를 해결하기 위해 3가지 솔루션 프로그램을 개발했습니다. 우선 발 크기를 정확히 측정하는 '펄핏 R', 신발 내측을 측정하는 '펄핏 S' 그리고 정확한 발과 신발 데이터에 기반해 소비자에게 꼭 맞는 신발을 추천하는 '펄핏 AI'입니다."

크기 선택 불편에 대한 고객의 니즈는 명확하다. 하지만 자신의 발 크기조차 잘 모르는 사람들이 대부분이다. 이를 위해 가장 먼저 발 사이즈를 정확히 측정해야 이에 맞는 신발 추천이 가능하기에 썰핏 키트로 발 사이즈를 측정하는 기술 '펄핏 R'을 개발했다.

"만약 발 크기 측정법이 복잡하고 어려우면 소비자가 사용을 하지 않을 테니 스마트폰 안면인식처럼 스마트폰 카메라로 간편하게 촬영해 측정하는 방법들을 무작정 시도했죠. 줄자로 발을 잰 다음 사진을 찍어 대조하기도 하고 또 거리에 따라 달리 사진을 찍어 보기도 했습니다."

'펄핏 R'은 스마트폰 카메라로 자신의 발을 찍어 정확한 크기를 측정하는 식인데 문제는 각기 다른 카메라 거리로 인해 정확한 측정이 불가능했다. 그래서 이를 규격화하는 도구인 펄핏 키트를 개발한 것이다.

이 종이로 된 펄핏 키트에는 뒤꿈치를 고정한 부분이 있는데, 여기에 발을 올려놓고 펄핏 앱 내의 카메라로 사진을 찍으면 딥러닝 이미지 분석을 통해 사이즈를 재는 방식이다. 이 펄핏 키트는 디자인 특허 출원했다. 양말을 신거나 페디큐어를 했을 때도 오차값을 잡아내 정확한 발 크기를 잴 수 있도록 알고리즘을 고도화하는 작업을 꾸준히 시도했고 발 길이뿐 아니라 너비, 높이를 종합적으로 측정하며 오차 범위 1.4mm의 정확도로 3초 만에 정확한 발 사이즈를 측정하는 기술을 완성했다.

"이 펄핏 키트도 없이 발을 정확히 측정하면 더 좋겠지만 현존하는 기술로는 발 사이즈를 파악할 수 있는 규격이 필요했습니다. 이 펄핏 키트로 고가의 센서 대신 딥러닝과 이미지 프로세싱 기술을 활용해 정확도를 높였고 비용까지 줄이는 일거양득의 효과를 얻었죠."

그다음이 바로 측정한 발 사이즈에 맞는 신발을 추천해 줄 신발 내측 측정 기술 '펄핏 S'다. 신발의 핏 문제를 제대로 해결하려면 신발 회사마다 각기 다르게 생산되는 신발 내측에 대한 정확한 정보가 필요하다. 그리고 이를 개인에 맞게 잘 연결해야 한다.

신발 역시 발처럼 신발 내측의 모양, 길이, 너비, 높이 등의 다양한 사이즈를 측정이 필요했다. 이를 위해 펄핏에서 자체 개발한 기기를 활용해 신발 내측의 모양, 길이, 너비, 측면 값을 이미지로 촬영 후, 추천 엔진에 활용할 수 있는 형태로 데이터 변환시키는 기술을 개발했다.

"기존 신발 제조사들은 신발 내측 데이터 관리가 제대로 안 돼 있죠. 그래서 이런 여러 가지 방법으로 부딪혀보았습니다. 신발도 잘라 보고 신발 안에 물을 넣어 얼려보기도 했죠. 그러다 문득 카메라로 발을 측정하는 경험에서 힌트를 얻게 됐습니다."

발 사이즈도 카메라로 찍어 정확하게 측정할 수 있으니 신발 내측도 카메라로 촬영하면 되겠다는 아이디어가 떠올랐다. 신발 내측의 길이, 넓이, 높이, 각도 등을 사진으로 담아 정확한 데이터 값을 추출하는 솔루션인 '펄핏 S'를 개발했다. 신발 모델당 2켤레를 기준으로 신발 내측 길이, 너비, 모양, 높이 값을 측정하는데 약 1분이 소요된다. 이를 통해 수집된 내측 데이터베이스를 바탕으로 소비자 각자의 발 크기에 맞게 신발을 매칭해 추천하는 엔진이 바로 '펄핏 AI'다.

발과 신발의 매칭 데이터를 AI 엔진에 계속 학습시키고 새로운 고객의 발이 입력되면 어떤 신발이 핏이 잘 맞는지 추천하는 그런 원리다.

　발 측정 데이터와 신발 내측 측정 데이터를 펄핏 AI에 학습하기 위해 머신러닝 기술을 활용하는데, 발과 신발의 모양과 모양만을 비교해 추천하진 않는다. 지난 2년 동안, 빅데이터를 모으기 위해 마라톤 행사나 패션 플리마켓에서 약 35,000명을 직접 만나 설문조사했다. 각각 개인의 발을 찍고 여러 타입의 신발을 신겨보며 자세한 피드백을 받았다. 이 대표가 가장 기억에 남는 에피소드로 국내에서 제일 큰 행사인 춘천 마라톤 대회 때를 꼽았다. 사람들이 많이 모이는 이 마라톤 행사에서 데이터를 수집하기 위해 하루 전날 직원 모두 합숙하고 새벽 5시 일어나 3~4,000명의 발과 신발에 대한 정보 데이터를 일일이 전부 수집했다. 마라톤 경기를 마친 뒤 설문조사를 하기에 땀으로 뒤범벅이 된 발을 직접 재고 신발을 신겨보는 과정은 무척이나 고된 일이었다. 하지만 이렇게 하나하나 어렵게 쌓은 데이터는 지금 펄핏을 만든 중요한 자산이 됐다.

　"매일 270만 켤레가 판매되는 온라인 이커머스 시장에서 내 발 사이즈만 미리 안다면 사이즈 고민 없이 신발 구매가 활발히 이뤄질 수 있습니다. 이로 인해 유통사 역시 반품 및 매장 운영비가 크게 절감되고 결국 신발 온라인 채널의 성장을 불러오는 거죠."

　펄핏은 발과 신발 내측, 핏 데이터를 지난 2년간 17만 건 이상 모아 신발 추천 AI 엔진을 완성했다. 2020년 1월, 이렇게 사이즈 걱정 없는 신발 이커머스 플랫폼, 펄핏 앱을 출시했고 현재 앱 가입자 수는 15만 명(2020년 10월 기준), 앱스토어 평점(2020년 9월, 475건 기준)은 4.4점, 월 재방문 비율은 60%(2020년 9월 기준), 재구매율은 15%(2020년

1~9월 기간 내), 그리고 사이즈 반품은 2%로 평균 업계 대비 90%를 절감했으며, 실 구매 후기 3천 건을 기준으로 90% 이상의 높은 사이즈 추천 만족 결과를 기록했다.

전체 가입자 중 30% 이상, 약 5만 명이 펄핏 AI 엔진 사이즈 추천 서비스를 받고 있으며, 펄핏 일반 가입자와 펄핏 AI 사이즈 추천을 받는 플러스 가입자를 비교했을 때 구매도 5배 이상 더 전환비율이 높다는 성공적인 결과를 얻었다.

신발 유통의 새로운 방식

이 대표의 서울대학교 경영학과를 졸업하고 입사한 첫 직장은 IMB코리아다.

"저는 어려서부터 장사를 하는 것이 꿈이었습니다. 하지만 주변에서 사회생활을 먼저 경험해보고 그 경력을 쌓은 뒤 사업하는 것이 좋겠다고 조언했죠. 제가 좋아하는 일은 사람과 관련된 컨설팅, 그리고 시작과 끝이 있는 프로젝트 작업이었는데 긴 전통을 갖춘 글로벌 IT기업인 IBM에 입사하면 단단한 비즈니스 폼을 더 많이 배울 수 있겠다고 생각했습니다."

이 대표는 IBM 코리아에서 3년간 근무하면서 삼성전자는 물론 운 좋게 글로벌 프로젝트까지 폭넓게 담당하며 유통부터 영업, B2B 마케팅 업무까지 두루 경험했다. 하지만 어릴 적부터 가지고 있던 창업을 직접 하고 싶다는 높은 열망은 이 대표를 더욱 창업의 길로 부추겼다.

"퇴사하고 꿈꿔온 애니메이션 영화를 만들고 싶어 프로덕션에서 몇 개월 동안 일을 배웠어요. 하지만 뽀로로 같은 애니메이션 한 편을 만들려면 70억 원이 필요하고 이렇게 투자해도 성공한다는 보장이 없었죠. 너무 애니메이션을 제작하고 싶었지만 우선 이걸 하기 위해서는 돈을 다루는 법을 알아야겠다는 필요성을 느꼈고 그런 잘 아는 분야부터 시작하자고 했던 것이 바로 플랫폼 사업. 이커머스 분야였습니다."

펄핏의 공동창업자는 CEO인 이선용 대표와 황우진 CTO, 최예지 COOChief Operations Officer(최고운영책임자) 총 세 명이다. 황우진 CTO IBM 코리아에서 만난 선배며, 최예지 COO 역시 대학 때 IBM 인턴십을 함께 한 동기다.

펄핏 창업 전부터 황우진 CTO는 빅데이터 관련 프로젝트의 경력이 있었고 이를 바탕으로 펄핏의 기술들을 자체적으로 고도화시켰다. 이미 만들어진 다른 AI 기술들을 활용하고 싶어도 펄핏이 추구하고자 하는 가치를 실현해 줄 기능들은 없었기에 AI 엔진을 자체적으로 개발했다. 얼굴 안면인식에 필요한 데이터는 다양하나 펄핏이 원하는 형태의 발 이미지는 사진 자체를 구할 수 없었고 그러다 보니 자체적으로 데이터를 다 수집해야 했다.

펄핏 AI 추천 서비스를 통해 소비자는 온라인에서도 신발 크기 고민 없이 쇼핑할 수 있고 동시에 제조 및 유통사는 매출을 높이고 막대한 반품 비용을 절감시킬 수 있는 두 가지 윈윈 효과를 가져왔다.

펄핏 가입자 수는 2020년 목표치인 15만 명을 달성했다. 앱 런칭 후 9개월 만에 10만 명의 가입자 수를 돌파했고, 1년 만에 15만 명의 가입자 수를 넘었다. 신발은 잡화 구매라 3개월 재구매 패턴이 있는데 이를 고려하면 재방문율도 꽤 괜찮은 성적이다. 매달 매출도 60~70%씩 성장 중이다.

펄핏의 큰 비즈니스 모델은 두 가지다. 첫 번째가 B2C 사업인 모바일 앱, 펄핏이다. 스포츠, 스니커즈 등 40개 이상의 브랜드가 입점해 있다. 브랜드 대표 모델은 전부 데이터가 제공되고 판매도 브랜드 쪽에서 바로 이어질 수 있도록 해당 브랜드의 사이트를 연결했다. 그리고 펄핏에서 특가로 구매도 가능한데, 이는 사이즈가 얼마 남지 않은 신발을 브랜드에서 저렴하게 가져와 소비자에게 사이즈 특가를 제공하는 방식이다. 펄핏만의 정확한 사이즈 측정 서비스를 기반하기에 이런 특가 판매 서비스가 가능한 것이다.

그리고 B2B는 기업에 펄핏이 자체개발한 AI 엔진의 솔루션을 제공하는 사업이다. 핸드폰 과금 청구 방식과 같이 솔루션 이용 건수당 이용료가 부과된다. 펄핏 앱 서비스를 런칭하고 초기지만 가입자가 빠르게 늘면서 펄핏 AI 엔진 사이즈 추천 서비스에 대한 효과가 입증되면서 많은 신발 브랜드에서 역으로 연락이 왔다.

"처음에는 펄핏 AI 엔진을 다른 브랜드 커머스 사이트에 적용시킬 수 있는 솔루션이 없었죠. 그런데 여러 회사에서 AI 엔진 솔루션 계약 제안이 들어왔고 이를 재빠르게 소프트웨어로 자동화시켜 제공하기 시작했습니다."

펄핏의 AI엔진 솔루션의 주 대상은 무신사와 같은 국내 신발 유통사와 이커머스 플랫폼이다.

2021년 하반기부터는 해외 비즈니스에 집중할 계획이다. 리테일테크가 가장 활발히 투자되고 발명되는 미국 시장을 1순위 국가로 꼽고 있다.

워낙 사이즈 추천 서비스가 잘 돼 있으니 이 혜택을 누리고 판매는 포털 사이트에서 가격 비교를 해서 구매하는 체리피커cherry picker(체리만 골라 먹는 사람)에 대한 우려는 없는지에 대한 질문에 이 대표는 펄핏 AI 신발 추천 서비스가 좋다는 것을 방증하는 것이니 이 역시 플랫폼을 발전시킬 수 있는 좋은 현상으로 본다. 펄핏 추천 서비스를 잘 사용해주시는 고객과 고객들이 가치를 얼마나 많이 느끼는지가 중요하며, 향후 수익화는 얼마든지 준비됐을 때, 구현하면 될 것이라고 말한다.

신상품 업로드에 대한 부분도 다른 경쟁사 솔루션은 구매 후기를 모아야 제품을 추천해줄 수 있는데, 펄핏은 신상 확보되는 대로 빠르게 사이즈를 분석해 추천이 정확하게 올라갈 수 있다는 것을 장점을 뽑았다. 또 계속 신발 데이터가 쌓이니 패턴 분석이나 일일이 신발 내측을 측정하지 않아도 데이터 기반으로 유사 모델로 매칭시키는 기술을 고도화하는 중이다.

"AI 엔진을 활용해 크기를 추천하는 기술은 신발뿐 아니라 패션 전반에 걸친 다양한 분야에 적용할 수 있을 것 같습니다. 일단 펄핏으로 400조 원 규모의 글로벌 시장의 수요를 해결하는 것이 첫 번째입니다. 이 노하우가 점점 쌓이면 발에서 전신으로 올라오는 사업으로도 발전시킬 수 있겠죠. 의류도 핏을 추천하는 시도는 많았지만, 제품의 데이터를 모으는 게 어려워 큰 성과를 본 곳은 없습니다. 펄핏이 신발 분야를 제패하고 다음 단계로 가게 된다면 의류 중에서도 스포츠 의류 브랜드로 가게 될 것 같습니다. 스포츠 브랜드는 펄핏의 노하우로 비교적 이른 시일 안에 제품 데이터를 쌓을 수 있을 것 같다는 이유에서죠."

2021년 상반기에는 운동화와 스니커즈의 AI 엔진과 여성 구두 AI 엔진을 고도화시켜 완성할 예정이며, 하반기에는 남성 구두 AI 엔진을 정교하게 만들 계획이다.

펄핏은 전 세계 모든 사람이 신발 사이즈 선택의 불편함을 사이즈 추천 AI 엔진으로 해소하고 이로 인해 발생하는 제조 및 유통사의 반품 문제 역시 동시에 해결했다. 리테일 분야에서 AI 사이즈 추천 기술로 시장의 활성화와 새 바람을 불어 넣어 줄 혁신을 가져온 것이다.

신발 추천 기술을 고도화해 나중에는 초개인화 또는 스포츠 선수 특수 맞춤 신발까지 펄핏을 통해서 구현하는 것을 목표로 삼고 있다.

"펏필의 큰 비전은 이커머스 플랫폼과 솔루션 회사에서 그치는 게 아니라 글로벌에서 정말 유일무이하게 전 세계 사람들의 발과 신발을 매치시킬 수 있는 AI 엔진을 가진 데이터플랫폼 기업이 되는 것입니다."

펄핏의 회사 슬로건은 바로 'Perfect Fit Everywhere'다. 어디에서나 자신만의 완벽한 핏을 모두가 누릴 수 있게 하는 것이 펄핏의 추구하는 가장 중요한 가치다. 자신에게 완벽한 핏을 경험한 사람은 그 사이즈의 중요성을 너무나도 잘 알고 있다. 그 사소한 차이가 삶의 질을 결정하는 것이고 펄핏은 이를 위해 오늘도 열심히 펄핏, 퍼펙트 핏을 찾고 있다.

패션의 완성은
0.5초면 끝나는 이미지 검색

| 옴니어스 |

패션은 트렌드에 민감한 대표적인 분야지만, 많은 패션 기업들은 지금도 여전히 신기술과는 그리 친하지 않다. 불과 3년 전까지만 해도 이커머스에서 옷을 살 때 수많은 상품 중 마음에 드는 옷을 찾기도 어렵고 상품 정보가 제대로 나와 있지 않아 많은 불편함을 겪었다. 기업도 답답하기는 마찬가지였다.

카이스트에서 AI 분야를 연구한 석·박사 4명이 공동 창업한 옴니어스는 이 점에서 가능성을 발견했다. AI 기술을 도입해 문제점을 해결하면 이커머스 산업에 혁신을 불러일으킬 것이라 자신했고 실제 GS SHOP, 롯데온, 현대홈쇼핑, LF, 지그재그, 에이블리, 브랜디 등 주요 이커머스 기업들에 서비스를 제공하며 그 성과를 빠르게 이뤄내고 있다.

옴니어스는 의류 이미지에서 소재, 컬러, 핏, 패턴 등 1,000여 가지 상품 속성을 자동으로 추출하는 '옴니어스 태거', 이커머스 플랫폼 상품 내에서 이미지 검색 기술로 유사한 상품을 자동으로 검색·추천하는 '옴니어스 렌즈', AI가 트렌드를 실시간으로 분석하는 '옴니어스 트렌드' 등이다. 이미지 뿐 아니라 영상의 의류 속성도 0.5초 만에 바로 추출해 이와 유사한 상품들을 검색·추천해주고, 이런 데이터를 빠르게 수집하고 가공해 세계에서 가장 빠르고 정확한 트렌드 자료를 기업들에 제공한다.

옴니어스가 패션 AI 솔루션 제공 분야에서 국내 시장 점유율 1위를 빠르게 차지할 수 있었던 건 첫 시작부터 패션 전문가와 협업해 기획부터 철저하게 쌓은 고품질의 데이터 가공 노하우로 승부수를 걸었기 때문이다. 패션 업계 자체도 하지 못한 패션 카테고리·속성 정리 및 분류 작업을 AI 기술 기업이 오랜 끈기와 저력으로 표준화해 완성한 것이다.

이미지 검색으로 쇼핑을 간편하게

2015년 8월, 카이스트에서 AI 기술을 연구한 석·박사들이 의기투합해 옴니어스란 회사를 차렸다. 다름 아닌 박사들과는 거리가 멀어 보이는 패션 관련 사업이다.

옴니어스 전재영 대표는 아버지, 형 가족이 전부 회사를 창업한 사업가 집안에서 자랐다. 그 역시 어릴 적부터 사업가를 꿈꾸며 자랐지만, 남달리 새로운 기술에 대한 호기심이 컸고 과학도의 길을 걷고자 카이스트에 입학했다. 하지만 마음속 깊은 곳에서 꿈틀대는 창업에 대한 마음은 쉽게 접히지 않았다.

"카이스트에서 머신러닝 박사 과정을 밟던 중 앞으로 딥러닝 기술이 실제 산업에 큰 변화를 일으킬 수 있겠다는 확신이 들었습니다. 당시 쿠팡, 위메프 티몬과 같은 소셜커머스가 붐을 일기 시작한 시기였는데, 유망한 이커머스 산업에 딥러닝 기술을 도입하면 가치 있는 일을 창출해 낼 수 있으리라 생각했죠. 이때부터 연구실에 도저히 앉아 있을 수 없었습니다."

평소 옷에 관심이 많았던 전 대표는 첫 시작부터 창업 아이템을 딥러닝 기술을 활용한 패션 이미지 검색 서비스로 정했다. 패션이 이미지 기반으로 소비가 이뤄지고 검색이 불편했는데 여기에 딥러닝을 도입하면 검색과 추천이 크게 개선될 것이라는 판단에서다. 전 대표와 함께 카이스트 연구실에서 동고동락하며 AI 이미지 인식 연구와 데이터 수집 등에 대한 노하우를 쌓은 동기 3명은 모바일 패션 이미지 검색 기술로 참가한 카이스트 창업 프로그램에서 기술과 사업성 인정받아 우승을 차지했고 2015년 8월, 옴니어스 법인을 설립했다.

2016년 옴니어스는 딥러닝 이미지 검색으로 쇼핑을 간편하게 할 수 있도록 돕는 B2C 서비스 스타일루프를 첫 런칭했다. 카이스트 석·박사들이 연구·개발한 AI 기술력으로 자신 있게 출시한 서비스였다. 하지만 아쉽게도 예상보다 반응이 적었다. 지금은 구글이나 네이버 등에서 이미지 검색 서비스가 자연스럽게 활용되지만, 당시 소비자들에게는 이미지 검색이 낯설었다. 전 대표는 소비자가 아닌 신기술에 열려있는 이커머스 기업에 먼저 서비스를 제공하기로 생각을 바꾸고 재빠르게 사업 방향을 B2B로 피벗 했다.

"이커머스 시장이 폭발적으로 성장하면서 검색, 추천, 트렌드 분석 등 여러 방면에서 수요가 있을 상품 속성 자동 태깅 AI 솔루션인 옴니어스 태거를 본격적으로 사업화하게 됐습니다."

패션 분야에 특화된 AI 딥러닝 기술

패션 이커머스 플랫폼에는 매일 수천 개의 상품이 등록되지만, 상품 정보 부족으로 검색에 노출되는 상품은 전체의 약 20%밖에 되지 않았다. 상품 속성 데이터의 부족 또는 오류는 상품 검색의 불편함을 불러왔고 결국 기업은 물론 소비자 모두에게 만족스럽지 못한 쇼핑 서비스를 제공했다.

옴니어스는 이런 이커머스 쇼핑의 문제점 개선을 위해 이커머스 플랫폼 근간이 되는 원천 상품 데이터의 질적·양적 강화 및 검색 성능 향상을 혁신할 다양한 AI 솔루션을 개발했다. 의류 이미지에서 소재, 컬러, 핏, 패턴 등 1,000여 가지 상품 속성을 자동으로 추출하는 '옴니어스 태거', 이커머스 플랫폼 상품 내에서 이미지 검색을 통해 유사한 상품을 자동으로 검색·추천하는 '옴니어스 렌즈', AI가 트렌드를 실시간으로 분석하는 '옴니어스 트렌드' 세 가지다.

빅데이터와 딥러닝 기술을 통해 완성한 옴니어스의 AI 솔루션은 어떤 이미지든 상관없이 상품 속성 정보를 0.5초 만에 자동으로 추출해 고객에게 빠르고 직관적인 상품 검색 서비스를 제공한다. GS SHOP, LF, 현대백화점, 지그재그, 에이블리 등 국내 대기업부터 MZ 세대에게 인기가 많은 모바일 커머스 기업들이 옴니어스의 AI 솔루션을 사용 중이다.

2012년부터 딥러닝 연구를 시작한 전 대표는 데이터의 중요성을 이미 잘 알았기에 창업 직후 비즈니스에 핵심이 될 패션 데이터부터 수집부터 시작했다. 당시는 크라우드웍스와 같은 AI 학습 데이터플랫폼 기업이 없기도 했으며, 패션 데이터 레이블링은 다른 분야와 달리 전문성이 필요한 작업이었기에 회사 내부에 데이터 레이블링 플랫폼을 별도로 마련했다.

"옴니어스는 창업 때부터 지금까지 여전히 자체 데이터플랫폼을 운영하고 있습니다. 패션 업계에 종사한 전문가 100여 명이 상품 데이터 속성을 직접 레이블링하죠. 이렇게 전문성을 갖춘 고품질 데이터가 옴니어스 성장을 불러일으킨 큰 자산이 됐다고 생각합니다."

딥러닝의 성능을 좌우하는 요소는 바로 데이터 품질이다. 비즈니스 목적에 맞는 딥러닝을 최적화하기 위해서는 이에 맞는 고품질의 데이터 수집이 무엇보다 중요하다. 전 대표는 가장 먼저 상품 속성 자동 태깅 AI 솔루션 '옴니어스 태거'를 완성하기 위해 유명 패션 매거진 '하퍼스 바자'에서 15년간 일한 패션 에디터와 협업해 데이터 기획부터 철저히 다져나갔다.

"수집한 의류 이미지를 어떻게 기획해서 학습 데이터로 만드느냐가 핵심 노하우인데, 첫 단계에서 시행착오가 많았습니다. 예를 들어 스마트폰은 액정크기, 해상도, CPU, 메모리, 배터리 등 일반적인 속성이 있지만, 의류는 종류와 디자인이 수없이 다양해 일반적인 카테고리 구조를 그대로 적용하면 데이터 오류 발생률이 높았고 결국 AI 학습이 제대로 이뤄지지 않아 정확도가 떨어졌죠. 제일 먼저 의류의 카테고리와 속성 정보를 어떻게 나눌지에 대한 데이터 기획이 중요했고, 이 기획 단계부터 패션 에디터, MD, 디자이너와의 협업으로 전문성을 갖춘 데이터 구조를 고도화시킬 수 있었습니다."

보통 의류 쇼핑을 할 때 크기에서부터 핏, 소재, 색상, 디테일, 스타일 등 의류의 다양한 속성을 고려한 뒤 구매한다. 하지만 패션 이커머스 상품 정보에는 이런 의류의 수많은 속성 정보들이 부족하다. 카테고리 분류에서부터 의류 각각의 속성 정보를 다는 일 자체가 쉽지 않기 때문이다.

만약 데님 소재의 테일러드 재킷이 있다면 이 옷은 테일러드 재킷일까? 아니면 데님 재킷일까? 이런 복잡한 의류의 카테고리와 속성을 분류하는 작업은 패션 업계에서 오랜 경험과 지식을 쌓은 전문가가 맡아야 일관된 기준과 전문성을 갖춘 고품질의 데이터를 만들 수 있다. 원피스 하나만 하더라도 기본적으로 색상, 소재부터 페미닌, 캐주얼, 빈티지 등 전체적인 룩의 스타일, 넥 디자인이 V넥인지, 라운드인지 또는 핏이 슬림핏인지 오버핏인지, 패턴이 있는지 없는지, 패턴이 있다면 줄무늬인지 플라워인지 도트인지 등등의 세세한 부분까지 정확히 정의되어야 AI가 헷갈리지 않고 데이터를 제대로 학습한다. 옴니어스 AI 학습에 적용되는 상품 속성은 가짓수만 해도 약 1,000개에 달한다.

"패션 전문 지식이 없는 비전문가가 의류 속성을 분류하면 데이터 오류를 범하게 되고 결국 잘못된 교과서로 학습한 AI 역시 성능이 떨어질 수밖에 없죠. 의류 하나당 약 20개의 속성 정보가 있는데 이를 각각 레이블링하는데 걸리는 시간이 길면 10분 정도 소요됩니다.

이런 식으로 의류 속성 레이블링 작업을 수백만 장해야 하기에 처음부터 데이터 기획이 잘못돼 데이터 오류가 발생하면 위험이 매우 큽니다."

데이터마다 속성을 레이블링하는 작업은 시간이 오래 걸릴뿐더러 고난도의 작업이다. 옴니어스의 상품 속성 자동 태깅 AI 솔루션 '옴니어스 태거'는 이렇게 패션 전문가들이 레이블링 작업한 고품질의 데이터 약 300만 장을 학습했다. 패션 전문가들이 각각의 의류의 속성을 레이블링하면 다시 별도의 추가 검토를 거친다. 학습 데이터의 질을 오류 없이 완벽하게 고도화시키기 위함이다. 의류 외에도 가방, 모자, 주얼리로 영역을 점차 확대했다.

이 솔루션을 활용하면 AI가 상품의 이미지를 자동으로 인식해 0.5초 만에 약 378개의 상품 속성 정보를 빠르게 추출한다. 사람보다 분석 속도가 100배 빠르고 정확도도 20% 높다. 검색 효율은 302%, 클릭률은 63% 향상하고 운영비용 또한 90% 절감 효과가 있다.

Z세대 모바일 패션 플랫폼 에이블리는 상품 속성 자동 태깅 AI 솔루션 '옴니어스 태거' 도입 후 기존 색상 필터에서 스타일, 디테일까지 세분화된 필터 서비스로 사용자 편의성을 개선했다. 기존 색상 필터만으로는 80만 개의 판매 상품 중 소비자가 원하는 상품을 찾는 데 한계가 존재했는데 이를 세분된 필터로 좀 더 개인 취향에 최적화된 쇼핑 서비스를 제공할 수 있게 된 것이다. 브랜디 역시 옴니어스 태그를 통해 플랫폼 내 분산된 태그값을 정형화하고 고객이 조회한 상품 속 연관 필터로 활용해 고객이 원하는 옷을 즉각적으로 필터링해 볼 수 있는 서비스를 구축시켰다.

옴니어스의 상품 속성 자동 태깅 AI 솔루션 '옴니어스 태거'는 GS SHOP, LF, 더현대, 지그재그, 에이블리 등 국내 주요 패션 커머스 기업들이 활용 중이다. 이렇게 어느 플랫폼이든 상관없이 성능을 잘 발휘한다는 것은 옴니어스가 첫 시작부터 철저한 데이터 기획과 전문성 갖춘 데이터 가공 작업에 대한 집중적으로 투자했기에 가능했다.

이미지 검색, 패션 기업 성패를 좌우하는 트렌드 예측까지

기존에는 소셜커머스, 오픈마켓, 종합쇼핑몰의 영역이 차별화된 상품을 선보이며 경쟁했다면 이제는 차별화된 기능으로 고객 쇼핑 편의성을 높이는 기술 경쟁이 시작됐다. 그 중심에 있는 것이 바로 이미지 검색이다.

옴니어스의 두 번째 AI 솔루션이 바로 AI 이미지 검색·추천 서비스인 '옴니어스 렌즈OMNIOUS LENS'다. AI가 고객이 조회한 상품과 유사한 상품을 이커머스 상품 내에서 자동으로 찾아 추천해주며, 이로 인해 고객에게 이미지 기반의 직관적이고 편리한 쇼핑 경험을 제공한다. 또 고객이 자신의 스마트폰 카메라로 찍은 그 어떤 사진도 그와 유사한 상품을 정확도 높게 추천한다. 더현대는 옴니어스의 이미지 검색 솔루션을 적용한 뒤 타다 대비 우수한 상품 추천 결과로 고객의 클릭률이 75% 향상됐다. 에이블리 역시 '이 상품 어때요?'라는 옴니어스의 이미지 기반의 유사 상품 추천을 통해 고객의 만족도 및 구매 전환율이 향상됐다.

이 외에도 스타일 추천 서비스도 출시할 예정이다. 이커머스에서 고객에게 스타일 추천 서비스를 제공하려면 MD가 직접 옷을 하나하나 스타일링해서 고객이 고른 옷과 잘 어울리는 전체적인 스타일 아이템을 골라야 한다. 이런 추천 서비스를 플랫폼 내 모든 상품에 적용하기는 현실적으로 불가능하다. 그래서 몇몇 옷들만 기획해서 선보이고 있다. 옴니어스는 이런 스타일 추천 영역까지 AI 기술로 자동화시킨 서비스를 제공할 계획이다.

옴니어스의 마지막 AI 솔루션은 바로 트렌드를 분석하는 '옴니어스 트렌드'다. 이 솔루션을 시작하게 된 계기는 상품 속성 자동 태깅 AI 솔루션 '옴니어스 태거'를 이커머스 기업들에 제공하면서 패션 기업들에서 트렌드 분석 서비스에 대한 요청이 동시다발적으로 들어왔다. 패션 기업들은 주기적으로 경쟁사의 상품을 분석하고 국내·외 유명 패션위크의 런웨이 사진들을 통해 트렌드를 수집했다. 하지만 SNS의 발달과 대중화로 인플루언서의 영향력이 커지면서 패셔니스타라 불리는 연예인과 인플루언서가 입은 옷이 바로 지금의 가장 화젯거리인 패션 트렌드가 됐다. 더 패션위크는 소비자들에게 호감을 주는 트렌드가 아니었다.

하지만 패션 기업들은 이런 소비자의 취향을 파악하고 싶어도 빠르게 변하는 SNS의 방대한 데이터 수집에 어려움이 컸다. 기존에 패션 브랜드에서 새로운 신제품 출시가 1년에 4번 시즌마다 이뤄졌다면 그 사이클은 점점 더 빨라져 최근에는 1달, 2주, 더 빠르게는 1주일마다 신제품을 출시하는 패턴으로 시간이 단축됐다.

이렇게 2주일, 1주일마다 신제품을 출시하기 위해서는 다른 경쟁사보다 시장의 변화를 빨리 인지하고 이를 상품에 즉각적으로 반영할 수 있는 고도화된 트렌드 데이터가 필요하다. 결국, 기술적으로 빅데이터를 수집·분석하고 활용할 수 있어야 하는데 현재 패션 기업들에는 이런 기술이 핵심 역량이 아니기에 그동안 쌓아 온 직감으로 할 수밖에 없는 것이다. 그러다 보니 트렌드 적중률이 떨어지고 예전보다 히트 상품을 출시하는 일도 현저히 줄어들면서 경쟁력이 낮아지게 된 것이다.

"패션 기업들이 트렌드를 반영한 신제품 출시를 위해서는 소비자 상품 검색 데이터부터 경쟁사 상품 데이터, 소셜 반응, 그리고 제품 리뷰 데이터 등 다양한 자료들이 필요합니다. 이런 데이터들은 각기 다른 비정형 데이터죠. 이런 데이터를 빠르게 분석한 트렌드가 성패를 좌우할 만큼 중요해졌는데, 패션 기업들은 이런 역량이 부족한 거죠. 이걸 저희 기술력으로 해야겠다고 생각해 출시한 것이 바로 AI 트렌드 분석솔루션 '옴니어스 트렌드죠."

전 대표는 패션 브랜드 각각이 달성하고자 하는 목표에 맞게 트렌드 데이터 수집부터 가공, 분석을 해주는 원스톱 솔루션 '옴니어스 트렌드'를 개발했다. SNS 데이터는 국내외 3만 개 계정, 총 15만 개의 인플루언서 피드 이미지 분석을 통해 트렌드를 수집하고 체계화해 기간별 소셜 인기 아이템 및 트렌드 키워드를 제공했다. 마켓 데이터는 국내외 11개 채널, 3,000여 개의 브랜드의 판매 인기 상품 랭킹과 색상, 프린트, 핏, 디테일 등 상품 세부 속성의 트렌드 등을 제공했다. 이랜드는 정량적으로 추출이 어려웠던 타겟 고객, 경쟁 브랜드의 상품 데이터 정보를 AI를 통해 자동 추출해 내부 MD와 디자이너가 시즌 상품을 기획할 때 참고 데이터로 활용할 수 있도록 했다. 트렌드 리서치 소요 시간을 기존 대비 3주 이상 단축했다. LF몰은 메인 페이지에 SNS 트렌드 키워드를 활용한 상품 큐레이션으로 클릭률을 63% 상승시켰다. 한국 섬유패션산업연합회에서 구축 중인 빅데이터 플랫폼에도 옴니어스 태거와 트렌드를 제공하고 있다.

글로벌 기업부터 개인까지 누구나 활용할 수 있다

패션 AI 학습 데이터 구조를 완벽히 구축하기까지 약 30번의 업데이트 과정을 거쳤다. 이 만큼 의류는 상품 속성이 다양하기 때문이다. 전 대표는 그동안 존재하지 않았던 섬유·의류산업의 데이터 표준이 될 수 있는 체계를 만든다는 생각이었기에 30여 번의 수정 작업에도 포기하지 않고 끝까지 될 때까지 도전했다. 이런 데이터 표준을 잡는 작업만 3년이 걸린 것이다.

"국내외 패션 산업의 시장 조사도 열심히 하고 실질적으로 패션 회사들이 신제품을 개발하는데 어떤 시스템이 필요한지 연구도 많이 했습니다. 참고할 교본 자체가 없고 패션 회사마다 구조도 각기 다르니 이런 전반적인 패션 산업에 대한 이해가 쌓이면서 점차 가치 있는 데이터를 표준화시킬 수 있었죠. 지금도 역시 한 단계 더 업그레이드하기 위해 버전 업데이터를 기획하고 있습니다."

이렇게 새로 개척한 의류 속성 표준화는 옴니어스가 국내 대표 기업들을 고객사로 보유하게 만든 핵심 경쟁력이 됐다. 또 고객사들이 늘면서 노하우가 집대성되고 AI 성능 역시 급속도로 높아졌다. 고객사들이 바로 어떤 부분을 수정하고 고쳐나가야 하는지에 대한 명확한 내비게이터 역할을 한 덕분이다. 옴니버스가 개발한 AI 솔루션이 제대로 데이터 학습이 됐는지, 모델이 잘 설계가 됐는지가 고객사들을 통해 입증된 것이다.

"처음 서비스를 시장에 내놓았을 때 기업들이 당황해했습니다. 상품 속성이 너무 자세하고 정확히 나왔던 거죠. 고객사마다 솔루션의 요구가 달랐고 시장의 적정선을 맞추는 PMFProduct-Market Fit 과정을 거쳐 서비스를 상용화시킬 수 있었습니다. 이렇게 고객마다 솔루션을 다르게 제공할 수 있었던 것도 데이터 학습 단계에서 디테일하게 학습이 잘 이뤄졌기에 가능했던 거죠."

전 대표는 3~5년 후 옴니어스에 대해 AI로 상품 기획, 마케팅, 검색과 추천 업무 전반에 걸쳐 모두 초자동화를 이루는 '하이퍼 오토메이션Hyper Automation' 솔루션을 제공하는 기업이 될 것이라 말한다. 소비자뿐 아니라 패션 MD, 스타일리스트, 마케터, 디자이너 등 패션업계 종사자 모두가 옴니어스의 AI 솔루션을 활용할 수 있는 '제대로 된 패션의 구글'이 되는 것이 목표다.

최근 옴니어스는 해외 진출도 적극적으로 준비 중이다. 2020년 미국 법인을 설립해 패션 AI 글로벌 퍼스트 무버로 도약하기 위한 발판을 마련했다. 2021년 하반기 북미 시장에 서비스 런칭을 계획 중이다. 유럽, 중국, 동남아시아, 그리고 고객사가 많이 진출해 있는 일본도 전략적으로 확장할 생각이다.

전 대표는 앞으로 우리가 눈으로 보는 것들, 실제 현실에서 보이는 모든 것들이 디지털로 연결될 것이라고 말한다. 이미지를 인식하고 분석해서 디지털로 연결하는 기술들이 굉장히 폭넓게 개발될 것이라고 본다. 또 하나는 생중계로 동영상을 통해 제품을 판매하는 라이브 스트리밍Live streaming이 대세로 떠오르면서 이와 관련된 기술들이 역시 주목해야 할 새로운 분야다.

"국내 대표 패션 기업 상위 10위 대부분이 저희 AI 솔루션을 활용하고 있습니다. 패션은 롱테일 시장이기에 이 기업들을 먼저 선점하고 트렌드 분석과 같은 서비스를 좀 더 발전시켜 개인 쇼핑몰과 같은 1인 창업자들까지 모두 옴니어스의 고객이 될 수 있도록 스펙트럼을 넓게 계획하고 있습니다. 옴니어스가 지향하는 목표는 '제대로 된 패션의 구글'입니다. 고객과 판매하는 상품이 많다고 해서 구글이 되는 게 아닙니다. 개인이나 기업 모두에게 제대로 된 AI 엔진 플랫폼을 제공해 누구나 손쉽게 원하는 정보를 검색하고 활용할 수 있도록 해야 패션의 구글이라 할 수 있죠. 국내를 넘어 전 세계적으로 진정한 패션의 구글이라 불릴 수 있도록 할 것입니다."

나보다 더 나를 잘 아는 요즘 '것'들 추천 알고리즘 기업들

회사명	주요사업	내용
에이블리	패션 추천 알고리즘	• 아마존의 추천 알고리즘을 개선해 독자적인 추천 알고리즘(V4) 개발 • AI를 적용한 의류 패션 플랫폼으로 설립(18년) 3년 만에 패션 분야 MAU(월 방문자) 1위 기록
왓챠	영화 추천	• 영화, 드라마 등 개인별 맞춤형 동영상 콘텐츠를 제공하는 스트리밍 업체 • 영화 추천 사이트를 운영하며 얻은 500만 명의 5억여 건의 영화 별점 평가 데이터를 바탕으로 추천 알고리즘 제작, 유저별 맞춤형 추천 서비스를 제공 • 데이터 경쟁력으로 대기업을 제치고 국내 OTT 점유율 Top 3 기록
무신사	패션 추천	• 딥러닝을 통한 자동 추천 시스템으로 고객이 자주 구매하는 상품들의 디자인과 패턴을 자동으로 분석해 제안 • MZ세대(1980~2000년대 생)가 열광하는 패션 브랜드가 모여 있는 '온라인 편집샵'으로 이용자 70%가 1020세대 • 지난해 매출은 3319억 원, 영업이익은 456억 원, 거래액은 1조 2,000억 원으로, 5년 동안 6배 성장
펄핏	신발 AI 추천	• 신발을 개인에게 맞게 AI가 추천해주는 서비스 • 개인의 발과 모양에 따라 브랜드 별로 개인에게 맞는 신발 사이즈를 추천해주는 AI '
옴니어스	패션 이미지 분석	• 딥러닝 기반의 인공지능 패션 검색 솔루션 개발 업체 • 패션 상품 속성으로 필터하고 검색하는 '옴니어스 태그'와 이미지 기반 검색, 유사 상품, 대안 상품 검색 기능을 하는 '옴니어스 랜즈' 솔루션 개발 • 주요 고객은 더현대, Lf몰, 에이블리, 롯데몰, 지그재그 등에서 당사 솔루션 사용 중
디자인노블	AI 패션 추천	• AI 패션관련 데이터를 수집해 고객이 원하는 패션을 생성, 여기에 사람이 디테일한 터치를 통해 최종 디자인 완성
블랙 파인애플	AI 패션	• 인공지능 알고리즘과 전문 스타일리스트의 협업을 통해 고객에게 현재 가장 필요한 패션 아이템을 추천 • 단순히 추천에서 끝나는 것이 아니라 의상을 집으로 배송해주고 마음에 드는 아이템을 구매할 수 있는 서비스

11장

먹고사는 문제에 관해
고민하다

-

푸드, 생활

AI

인공지능이 만든
맛의 신세계

| 고피자 |

식품 프랜차이즈 기업은 빠르게 성장세를 이어가면서 공통의 문제에 마주친다. 빠르게 늘어나는 매장 수만큼이나 맛의 퀄리티와 운영 관리가 점점 어려워진다는 점이다. 패스트푸드는 일일이 사람의 손을 거쳐야 한다. 레시피가 있더라도 누가 언제 만드느냐에 따라서 맛에 차이가 난다. 전국에 분포된 매장 운영을 본사가 모두 일괄적으로 관리하기에는 인력이 턱없이 부족하다. 이로 인해 소비자는 기존에 기대했던 브랜드만의 차별화된 맛을 잃었다는 불만을 쏟아낸다. 매장 점주는 노력만큼 제대로 매출을 낼 수 없어 고충을 겪는다.

1인 화덕피자 프랜차이즈 브랜드 고피자의 임재원 대표는 싱가포르에서 대학을 나와 카이스트에서 경영공학(기업의 경영 관리에 대해 분석·실험·설계 따위의 공학적 방법으로 연구하는 학문) 석사 학위를 받은 32세의 CEO다. 임 대표는 사업 초기부터 외식업의 고질적인 문제를 인식하고, 외식 문화에 AI 기반의 기술을 더한 혁신을 꾀했다. 임 대표가 사업에 AI 기술 도입에 주력한 건 단순히 AI 키워드가 큰 주목을 받고 있어서가 아니었다. 본사 직원이 매장에 24시간 상주할 수 없으니 전문가를 대신할 수 있는 무언가가 필요했고 그게 바로 빅데이터를 학습시킨 AI였다.

같은 레시피, 다른 맛

고피자의 임재원 대표는 포장 비닐만 뜯어 바로 쓰는 '파베이크 도우(초벌 된 반조리 피자 반죽)'와 자동 화덕 '고븐' 개발로 기존 피자 만드는 전 과정을 절반 수준으로 대폭 줄이며 국내 1인 피자 패스트푸드 시대를 열었다.

카이스트 공학 석사 출신으로 야시장 푸드트럭에서 피자를 파는 일부터 시작해 국내 1인용 피자 시장 개척을 위해 고피자를 창업하고 인도, 싱가포르, 홍콩 등 국내를 포함한 전 세계 100호 점이 넘는 프랜차이즈 매장을 개점했다.

"고피자는 매장에서 포장 비닐만 뜯어 사용하는 파베이크 도우에 바로 토핑(각종 재료를 얹는 일)을 얹어 자동 화덕에 굽기만 하면 완성되는 1인 운영 시스템을 구축했습니다. 이로 인해 기존 8단계 복잡한 피자 공정을 4단계로 줄이는 데 성공했죠. 여기서 문제는 바로 사람의 손과 지능이 필요한 토핑 작업이었습니다. 모든 걸 자동화해도 도우에 토핑을 어떻게 올리느냐에 따라 피자의 퀄리티가 결정되는데 본사에서 이 토핑 작업을 교육하고 매장 점주나 직원이 그 방식을 제대로 익히고 배우는 데 오랜 시간이 걸렸습니다."

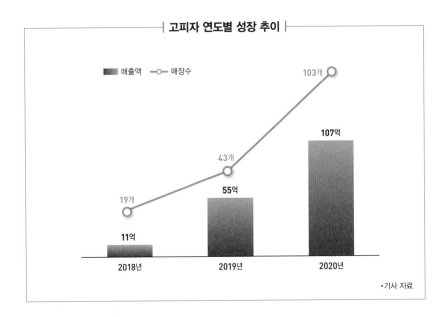

■ 매출액 ─○─ 매장수

103개

107억

43개

55억

19개

11억

2018년　　　2019년　　　2020년

•기사 자료

　사업을 운영하면서 전국 각지의 매장별로 피자에 들어가는 토핑의 양과 질이 차이가 난다는 것은 고피자 본사의 가장 큰 골칫거리다. 소수 일부 매장에서 본사의 지침과 다른 피자가 소비자에게 제공되면 브랜드 전체의 이미지에 큰 타격을 주는 중요한 문제였다.

　"고피자는 트렌드를 반영한 1인용 패스트푸드를 지향하는 브랜드이기에 새로운 메뉴를 지속해서 그리고 빠르게 출시해야 합니다. 새로 메뉴가 나올 때마다 본사에서 레시피를 전부 프린트해 전국 각지의 매장에 우편으로 모두 전달했죠. 그다음 본사의 슈퍼바이저가 매장에 방문해 새로운 레시피를 교육하고, 아르바이트 직원을 고용했을 경우 매장 점주가 다시 그 레시피를 아르바이트 직원에게 교육하는 식으로 새로운 메뉴가 출시됐습니다. 이렇게 비효율적인 방식으로 레시피 학습 과정이 연속되니 신메뉴 출시가 점점 늦어지고 일부 매

AI 퍼스트

장은 1년 전 레시피로 피자를 만드는 곳도 생기게 되면서 본사 지침과는 다른 변형된 피자가 나오는 문제가 속속 발생했습니다."

고피자를 맥도널드처럼 글로벌 브랜드로 성장시키기 위해서는 경력자이든 초보자이든, 나이가 많든 적든, 한국 사람이든 외국 사람이든 언제 어디서나 일정한 퀄리티의 피자를 제공해야 한다는 것이 임 대표가 사업 초기부터 갖고 있던 사업 지론이었다.

AI가 가능하게 한 피자 퀄리티

임 대표가 고피자를 통해 소비자에게 제공하고자 하는 서비스는 피자를 주문한 고객이 최대한 빨리 그리고 맛있게 피자를 먹을 수 있도록 하는 것이었다. 고피자를 창업한 계기 역시 맥도널드에서 햄버거를 먹듯, 1인 피자를 혼자서 부담 없이 빨리 먹을 수 있으면 좋겠다는 생각에서다. 정말 이런 피자 사업이 성공할 수 있는지를 확인하기 위해 창업 전 야시장 푸드트럭에서 직접 1인 화덕피자를 만들어 팔았다. 그의 예상은 적중했다. 하루 매출 500만 원이라는 대박을 터트렸고, 사업 성공 가능성에 확신했다.

"파베이크 도우'와 자동 화덕 '고븐' 개발로 피자 만드는 과정을 빠르고 간단하게 바꾸면서 프랜차이즈 점주들의 매장 운영 부담을 줄였습니다. 하지만 유일하게 사람의 손과 지능이 필요한 작업이 바로 도우에 토핑을 올리는 일이었는데 여기서 생각지도 못한 다양한 문제가 발생했죠. 아무리 1인이 혼자 만들 수 있는 피자 시스템을 만들어도 결국 마지막 퀄리티는 사람에 따라 차이가 컸습니다. 실제 홈페이지 게시판에도 고피자의 피자 사진과 다른 피자가 나왔다는 후기들이 올라오면서 모든 매장의 피자 퀄리티를 표준화시킬 방법을 모색했고 결국 그 해결책은 사람을 대신할 AI였다."

임 대표가 AI 기술 도입이 시급하다고 느낀 건 2019년 중순, 가맹점이 50호 점을 넘을 시점이었다. 매장 50개도 관리가 어려웠다. 그런데 1,000호점이 되면 어떻게 될까, 하는 불안감이 들었다.

이대로는 승산이 없었다. 실시간으로 매장 직원에게 피자 만드는 걸 교육하고 관리하는 시스템 구축이 필요했다.

"이 문제의 해결책으로 AI 기술을 도입한 건 AI 키워드가 큰 주목을 받고 있어서가 아니었습니다. 본사 직원이 24시간 매장에 교육하고 관리할 수 없으니 이를 대신할 수 있는 뭔가가 필요했고 그게 바로 빅데이터를 학습시킨 AI였습니다. 그래서 본격적으로 2020년 초부터 고피자 내부에 미래기술연구소를 설립하고 개발자를 채용했죠. 식품회사다 보니 AI 관련 배경 지식도 없고 개발자 찾기 쉽지 않았습니다."

임 대표에게 중요한 건 점주들에게 소득을 가능한 한 많이 안겨주는 것이다. 그래서 창업 초기부터 점주들에게 매장 운영 관리를 쉽게할 수 있도록 외식업에 최신 기술을 접목했고 미국 경제전문지 포브스 역시 이를 높게 평가에 '2019 아시아의 영향력 있는 30세 이하 리더 30인'에 고피자의 임재원 대표를 선정했다. 고피자처럼 신기술 도입한 스타트업에 관심을 두는 벤처 캐피털에서 약 60억 원의 투자도받았다.

최근 AI 기술 개발에 도전장을 내민 것도 고피자의 주 업무인 피자를 잘 파는 일을 돕기 위해서다. 자영업자를 대상으로 하는 국내 최초 1인 화덕피자 프랜차이즈 브랜드이기에 몇억 원짜리 기술 도입은 불가능하다는 것을 이미 체화된 상태였고 AI가 적용된 소프트웨어 기반의 기술, 그리고 최소한의 하드웨어야 한다고 결론지었다.

그리고 바로 빠른 실행을 위해 2020년 초부터 회사 내부에 기업부설 미래기술연구소를 설립하고 AI 프로그래머는 물론 데이터를 처리하는 빅데이터 전문가, 피자 관련 기계를 만들어내는 기계공학 전공자 등을 채용해 1년간 노력 끝에 피자 맛의 퀄리티 표준화와 매장 운영을 효율화시킬 수 있는 'AI 스마트 토핑 테이블' 개발에 성공했다.

토핑의 양과 위치를 딥러닝 한다고?

고피자는 식품회사이지만, IT 기업처럼 IT 개발 엔지니어만 7명으로 전체 직원 중 20%에 달한다. 피자를 만드는 전 과정에서 경력자이든 초보자든 누구나 피자를 균일하게 만들 수 있는 고피자의 핵심 기술, 바로 'AI 스마트 토핑 테이블'을 개발하기 위해서였다.

"'AI 스마트 토핑 테이블'은 고피자의 피자 레시피를 모두 학습한 알고리즘에 따라 토핑 테이블 위에 설치된 카메라를 통해 사람이 도우에 올리는 토핑의 종류를 실시간으로 인식합니다. 그러면 AI가 이를 자기가 학습한 레시피와 비교해 피자가 잘 만들어지고 있는지를 스스로 판단하죠."

'AI 스마트 토핑 테이블'은 사람이 피자를 만들 때 도우에 어떤 토핑을 어떻게 올려야 하는지를 스스로 학습한 레시피 순서에 따라 재료마다 불빛과 소리로 알려준다. 예를 들어 페퍼로니를 13개 올린 다음 치즈를 뿌려야 한다는 레시피를 미리 학습했기에 페퍼로니 다음 치즈 재료 박스에 불빛으로 토핑 순서를 미리 표시해준다. 토핑 테이블의 모니터 화면에는 치즈를 어떻게 뿌려야 하는지 그 방법까지 정확히 체크할 수 있도록 설계됐다. 그러면 사람은 그걸 보고 정해진 레시피에 맞게 정확하게 피자를 만들 수 있게 되고 결국 경력자, 초보자 상관없이 일정한 맛과 모양이 유지된 피자를 완성할 수 있게 된다. 이렇게 'AI 스마트 토핑 테이블'은 그동안 매장이 늘어나면서 사람이 물리적으로 할 수 없었던 교육과 관리 문제를 동시에 해결했다.

고피자는 자체 개발한 AI 엔진에 각종 피자 토핑 재료부터 피자 사진들을 몇십만 장을 찍어 이를 전부 학습시켰다. 식품이라는 특성상 다른 분야의 정보들에 비해 식재료 AI 빅데이터 학습은 말처럼 쉽지 않았다. 식재료는 어떻게 자르느냐에 따라 모양이 제각각이기 때문이다. 그래서 양파 같은 경우 각기 다른 모양으로 잘린 양파의 사진을 모두 찍어 AI에 머신러닝했다. 이 과정을 수없이 반복하다 보면 AI가 스스로 판단하면서 학습해 앞으로의 상황을 예측하게 되는데 여기에 바로 딥러닝 기술이 적용되면서 스스로 어떤 재료인지를 판단 및 예측하게 되는 것이다.

여기서 또 다른 문제가 발생했다. 피자에 올라가는 토핑 재료 중 페퍼로니는 개체가 있기에 AI가 개수로 인식을 하지만 치즈는 개수 뿌려지는 형태이기에 개수 인식이 어려웠다. 이를 면적으로 인식을 달리하도록 학습시키고 새우나 카망베르 치즈와 같은 중요한 재료는 조각마다 균형 있게 올라가야 하므로 이 레시피마다 판단 기준을 다르게 학습시켰다.

고피자는 이런 AI 기술이 적용된 스마트 토핑 테이블의 고도화를 위해 1년 동안 빅데이터 수집에 집중했다. 좀 더 AI 기술 고도화 속도를 높이기 위해 정부의 데이터 바우처 사업에 지원했고 AI 학습 데이터플랫폼 기업 크라우드웍스와 함께 피자 관련 빅데이터들을 모았다. 본사는 물론 전국 70여 개 매장에서 직원들이 토핑하는 장면을 촬영한 뒤 촬영 영상을 자료화했다. 이를 토대로 피자 도우 위에 가장 효과적인 토핑 양과 배치를 자동으로 알려주는 AI 기반의 스마트 토핑 테이블을 완성했다.

피자의 맛 넘어 운영 관리까지

'AI 스마트 토핑 테이블'은 단순히 피자의 퀄리티를 표준화시키는 매장 교육 시스템이 아니다. 기업 성장의 걸림돌이 됐던 국내외 가맹점 관리 역시 AI 기반의 기술로 데이터화가 되면서 효율적 운영이 가능하다.

"'AI 스마트 토핑 테이블'에서 피자를 만들기 전 매장 점주나 직원이 자신의 프로필 정보가 입력된 팔찌를 테이블에 설치된 입력기에 스캔합니다. 그러면 본사에서 일괄적으로 누가 피자를 만드는지, 어떻게 만드는지를 확인할 수 있습니다. 이런 시스템을 통해 전 세계 고피자 매장 중 어떤 매장의 직원이 피자를 제일 많이, 정확히, 그리고 빨리 만들었는지에 대한 정보가 취합되고 세계 랭킹도 매길 수 있게 되죠."

AI 스마트 토핑 테이블은 피자 만드는 사람의 정확도, 개수, 속도 등을 점검해 점수를 매긴다. 피자에 토핑을 어느 위치에 올렸는지, 치즈나 소스와 같은 재료를 잘 뿌렸는지 세세한 부분까지 같이 평가한다. 만약 매장 직원이 레시피를 제대로 지키지 않으면 AI가 이를 인식해 점수에 반영하기에 직원 역시 이 레시피를 잘 지켜야 하는 환경이 자연스럽게 조성되는 것이다. 이렇게 본사 역시 AI로 100여 개가 넘는 국내외 모든 매장이 빠르게 관리되면 매장이 몇천 개가 늘어난다고 할지라도 운영에 문제가 없다. 하지만 AI 기술 없이 이를 모두 사람이 하는 건 불가능하다.

시간이 갈수록 데이터는 더 많이 축적되며 AI는 더욱 고도화된다. 그러면 고피자는 더욱더 빠르고 효율적인 관리 시스템이 단단하게 업그레이드되는 것이다.

일손 줄이고 피자 완성도 높이는 로봇

'AI 스마트 토핑 테이블'로 피자를 만들면 터널식으로 새롭게 업그레이드한 자동 화덕 '고븐 2.0'이 알아서 피자를 균일하게 굽는다. 이 화덕 역시 창업 초기부터 꾸준히 편리하고 균일하게 피자를 구울 수 있도록 발전시켜 왔다.

"초기에는 개발한 화덕은 피자를 올린 삽을 넣고 빼면서 어디는 덜 구워지고 어디는 타는 문제가 발생했죠. 이를 새롭게 개발한 터널식 자동 오븐 '고븐 2.0'으로 해결했습니다. 그리고 마지막에 로봇이 피자의 종류를 스스로 인식해 이에 맞는 소스를 뿌리는 기술까지 더하면서 피자 공정에 사람에 의해 피자 퀄리티가 달라질 일 자체를 모두 없앴습니다."

고피자는 유로메카라는 로봇 회사와 함께 화덕에서 피자가 나오면 피자를 자르고 각 피자에 맞는 소스를 뿌리는 로봇 '고봇플러스'를 공동 개발했다. 고봇플러스가 하는 일은 크게 세 가지다. 첫째, 커팅이다. 고피자 스마트 화덕 '고븐 2.0'이 구워낸 피자를 다섯 조각으로 자른다. 로봇팔에 달린 칼날이 피자를 찍어 누르는 방식이다. 둘째는 소스를 뿌리는 드리즐링이다. 고봇플러스 카메라 센서가 피자 종류를 인식해 해당 메뉴에 맞는 소스를 뿌린다. 피자가 아닌 음식이 화덕에서 나올 때는 커팅이나 드리즐링을 하지 않는다.

마지막으로 운반. 커팅에 드리즐링까지 끝난 피자를 로봇팔이 들어 올려 화덕 위로 옮긴다. 80도에 달하는 화덕 잔열이 피자가 빨리 식는 것을 방지한다. 다음 피자 조리를 위한 공간 확보를 위해서도 운반 기능이 필요하다.

고봇플러스가 상용화되면 고피자 점주, 또 직원 업무 부담이 크게 줄어들 것으로 기대된다. 피자를 굽는 과정은 '고븐 2.0'이, 커팅·드리즐링은 '고봇플러스'가 책임진다. 직원은 토핑한 피자를 화덕으로 향하는 컨베이어 벨트 위에 올려두기만 하면 된다. 피자가 조리되는 동안 재료 손질이나 설거지 등 다른 업무에 몰두할 수 있다는 장점도 있다.

'고봇플러스' 역시 AI 기술이 적용돼 우선 이 피자가 잘 구워졌는지를 판단하고 어떤 피자인지를 스스로 인식한 다음 불고기 피자는 레이야키 소스, 베이컨 포테이토 피자는 렌치소스와 같은 식으로 피자에 맞는 소스를 자동으로 뿌리는 작업을 대신한다. 피자는 조리 전과 후의 모양이 완전히 다른데 이 데이터 역시 모두 학습해 최종적으로 피자를 완성할 수 있는 로봇을 개발했다. 이제 피자의 최종 퀄리티 확인부터 피자를 자르고 마지막으로 소스를 뿌리는 작업 모두 로봇이 담당한다. 사람이 손이 닿는 부분은 AI 스마트 토핑 테이블이 알려주는 대로 토핑만 올리는 작업뿐이다.

다른 브랜드의 피자 매장은 보통 직원이 5명이 일한다. 매달 5천만 원의 매출이 나오려면 최소 3명은 근무를 해야 한다. 하지만 고피자는 이전에도 1인 운영으로 1,500만 원가량의 월 매출이 가능한 수준이었다. AI 기술과 로봇이 본격적으로 도입되면 3~4명이 운영해야 발생할 수 있는 월매출 4,000만 원 이상 매장도 혼자서 운영할 수 있게 될 것으로 예상한다. 또 매출 외에도 그동안 매장 점주에게 큰 스트레스가 됐던 레시피 교육, 인력 관리, 채용 등의 문제까지 모두 한꺼번에 해결한다. 점주로서는 AI 스마트 토핑 테이블이 있으니 아르바이트 직원에게 마음 놓고 매장을 맡겨놓을 수도 있고 본사 입장에서는 지금보다 더 빠르게 사업을 확장할 수 있다.

고피자는 AI 스마트 토핑 테이블 도입으로 사업을 좀 더 빠르게 확장해 5년 후 매장 수를 2,500개로 늘리는 것을 목표로 하고 있다. 2023년부터는 국내와 해외 매장 수를 동일하게 분포하도록 설정했고 10년 안에 10,000개의 매장을 개점하는 게 고피자의 궁극적인 목표다.

도미노피자가 18,000여 개, 맥도날드가 34,000여 개, 서브웨이가 40,000여 개의 매장이 있다. 고피자가 10,000개가 되면 정말 전 세계 어디서나 만날 수 있는 글로벌 피자 브랜드가 될 것이다. AI 스마트 토핑 테이블이 모듈화가 되면 '카피앤페이스트Copy&paste(복사&붙이기) 방식으로 사업을 빠르게 가속할 수 있다.

한 매장에서 다섯 명 일하는 것보다, 다섯 매장을 운영

고피자의 AI 기반 매장 운영 시스템은 한 매장에서 다섯 명이 일하는 것보다 오히려 매장 수를 늘려 다섯 명이 다섯 매장을 낼 수 있도록 한 비즈니스 모델이다. 이렇게 점주들이 수익을 더 효율적으로 빠르게 낼 수 있도록 한 시스템인 것이다.

이를 위해 고피자는 2020년 무리한 사업 확장보다는 내실 다지기에 힘썼다. 기술 개발 투자를 늘리고, 고피자를 함께 이끌어 갈 인력 채용도 보강했다. 나이에 구애받지 않고 외식업에 많은 경력을 지닌 인재들을 뽑았으며 대형 패스트푸드 본사에서 유능한 중견 인력도 스카우트했다.

글로벌 진출도 진행 중이다. 2019년에는 인도 중남부 중심도시 벵갈루루에 4개 매장, 2020년에는 싱가포르에 3개 매장을 열었다. 고피자 AI 기반의 매장 운영 시스템이 표준화가 되면 더 빠르게 글로벌 진출을 집중할 계획이다.

국내 유명 프랜차이즈 기업 역시 글로벌 진출을 시도했다. 그러나 성공 사례가 드물다. 하지만 많은 전문가는 고피자는 AI 기술 기반이 갖춘 브랜드이기에 해외 성공 가능성을 높이 평가한다. 피자는 글로 벌 푸드 메뉴이며, AI 스마트 토핑 테이블로 레시피 교육이 따로 필요하지 않다. 운영까지 효율적이라 해외 성공의 삼박자를 모두 갖췄다.

최근 '푸드테크'는 식품 업계에서 가장 화젯거리인 키워드다. 테크는 음식을 먹기 위한 니즈를 충족시키는 수단이 되는 건데 고피자는 국내에서 푸드테크를 가장 잘 보여주는 회사다. 한 번도 경험하지 않은 편리함으로 피자를 즐길 수 있도록, 그 방법을 혁신했기 때문이다.

"이제 AI는 어떻게 적용되는지도 모를 정도로 우리 생활 속에 이미 깊이 들어왔습니다. 이 기술로 어떻게 더 삶을 편리하게 만들고, 자신의 역량을 향상할 수 있는지 그 도구로서의 AI를 잘 활용했으면 합니다."

임 대표는 외식업에 AI 기술이 성공적으로 도입되면 AI 기술이 적용되지 못하는 분야는 없다고 말한다. 외식업은 몇천 년 동안 이어온 원초적인 산업이고 외식업에서 AI 기술을 도입해 성공적인 케이스를 만들면 세상에 분명 많은 변화를 가져올 것이다. 그러면 외식업을 바라보는 눈부터 바뀌고 앞으로 외식업을 어떤 방식으로 운영해야 하는지에 대한 인식의 변화도 생긴다.

"외식업은 예전처럼 주먹구구식으로 2~300만 원 벌고, 다음 사업으로 넘어가는 사업이 아닙니다. 이제 정말 기업적으로 IT 개발자들도 고용하고 고피자처럼 시스템화가 단단히 구축되면 글로벌 스탠다드가 되는 건 시간문제라고 생각합니다."

인공지능이
알아서 짓는 농사

　지구온난화로 폭염, 가뭄, 홍수 등 이상기후 현상이 빈번해지면서 식량 위기 우려가 고조되고 있다. 여기에 코로나19가 더해지면서 구글, 아마존, 마이크로소프트 등 글로벌 대표 IT 기업들이 앞다퉈 애그테크 벤처 기업에 대한 투자를 급속히 늘리고 있다. 중국에서도 애그테크 열풍이 불면서 알리바바, 텐센트, 징둥닷컴이 애그테크 사업에 빠르게 뛰어들었다.

　애그테크Agtech는 농업을 의미하는 'agriculture'와 기술을 의미하는 'technology'의 합성어로 AI와 사물인터넷, 빅데이터, 드론, 로봇 등과 같은 첨단기술을 농사 전 과정에 적용하는 것을 뜻한다.

　농업과 첨단기술이 만나는 모습은 이렇다. 스마트 온실의 작물들이 햇볕 대신 LED 조명을 받으며 자란다. AI가 빛의 세기와 시간을 최적으로 조절하고 온도와 습도, 영양 상태도 센서와 사물인터넷이 최상으로 유지한다. 영상인식 및 기계열 예측·분석 등 다양한 AI 기술을 통하면 농부 없이 원격 제어 재배도 가능하다. 로봇이 온실을 자율주행하며 병충해를 24시간 감지하고 발견 즉시 바로 제거하며 원격으로 작물 상태를 관찰하며 수확까지 로봇이 사람을 대신해 척척 해낸다.

우리 농업 현실은 어떨까. 미래의 모습과 가까워졌을까. 이 답은 디지로그를 보면 알 수 있다. 이 기업은 농업판 이세돌과 알파고의 대국이라 불리는 네델란드 '국제 온실 자동화 대회'에서 세계 농업 강국들을 제치고 당당히 3위를 차지한 한국 팀이 설립한 애그테크 기업이다. 이 대회에서 디지로그가 이룬 값진 성과는 한국 AI 농업기술의 빠르게 앞당기는 계기이자 우리 농업이 앞으로 가야 할 청사진을 제시했다. 아마존과 금산군 깻잎 농가들을 잇는 가교 구실을 하며 꾸준한 기술 개발로 국내 최첨단 스마트팜 발전에 크게 이바지하는 국내 대표 애그테크 기업이다.

인간과 AI의 토마토 재배 대결

2020년 6월, 전 농림축산식품부 차관을 지낸 민승규 국립한경대 석좌교수를 필두로 14명으로 구성된 한국의 AI 농업팀 디지로그가 세계 농업선진국 네덜란드에서 열린 제2회 국제 온실 자동화 대회 Autonomous Greenhouse International Challenge, AGIC에서 최종 3위를 차지했다는 소식이 전해져 세간을 놀라게 했다. 특히 농업에서는 최첨단과 거리가 먼 것 같은 한국이 전 세계 내로라하는 농업 강국과 글로벌 기업을 제치고 당당히 최종 3위를 차지한 것이다. 한국 AI 농업기술 발전 가능성이 증명되는 순간이었다.

AI 퍼스트

농업 로봇·AI부터 하드웨어·소프트웨어·반도체·데이터 분석·식물재배 등 여러 부문 전문가들이 똘똘 뭉친 디지로그 팀을 이끈 이가 국내 대표 애그테크 기업, 디지로그의 서현권 대표이자 농업 로봇·AI 박사다.

"이 대회는 '미래 첨단 음식을 AI와 기술들을 활용해 만들자!'라는 모토로 전 세계 농업선진국과 글로벌 기업이 최첨단 농업기술을 겨루는 'IT 농업 올림픽'이라고도 할 수 있죠. 농업 분야에서 세계 최고로 손꼽히는 네덜란드 와게닝겐Wageningen 대학교가 주최하고 중국 IT 기업 텐센트가 전액 후원하는 국제 대회입니다. 전에 텐센트 미국 법인 최고 경영자, 데이빗 월러스타인을 만나 명함을 받았는데 CEO가 아닌, CXO라고 적혀 있었습니다. 처음 보는 CXO가 궁금해 물으니 최고 모험 책임자Chief Exploration Officer라고 소개하더군요. 당장 큰 수익은 아니더라도 세상의 다양한 분야를 탐험하며 미래 큰 비즈니스가 될 일을 찾는 모험가인 거죠."

국제 온실 자동화 대회 역시 텐센트의 데이비드 월러스타인 CXO가 네덜란드 와게닝겐대학교에 직접 찾아와 제안했다. AI와 사람의 농업 대결로 세계 식량 문제의 해결 방안을 찾기 위한 그의 모험심이 반영된 대회인 것이다.

2018년, 제1회 대회에서는 총 20개 국가와 기업이 참여했으며 인간과 AI의 오이 재배 대결이 펼쳐졌다. AI 연구진들과 와게닝겐 대학교 식물연구자들로 구성된 소노마Sonoma팀이 이윤에서 사람보다 더 높은 성과를 끌어내며 세계 AI 농업인들의 관심을 불러 모았다. 2019년 9월 시작된 제2회 대회는 세계 각국 21개 팀이 출전했으며 출전 인원 역시 200명으로 늘어났다. 방울토마토와의 대결이었다. 이 대회에서 한국의 디지로그 팀이 1년 동안의 긴 승부 끝에 3등이라는 의미 있는 성과를 낸 것이다. 1등은 세계 점유율 2위인 농업환경제어 설비회사 네덜란드의 호겐도른Hoogendoorn, 2위는 중국 팀AiCU이 차지했다.

"대회가 추구하는 목표는 스마트온실 작물재배에서 사람의 의사결정을 최대한 자동화 혹은 효율화하겠다는 것입니다. 수확, 가지치기 등의 노동력을 AI 기술로 대체한다는 건 아니죠. 농업에서 재배 과정에는 농부의 의사결정이 많이 필요합니다. 공산품과는 다른 살아 있는 식물 생명체이기에 그때그때 날씨나 상황에 맞춰 재배 전략에 따른 의사결정을 정확히 해야 하죠."

식물들을 1년 내내 최고의 생산량을 만들도록 할 수는 없다. 강약 조절이 필요한 생명체다. 상황에 따른 최선의 의사결정을 통해 1년 후 얼마나 큰 수확으로 이익을 낼 것인지 예측하고 계산해야 한다. 이에 대해 빠르고 효율적인 의사결정을 AI를 통해 이뤄보겠다는 것이 대회의 핵심이다.

대회는 예선전과 결승전으로 나눠 진행된다. 예선전은 가상 시뮬레이션 방식으로 진행된다. 가상의 스마트팜 환경에서 6개월 동안 방울토마토 재배에 관련된 모든 의사결정을 내리고 가장 높은 성과를 낸 5개 팀이 결승전에 진출한다. 마치 온라인 가상현실 게임과 같다.

가상스마트 팜에 접속해 매일, 매시간 방울토마토 재배에 필요한 의사결정을 내린다. 자동화된 프로그램으로 대응하지만 나름의 전략도 필요하다. 이 예선전에서 디지로그 팀은 참가국 21개 팀 사이에서

2위로 결승전에 진출했고, 실제 네덜란드 와게닝겐 대학에서 보유한 최첨단 온실에서 자라는 방울토마토를 원격 제어로 6개월간 재배했다. 대회는 예선전, 결승전 다 합치면 1년이 넘게 진행된다.

"결승전에서는 본격적으로 사람과 AI 기술의 대결이 펼쳐집니다. 농업의 이세돌과 알파고 대국이라고 보시면 됩니다. 같은 조건에서 방울토마토 전문 농부팀, 그리고 결승전 참가 5개 팀 중 누가 더 좋은 결과물을 내는지에 대한 승부를 보죠."

결승전에 참가한 5개 팀은 스마트온실 내에 각각 30평 재배 공간을 하나씩 부여받는다. 대결 시작 전, 온실에 들어가 방울토마토 원격 재배에 필요한 카메라, 센서 등의 장치들을 설치한다. 이후 참가팀은 온실에 들어갈 수 없다. 농업 전문가팀은 실제 농사짓듯 매일 사람이 방울토마토를 재배한다.

"자체개발한 여러 AI 기술로 물, 햇빛, 비료량 등을 원격 제어 하면서 방울토마토를 재배합니다. 비료는 땅속으로 양액(식물 성장에 필요한 물질을 용해한 수용액)이 흐르도록 해 들어가고 나오는 양을 감시하면서 방울토마토가 얼마나 광합성을 하는지를 계산해 양액의 양을 조절했죠."

각 팀이 재배한 토마토는 대회 운영자들이 직접 수확한다. 수확은 온실 내 어느 위치, 그리고 어떤 크기의 토마토를 언제 수확해 달라는 각 팀의 요청에 맞춰 작업한다. 기본 당도는 표본을 뽑아서 측정하고 2주마다 한 번씩 유럽에서 인증받은 전문가 20명이 토마토즙의 양과 색깔, 단단함의 정도 등 6개 항목에 대해 관능 평가를 진행해 시장 가격을 계산한다. 디지로그 팀의 방울토마토는 모양과 당도 등에서 품질 100점 만점에 103점으로 1위를 기록했으며, 수확량·지속 가능성·인공지능 전략 등을 종합해 최종 3위에 올랐다. 103점은 만점 기준보다 높은 품질의 방울토마토를 생산했다는 것을 인정받은 것이라 의미가 크다.

스마트 온실에 적용된 AI 기술은 크게 두 가지로 분류된다. 첫 번째는 사람의 눈을 대신해 AI가 영상을 보고 스스로 판단하는 기술이다. 농부의 눈의 역할을 카메라가 대신하며 식물의 상태를 알아서 판단한다. 판단 항목이 아직은 많지 않지만, 식물이 건강한지, 병에 걸렸는지 정도는 현재 기술로 판단 가능하다. 한 예로 새로 나온 잎줄기의 두께가 판단 기준이 된다. 카메라가 이를 자동 감지해 딥러닝 기술로 식물이 얼마나 건강하게 자라고 있는지를 분석하는 것이다. 지난 대회에서 이 기술을 완벽하게 구현하지 못해 사람이 마지막 의사결정을 내렸지만, 최종적으로 AI가 스스로 감지하고 판단할 수 있게 지금도 꾸준히 기술을 개발하고 있다.

두 번째는 시계열 예측·분석 기술이다. 여러 센서나 영상 데이터를 기반으로 과거 패턴을 분석해 질병에 걸릴 가능성 등 식물의 성장 상태와 환경변화를 예측하는 것이다. 사람이 경험과 식물 상태를 눈을 보고 판단하는 것보다 과거 데이터를 분석한 결과로 예측하는 기술이기에 정확도가 높다.

기술과 감성의 결합, 생명 자본주의 시대 동력

불과 2~3년 전만해도 국내 농업에 AI나 빅데이터를 도입한다는 건 우리와 상관없는 먼 이야기에 불과했다. 하지만 전 세계 농업 강국들이 참여한 '제2회 국제 온실 자동화 대회'에서 3위를 거둔 디지로그 팀의 값진 성과는 국내 첨단 농업 시대를 빠르게 앞당기는 계기이자 우리 농업이 가야 할 청사진이 됐다.

디지로그 팀의 수장인 민승규 국립한경대 석좌교수와 팀장인 서현권 농업 로봇·AI 박사는 지난 대회 성과로 한국형 AI 농업 개발을 이어가고자 국내 AI 농업 기업, 디지로그 주식회사를 설립했다.

디지로그를 함께 설립한 서현권 공동대표는 농업 분야에서는 세계 최고로 손꼽히며, 농업계의 MIT라 불리는 네덜란드 와게닝겐 Wageningen 대학에서 농식품 로봇그룹 연구원으로 6년간 일하며 농업 로봇·AI 박사 학위를 받았다. 이 전에도 미국 아이오와주립대 농업 시스템학과와 서울대 바이오 시스템공학과 석사·박사 과정을 수료한 농업 공학 전문가다. 현재는 동아대학교 생명 자원산업학과 조교수도 겸하고 있다.

"부모님이 경북 칠곡에서 과수원을 오랫동안 운영해오셨습니다. 부모님 영향으로 전공을 선택했기보다는 농업 전문가들이 점점 줄어드니 아무도 안 하면 내가 해보겠다는 마음으로 시작했습니다. 그렇게 농업 공부를 하다가 네덜란드 와게닝겐대학교에서 스마트봇 프로젝트란 이름으로 로봇 연구·개발에 참여할 박사 과정 학생을 모집한다는 공고를 보고 바로 네덜란드로 떠났죠."

디지로그는 디지로그 팀의 정신적 지주인 전 문화부 장관을 지낸 이어령 교수가 선물한 이름이다. 기술·감성 결합한 디지로그가 생명 자본주의 시대 핵심동력이 되어야 한다는 의미다. 최첨단 기술을 앞세우는 농업보다는 생명을 사랑하는 마음이 잘 하모니가 이뤄져야 한다는 것에 큰 뜻을 품고 디지로그를 설립했다. 궁극적인 목적은 한국 농업의 발전이다. 디지로그가 가장 잘하는 일인 기술 개발과 생명 존중 마음이 잘 조화를 이루며 한 단계, 한 단계 기업을 성장시키면 매출은 자연스럽게 따라올 것이라는 생각이다.

디지로그는 영동농협 내곡지점 건물에 있다. 최근 영동농협의 지원으로 서초구 내곡동에 약 1,000평 규모의 첨단 AI 스마트 온실인 디지로그팜을 건설하는 작업이 진행 중이다. '제2회 국제 온실 자동화 대회'의 연장 선상으로 AI 기술을 통해 원격으로 작물을 재배하는 테스트 공간이자 교육 시설로 활용될 예정이다. 첨단 AI 스마트 온실은 2~3개의 구역을 나눠 토마토, 딸기와 같은 작물을 원격 재배하고 카페도 운영해 많은 시민과 농업인들이 찾을 수 있는 공간으로 만들 계획이다.

서현권 농업 로봇·AI 박사는 딸기 병충해 모니터링 및 제거 로봇도 개발에도 참여했다. 국내 농업 병충해 피해액은 연간 2.5조 원으로 농민들이 해결하고 싶은 문제 1위가 병충해다. 농업에서 데이터 수집과 수확을 돕는 로봇은 많이 개발되고 있지만 병충해 관련 로봇은 부족했다. 서 박사를 포함한 관련 연구자들은 노동력에 의존했던 병충해 모니터링을 AI와 로봇 기술로 혁신하고자 24시간 병충해 모니터링 제거 로봇을 개발했다. 이 로봇은 병충해 인식과 자율주행 등의 기술이 들어갔다. 24시간 온실을 돌아다니며 딸기 병충해를 자율 검색하고 종류와 위치를 파악한 뒤, 병충해가 발견되면 스스로 판단해 그 즉시 제거한다.

"사람은 24시간 딸기 병충해를 찾아다닐 수 없습니다. 병충해는 가능한 한 빨리 제거하는 것이 중요한데 딸기 병충해 로봇은 24시간 돌아다니며 병충해를 감지하자마자 그 즉시 제거를 하죠. 하드웨어 측면에서 병충해 감지 로봇이 농부의 일손을 줄여 줄 수 있을 것입니다. 수확 관련한 로봇개발 연구도 꾸준히 진행 중이죠."

북미나 유럽 지역은 다양한 첨단 농업 로봇이 활발하게 적용되고 있다. 이런 첨단 농업 로봇이 비즈니스 모델이 될 수 있었던 건 대규모 농가 위주의 국가들이기 때문이다. 하지만 한국은 80% 이상이 1~2천 평의 영세한 소규모 농가다. 서양의 농업 로봇 개발 및 보급과는 다른 접근이 필요한 것이다. 그래서 디지로그가 한국의 실정에 맞게 우선적으로 포커스 하는 것이 바로 첨단 스마트 온실이고 국내와 아시아 시장을 대상으로 하는 비즈니스 모델을 다양하게 개발할 계획이다.

디지로그는 농업기술 개발·연구 외에도 한국의 선진 농민들을 위한 첨단 농업기술 교육도 활발히 진행하고 있다. 서 대표는 한국의 선진 농민을 얼리어답터라고 표현한다. 신제품을 남들보다 빨리 사 써보는 얼리어답터가 아니다. 국내 농업 현장의 문제를 정확히 인식하고 이를 해결하기 위해 적극적으로 노력하는 농민들을 말한다. 이런 얼리어답터 농민을 대상으로 농업 분야에서는 세계 최고를 자랑하는 네덜란드 와게닝겐 대학과 함께 첨단 농업기술 교육을 주기적으로 진행하고 있다. 코로나19 전에는 농민들을 데리고 네덜란드에 직접 가서 교육받는 단기성 프로그램으로 끝났다.

"현장에 직접 가는 것도 중요하지만 짧은 교육만으로는 부족하다는 것을 느꼈습니다. 이를 보완하기 위해 선진 의지가 있는 농민들을 먼저 교육하고 궁금한 질문들을 리스트로 뽑아 네덜란드 와게닝겐 대학에 보내면 이에 맞는 각 분야의 최고 전문가들을 대학에서 선정해 온라인 강의를 진행하는 방식으로 바꿨죠. 1달에 1번, 1~2시간 정도 이렇게 첨단 농업 교육 강의가 열립니다."

네덜란드 와게닝겐 대학도 온라인 농업 교육이 처음이었다. 처음에는 한 교수가 강의를 담당하다 이제는 학교 차원에서도 이런 온라인 농업 교육이 하나의 프로그램으로 기획됐다.

아마존과 금산군 깻잎 농부

AWSAmazon Web Services는 아마존의 클라우드 컴퓨팅 사업부다. 클라우드 자원이 필요한 기업의 서비스 구축과 설계, 클라우드 공급은 물론 클라우드 기반의 컴퓨팅, 스토리지, AI 등 200개 이상의 서비스를 제공한다.

AWS 클라우드 혁신센터CIC는 아마존이 전 세계의 다양한 문제를 발굴해 이를 해결하는 데 공헌하기 위해 설립된 기관이다.

서 대표는 스마트팜과 관련해 금산군의 소규모 깻잎 재배 농가들에 AI 서비스를 제공하고자 AWS 클라우드 혁신센터CIC에 제안서를 보냈다. 아마존 역시 국내 사회공헌 활동에 자신들이 보유한 정보통신기술 인프라 지원 대상을 물색 중이었다. 서 대표의 제안은 받아들여졌고 국내 최초로 아마존과 금산군 재배 농가와의 AI 스마트 농업 프로젝트가 실시됐다.

금산은 국내 최대 깻잎 산지이지만 농가들은 일기 예보가 넓은 지역 대상으로 이뤄지는 불확실한 날씨 정보 탓에 곰팡이병과 같은 피해로 고충이 많았다. 서 대표는 아마존의 정보통신 기술 인프라를 활용하면 깻잎 농가에 도움이 되는 AI 스마트팜 시스템을 갖출 수 있다고 판단했다.

"디지로그가 이 프로젝트에 함께 해 국내 스마트팜 구축을 위한 다양한 서비스를 개발할 계획입니다. 먼저 고령의 농민들에게 음성 기반 날씨 알리미 서비스를 시작으로 AI를 통한 가격 예측 시스템과 같이 그동안 어려움을 겪었던 문제들을 하나씩 풀어가며 농가들을 도울 방법들을 선보일 예정이죠. 아마존은 좀 더 기술 개발을 빠르게 할 수 있도록 클라우드의 다양한 AI 엔진은 물론 데이터와 고성능 컴퓨터 등을 제공합니다. 이를 잘 활용해 국내 스마트팜 발전에 이바지할 수 있는 기틀을 마련할 것입니다."

농업은 오랜 경험과 비결이 쌓여야 수확량을 높일 수 있었다. 하지만 이제 첨단 AI 농업기술 발전을 통해 귀농한 초보자나 노하우가 부족한 농민도 높은 수확량을 달성할 수 있는 시대가 다가왔다.

"농사 경험이 없어도 최고의 농부보다 더 큰 성과를 낼 수 있는 시대가 다가오고 있습니다. 물론 여기에는 AI 농업기술의 도움을 받는 조건이 필수적이죠. AI 농업은 이제 거스를 수 없는 흐름으로 들어왔다고 생각합니다. 현재 농업의 AI 기술은 다른 분야와 비교하면 높은 수준의 기술은 아닙니다. 그래도 이 정도만으로도 실제 농업 현장에서는 파급 효과가 크죠."

기존에는 사람이 식물 상태를 판단했다. 이제는 통계 수치나 데이터로 정확하게 판단하니 더 좋은 결과를 끌어낼 수밖에 없다. 여기에 인식이나 예측, 분석 등의 AI 고급 기술이 적용되면 사람과의 차이는 더 벌어질 것이다.

어느 순간, 내 습관이 돼 버린 푸드·생활테크 기업들

회사명	주요사업	내용
정육각	돼지고기/ 신선육 등	• AI(머신러닝)를 활용해 주문량 예측 알고리즘 개발(특허 다수) • 고객 주문을 효율적으로 처리하는 기술을 AI(딥러닝)을 통해 구현 • 20년 매출이 전년대비 6.5배 증가 등 실적이 드라마틱하게 증가 중
고피자	피자 (토핑테이블 등)	• 토핑테이블을 AI를 통해 구현. • 피자 만들때 AI 토핑테이블은 누구나 쉽게 빠른 시간안에 효율적으로 토핑할 수 있도록 해주는 AI 토핑 테이블 구현. • 피자를 화덕으로 구울때 로봇이 효율적으로 자동화하는 로봇 개발 • AI 활용 1인 피자프랜차이즈 가능케 하며 글로벌 진출 용이
의식주컴퍼니	세탁	• 세탁물을 세탁해주는 서비스. 모발일로 진행사항 등을 관리 (앱: 런드리고) • AI를 도입한 세탁 공장, 세탁물 이미지 인식을 통해 세탁물의 종류, 내역을 인식
컬리 (마켓컬리)	식품	• 특정 식품을 선호하는 고객을 예측하는 AI 알고리즘 적용 • 신선식품은 재고를 빠른 시간안에 많은 양을 팔아야 하는데 선호고객에게 추천 알고리즘 적용 • 매출추이 : 18년 1571억 ⋯➤ 19년 4,259억 ⋯➤ 20년 9,530억
로보아르테	치킨	• 치킨을 튀기는 로봇 인 '롸버트치킨'을 개발, 운영 중 • 1인도 운영할 수 있는 치킨 가게 목표
라운지랩	아이스크림	• 캡슐 기반의 아이스크림 로봇 '아리스(ARIS)' • 터치 디스플레이를 통해 원하는 맛과 모양을 선택하면, 로봇 팔이 움직여 캡슐 아이스크림을 추출해 컵에 담아 고객에게 직접 전달 • 성수동에 1호점 오픈 운영 중
슈퍼톤	AI 가수	• 음성인식을 통해 가수의 모창을 인식, AI 가수 • 인간의 음성을 재현
허닭	실시간 매출 분석	• 실시간 자사 및 유사회사 매출을 AI가 자동 분석 제공 • 재고관리, 예상매출 등에 AI 활용해 생산과 판매 효율적으로 시행 • 매출 : 18년 84억 ⋯➤ 19년 174억 ⋯➤ 20년 339억

회사명	주요사업	내용
디지로그	농업	• AI를 통해 스마트팜 농업 • 세계 AI 농업대회 3위 수상 • AI 빅데이터를 활용해 농작물 재배하는 1인 농부 기업 활성화 기대
이지팜	농업	• 돼지를 키우는데 AI 빅데이터 활용하는 클라우드 기반 양돈서비스 플랫폼 개발 • 2020년 블록체인 공공 10대 과제로 선정 블록체인 기반 계약재배 솔루션 개발중
파이프트리	조류독감	• 고병원성 조류독감, 괴사성 장염 등 가금류가 질병에 걸리기 전에 AI로 사전에 이상을 감지

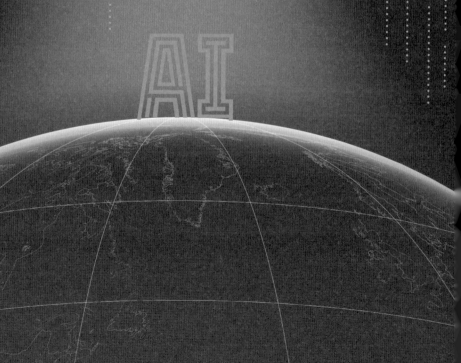

12장

불편한 일 대신해주고
관계를 서비스하다

–

챗봇/로봇

AI 직원, 비서
전 세계 파견?

| 와이즈AI |

2021년 3월에 문을 연 경기 북부 최대 규모의 의료기관인 의정부 을지대학교병원에는 층마다 사랑, 희망, 행복 세 대의 AI 직원이 각자의 업무에 충실히 임하며 직원 다수의 역할을 혼자서도 척척해낸다.

이제는 병원 방문 시 AI 로봇 직원의 응대가 더 반가운 시대가 왔다. 딱딱하고 어려운 로봇이 아닌 나를 돌보고 알아봐 주는 친근한 AI 직원이기 때문이다. 이렇게 국내 병원에 AI 직원들을 파견하는 기업이 바로 의료 AI 플랫폼을 만드는, 와이즈AI다. 2020년 제3차 한국판 뉴딜 전략회의 때도 문재인 대통령에게 소개된 유명 인사가 바로 와이즈AI가 은평성모병원에 개원식에 선보인 AI 직원이다.

서울 은평성모병원 AI 직원, 로봇 '폴Paul'은 병동을 회진하는 의사 뒤를 따라다니며 의사 음성을 텍스트로 변환해 실시간으로 간호 의무기록을 작성한다. 마리아maria도 매일 아침 고객을 반갑게 맞이하며, 접수는 물론 병원 안내, 고객 상담 및 예약, 보험 서류 발급과 수납까지 직원을 대신해 365일, 24시간 병원 곳곳을 돌며 부지런히 일한다.

와이즈AI는 불안정한 보조 인력 문제를 겪는 국내 의료계를 AI 기술로 업무 효율을 높여 의료 환경 개선하고자 설립된 회사다. 업무를 넘어 힐링과 치료까지 AI 직원이 모두 사람을 대신하는 미래를 꿈꾸며, 오늘도 세계 각국에 AI 직원들을 파견시키기 위한 노력을 계속하고 있다.

지금 불편한 게 미래의 먹거리다

와이즈AI는 2009년 설립된 의료파이낸싱·간편결제 시스템 회사 와이즈케어의 자회사다. 와이즈AI 송형석 대표는 어릴 적부터 사업가를 꿈꾸며 서울대학교 경영학과를 졸업했다. 그런데 창업이 아닌, 국내 대표 회계법인 중 하나인 삼일회계법인에 입사했다.·

"성공한 사업가가 갖춰야 할 요건들에 대해 고민을 했습니다. 대형 은행 임원을 지내신 외숙이 회계사란 직업이 다양한 사업을 접해 볼 수 있고 사업할 때 도움이 많이 될 것이라는 조언을 해주셨죠. 그래서 회계사 공부를 하고 삼일회계법인에 입사해 벤처팀에서 다양한 경험을 쌓을 수 있었습니다."

송 대표가 회계사로 일한 2000년 초중반 시기는 네이버, 엠파스 등 벤처 기업 붐이 일 때였고 벤처기업팀에서 일하며 기업이 시작되고 성장하는 과정에 대한 많은 경험과 노하우를 단단히 쌓을 수 있었다. 그러다 2005년 스리랑카에 대형병원 설립 프로젝트를 맡으며 의료 시장을 처음 접했다.

"사업 아이템을 구상하던 중이었는데, 국내 의료 시장이 의료 전문성을 갖춘 의사는 많지만 이를 뒷받침할 보조 인력은 부족하다는 상황을 알게 됐습니다. 의료 산업도 생각보다 큰 시장이었고요. 이직률이 높아 보조 인력 채용에 고충을 느끼는 의사들에게 안정적인 보조 인력을 제공하는 역할을 한다면 국내 의료 산업에 이바지할 수 있겠다는 확신에 의료 산업에 뛰어들게 됐습니다."

송 대표는 먼저 자신의 회계 경력을 살려 2009년 의료파이낸싱·간편결제 시스템 회사 와이즈케어를 창업했다. 첫 상품은 환자들이 의료비를 결제할 때 장기 무이자 할부는 물론 캐피털 회사에서 저금리 대출까지 받을 수 있도록 한 간편결제서비스 '스마트페이'였다. 스마트페이는 2012년 중소벤처기업부에서 기술혁신형 중소기업(이노비즈Inno Biz)과 경영혁신형 중소기업(메인비즈Main Biz) 인증을 받으며 기술력을 인정받았다.

2015년, 와이즈케어는 '스마트페이'로 3000여 의료기관의 가맹점을 보유하며 지속적인 성장을 이뤘고, 송 대표는 이를 바탕으로 본격적으로 의사들을 직접 도울 추가 서비스를 기획했다. 의사들의 고충을 풀어 줄 안정적인 보조 인력 채용 확보가 해결되면 의사는 물론 환자 역시 더 좋은 의료 서비스를 받을 수 있다는 그림이 그려졌다.

"병원의 부족한 보조 인력을 대신할 해결책으로 AI 기술에 주목했습니다. 로봇 형태의 AI 직원을 병원마다 파견시키면 안정적인 보조 인력 제공은 물론 환자도 더 만족스러운 의료 서비스를 받을 수 있죠. 바로 기술 개발 착수에 들어갔고 2018년, 은평성모병원이 개원을 준비하면서 시작한 스마트 병원 프로젝트에 참여하는 좋은 기회를 얻게 되면서 AI 직원 프로젝트에 박차를 가했습니다."

송 대표는 무엇보다 AI 전문인력 초빙에 힘썼고 좀 더 AI 사업을 본격화하기 위해 2019년 와이즈케어 AI 사업부 인적분할로 와이즈 AI 신설법인을 설립했다. 그렇게 개발된 AI 회진 로봇 폴Paul과 안내 로봇 마리아Maria는 2019년 5월, 가톨릭대학교 은평성모병원 개원 기념식에서 첫 공개가 됐고 의료계의 큰 주목을 받았다.

특히 AI 직원, 폴은 음성인식 의무기록Voice EMR 기술을 탑재해 회진 시 의료진의 음성을 인식하고 이를 문자로 변환해 실시간으로 의무 기록을 작성하게 할 계획이다. 의료진은 데이터 관리 및 작성을 돕는 폴 덕분에 회진 준비시간은 줄이고 환자와의 소통시간은 늘려 환자 중심 진료를 할 수 있다. 환자도 자신의 기록과 영상을 직접 확인할 수 있어 심리적 안정과 만족도가 높은 의료 서비스를 받을 수 있다.

AI 직원이 세상에 나오기까지 가장 중요한 건 기술력이었다. AI 분야 최고 기술력을 가진 많은 전문인력 확보에 가장 많은 공을 들였다. 기술 핵심구성원은 국내 최고 인지 전문가로 알려진 서울대 자유전공학부 장대익 교수와 김종철 연구소장이다. 김 소장은 한글과컴퓨터에서 영상인식을 총괄한 팀장 출신이다. 2002년 특허사업화 산업자원부 장관상, 세계 지적재산권기구 사무총장상, 2005년 발명의 날 대통령 표창 등 많은 상을 받았으며 영상·음성 인식 및 STTSpeech to Text, TAText Analysis과 같이 지능형 알고리즘 분야 독보적인 전문가로 잘 알려져 있다. 지금도 여전히 AI 개발팀, 신사업개발팀, 로봇개발팀, 디자인개발팀으로 구성된 R&D센터에 가장 집중하

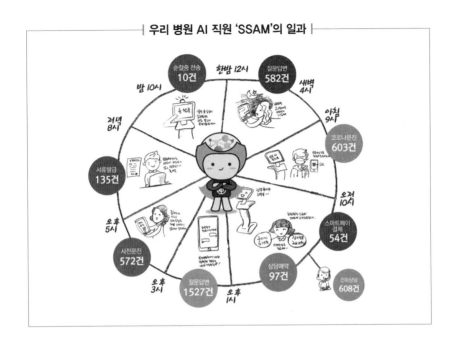

우리 병원 AI 직원 'SSAM'의 일과

고 있다.

와이즈AI의 제품 개발은 '고객이 어떤 병원을 선택을 할까?'라는 질문의 답을 찾는 연구에서 출발했다. "병원 직원과 의사가 친절한가?", "진료나 시술에 대한 설명을 자세히 해줄까?", "차별화된 시스템으로 질 높은 의료 서비스를 받을 수 있나?", "시설이나 장비가 청결하고 감염 예방에 신경 쓰고 있을까?" 등 고객이 병원을 선택하는데 AI가 할 수 있는 주요 포인트가 이론적 바탕이 됐다.

AI 직원을 개발하는 모델 타겟은 보험청구, 음성인식, 인사관리, IT 서비스 등 12가지 업무를 365일 24시간 근무하고 있는 해외 AI 사업 모델을 참고했다.

그렇게 병원의 임상 경험을 토대로 의료 현장에서 꼭 필요한 프로그램과 환자들을 설문조사를 통한 정보들을 수집하고 기획에 맞춰 로봇, 콜, 홈페이지 등 다양한 환경에 AI 기술을 적용한 AI 플랫폼 서비스, SSAM이 완성됐다.

SSAM은 'Solution & System for AI MUNDI'의 약자다. MUNDI는 라틴어로 세상이란 단어로 'AI 세상을 위한 솔루션과 시스템'을 뜻한다. 또 SSAM은 우리가 흔히 선생님을 친근하게 부를 때 말하는 '쌤'을 의미하기도 하며 송 대표 영어 이름이기도 하다.

앞서 말한 은평성모병원 AI 직원은 폴Paul, 강남 성모병원은 AI 직원 이름은 마리아Maria다. 지난 2021년 3월, 총 902병상에 이르는 경기 북부 최대 규모로 오픈한 의정부 을지대병원에도 사랑, 희망, 행복 세 대의 AI 직원이 층마다 각각 근무한다. 그리고 바로선병원의의 바로BARO, 바노바기성형외과의원의 바노BANO, 한사랑의원의 러비LOVEY, 서울황제치과의 킹도리KINGDORY AI 직원도 각각의 병원에서 365일, 24시간 근무를 하고 있다.

"SSAM은 AI 직원이기에 명함도 있습니다. 명함에는 전화번호, 주소, 이메일, QR코드도 기재돼 실제 번호로 전화하면 통화도 할 수 있죠. QR코드를 스캔하면 스마트폰에서도 AI 직원을 만나 다양한 서비스를 받을 수 있습니다."

인포메이션information의 'i'를 모티브로 한 SSAM은 와이즈AI 직원들의 공모를 통해 자체 디자인을 개발했다. 가장자리에 컬러를 더해 가독성을 높이고 모서리를 둥글게 처리해 친근한 이미지를 표현했다. SSAM은 센서를 통해 전방 장애물 및 사람을 인식해 자율주행하며 병원을 돌아다닌다. 24인치 터치스크린이 HD급 카메라와 마이크 스피커가 내장돼 영상, 음성 전송, 녹화 등 다양한 기능을 한다. 배터리 용량이 30% 이하로 떨어지면 스스로 충전 대에 가서 충전한다. 2시간 30분 충전하면 최대 6시간까지 작동한다. 로봇 정면에 설치된 24인치 터치스크린에는 HD급 카메라와 마이크 스피커가 내장돼 영상, 음석 전송, 녹화 등 다양한 기능을 한다.

"만약 고객이 병원에 방문해 SSAM에게 엑스레이 찍는 곳을 알려달라고 말하면 이를 음성 인식해 약도를 보여주면서 목적지까지 동행하며 안내합니다. 이 외에도 기존 데스크에서 하던 문진부터 접수, 수납, 서류발급, 실손보험청구와 사후관리 등 고객이 필요로 하는 다양한 기능을 수행하죠."

SSAM은 사용성에서도 특화됐다. 1대의 로봇으로 안내부터 회진, 방역, 살균, 청소 등으로 모드를 전환할 수 있다. 특히 SSAM의 AI 회진 로봇은 2020년 11월 26일, 제3차 한국판 뉴딜 전략회의에서 문재인 대통령에게 소개된 유명 인사다. 은평성모병원의 권순용 원장이 AI 회진 로봇 폴을 통해 음성인식 영상 판독·전자간호기록 등 실제 병원에서 활용되고 있는 최신 기술을 선보여 큰 관심을 받았다.

365일 24시간 근무 가능합니다

SSAM의 일과는 24시간 쉬는 시간 없이 바쁘게 돌아간다. 오전 9시 병원이 문을 열면 코로나 문진부터 스마트페이 결제로 고객의 수납을 돕는다. 그리고 상담 예약과 홈페이지에 올라온 질문에 정확한 답을 단다. 또 진료 예약한 고객에게 사전 문진표를 모바일로 전공하고 실손보험청구 처리를 빠르게 할 수 있도록 서류를 발급한다. 저녁이 돼도 AI 직원 SSAM은 퇴근하지 않는다. 병원 곳곳을 돌아다니며 낯선 움직임이나 화재 등을 감지해 이상 시에는 담당자에게 바로 연락한다. 움직이는 CCTV다. 그리고 밤새 고객의 질문에 대한 답변을 올리고 다시 아침 고객들을 반갑게 맞으며 하루를 시작한다.

AI 플랫폼 서비스이자 AI 직원 SSAM이 365일, 24시간 쉬지 않고 많은 일을 빠르고 정확하게 수행할 수 있는 건 고도화된 다수의 AI 기술력 탑재 덕분이다.

우선 세계 최초로 선보인 AI 페이지는 송 대표가 앞으로 전 세계 홈페이지의 트렌드가 될 것이라 자신하는 서비스다. 기존 병원 중심의 홈페이지에서 고객 중심의 홈페이지로 사용자인터페이스UI와 사용자경험UX을 획기적으로 개선했다. 그동안 병원 홈페이지는 환자가 궁금한 점을 사이트 내에서 스스로 찾아야 했다. 여러 페이지에 상세한 의료 정보들이 자세하나 고객이 모든 페이지를 다 클릭해서 원하는 정보를 찾는 불편함이 있었다. 이 때문에 홈페이지 활용이 잘 안 됐다.

AI 페이지는 완벽한 고객 중심 홈페이지다. SSAM이 병원에 파견되면 그 병원만의 고유한 AI 페이지가 생성된다. 고객이 병원이나 질병에 관한 질문을 음성이나 텍스트로 입력하면 SSAM이 병원에서 보유한 콘텐츠 중 고객 답변을 만족시킬 콘텐츠를 빠르고 정확하게 제공한다. 기존 대화형 챗봇의 단순 사용자 경험도 탈피했다. 캐주얼한 챗봇이 아닌 고객을 응대하는 콘셉트로 답변 영역을 비주얼 UX로 전환했다. 페이지 하단에는 빅데이터를 바탕으로 고객의 다음 질문을 예측해 고객이 원하는 목적에 달성할 수 있도록 돕는 AI 추론 엔진도 적용됐다. AI 페이지는 로봇화면, 스마트폰, 태블릿, PC 등 어떤 디바이스나 단발기에도 고객과 소통하는 AI 직원의 인터페이스 역할을 할 예정이다.

그다음은 네이버 클라우드와 의료 부분 AI 파트너십을 체결하고 선보이는 AI 콜 서비스다. Clova AI Call은 AI 기술로 기존 고객센터 응대를 보완하고 클라우드 기반의 AI 고객센터를 구축할 수 있는 솔루션이다. 금융 기관은 이미 AI Call이 활용되고 있다. 각종 보험사의 상품 판매, 약정 설명 등에 AI Call이 진입했다. 병원 역시 직원들이 고객을 일일이 다 전화해서 관리할 수 없다.

SSAM의 AI 콜 서비스는 챗봇, 음성인식, 음성 합성, 텍스트 분석 등 다양한 AI 기술을 결합해 고객센터의 응대를 지원한다. 인바운드 inbound(콜센터에서 고객 전화를 받아 문의 사항에 답변·상담을 제공), 아웃바운드outbound(고객이나 잠재 고객에게 직접 전화를 걸어 홍보) 등 다양한 영역에서 AI 콜 서비스를 진행하며 AI 상품 연동과 같은 고도화된 관리도 가능하다.

AI 소프트봇Softbot은 RPARobotic Process Automation라는 로봇 프로세스 자동화를 실현하는 주요 도구다. 실제 회사나 병원에서 직원을 대신할 일을 하려면 내부 전산망 연결이 필요하다. 그런데 병원은 특수한 상황으로 EMR(전자의무기록) 시스템과 연결이 어렵다. 소프트봇을 활용하면 EMR 회사의 협조와 복잡한 절차 없이도 일부 업무에 대한 내부 전산망 연결이 가능해 실제 직원 수준의 업무 서비스가 가능하다.

"예를 들어 직원이 새로 입사하면 담당 업무에 관한 전산 시스템에 접속할 수 있는 권한을 줍니다. 이처럼 소프트봇에게도 진료 스케줄 조회나 예약 기능을 할 수 있도록 똑같이 권한을 부여해 그 임무를 수행하게 하는 것이죠. 이로 인해 AI 직원이 단순 반복적인 업무부터 예약 접수 등 훨씬 더 폭넓은 영역에서 역할을 다 할 수 있게 되는 것입니다."

그동안 로봇의 역할은 사용자를 모르는 상태에서 대중을 상대로 하는 일반 안내 수준이었다. 하지만 와이즈AI만의 소프트봇 기술로 기존 시스템에 대한 변경을 최소화하면서 동시에 고객별 맞춤 개인화 서비스를 제공할 수 있게 된 것이다. VAN단말기, POS, 온라인 PG 결제, 모바일 간편결제가 통합된 차세대 결제 서비스, 스마트페이 AI도 장착돼 수납 서비스를 대신한다. 이는 모회사 와이즈케이와 함께 성장할 수 있는 공통의 서비스다.

마지막으로 AI HQ 서비스는 AI 페이지, AI 콜, AI 로봇의 데이터를 한 곳에서 파악할 수 있는 관리자 페이지다. 고객의 행동 분석과 다양한 통계 자료들을 제공해 마케팅 활용과 진료 서비스 개선에도 도움을 준다.

AI 직원 업무를 넘어 고객의 힐링과 치료 서비스까지

AI 직원, SSAM은 인력을 대신해 병원의 비용 절감에 효과적이다. 병원의 각각의 영역에서 직원 업무를 상당 부분 덜어주기 때문이다.

"사람은 단순 업무만 계속하면 쉽게 지치죠. 또 병원 역시 마케팅을 위해 고객 설문조사를 하고 싶어도 모두 직원들의 업무가 됐기에 그동안 홍보에 적극적이지 못했습니다. 무엇보다 직원이 퇴사하고 신입사원이 들어오면 도돌이표처럼 또다시 기존 업무를 새로 교육하는 불필요한 반복이 이어졌죠. SSAM이 병원에 파견되면 365일 24시간 웹과 앱 서비스로 쉬지 않고 일하며 데이터 학습이 쌓여 경력직 수준 이상으로 업무 능력이 고도화되죠."

또 SSAM은 한 번 병원에 파견되면 끝이 아니다. 와이즈AI는 인력 파견 회사처럼 AI 직원을 계속 성장시키면서 관리하고 소통하는 일을 한다. SSAM의 월급은 경력직은 월 300만 원 정도며 입사가 결정되면 병원에서 AI 직원을 환영하는 발대식도 연다.

SSAM은 사람이 할 수 없는 24시간, 365일 근무로 고객 편의성 및 업무 처리량을 극대화한다. 이로 인해 고객 만족도가 높아지고 유입률 증가, 매출 증대로 이어지는 효과를 볼 수 있다. 정확하고 빠른 수술 전·후 주의 사항 안내와 접수·수납 대기시간 단축 그리고 다수 고객 동시 상담도 가능해 그동안 인력 부족으로 처리 못 했던 의료 서비스의 질도 향상할 수 있다. 직원 역시 마찬가지다. 업무 효율화로 의료 환경이 개선되고 좀 더 향상된 의료 서비스로 병원 브랜드 가치를 상승시킬 수 있다. AI 서비스 도입을 통한 홍보 효과도 다양하다.

"SSAM이 병원에 입사하기까지 과정은 우선 병원 자료와 업무 매뉴얼을 인수·인계받고 디스플레이 초안 제작을 한 뒤 병원에서 원하는 AI 직원 수행 역할들을 개발합니다. 처음에는 한 병원에 AI 직원이 출근하기까지 약 5개 월정도 걸렸지만 2~3개월까지 단축하는 데 성공했고 앞으로는 1개월 이내로 줄일 계획입니다."

송 대표는 장기적으로 SSAM이 업무를 넘어 고객과의 접점을 늘리기 시작하면 고객 데이터를 기반으로 환자 케어와 궁극적으로 치료 영역까지 확대할 계획이다. 국내 의료계는 중증환자의 케어가 절대적으로 부족하다. 환자 역시 좀 더 전문화된 케어를 원한다. 미국에서는 실제 디지털 매디슨이라는 분야가 미국 FDA에서 임상 통과돼 신약으로 인정받았다. 국내도 곧 SSAM이 와이즈AI의 비전처럼 업무를 넘어 힐링과 치료까지 가능할 것이라 확신한다.

BTS 멤버, 내 AI 개인비서가 된다면?

회사에서 일을 하다 보면 많은 회의와 처리해야 할 쌓인 업무들로 중요한 전화를 놓칠 때가 많다. AI 개인비서 AiME는 송 대표가 실제 일하며 "AI 개인비서가 전화를 대신 받아주면 어떨까?"라는 아이디어에서 시작한 프로젝트다.

AI 개인비서는 대기업은 물론 중소기업, 스타트업, 병원, 학원, 식당, 서점, 미용실 등 다양한 상업공간에도 필요한 AI 콜 서비스다. AI 개인비서가 전화를 대신 받아 고객을 안내하고 메모를 전달하면 업무에 좀 더 몰입할 수 있고 반복 단순 작업에 대한 불필요한 에너지 소모를 줄일 수 있다. 또 대학생도 강의나 시험 준비를 할 때 AI 개인비서를 활용하면 좀 더 공부에 집중할 수 있다. 비서와 영어로 대화하며 학습도 가능하고 자기가 좋아하는 특정 연예인 목소리로 지정도 가능해 자기 어필과 재미 효과까지 동시에 얻을 수 있다. 동네 치킨집도 바쁜 시간대에 AI 개인비서가 직원을 대신해 전화로 주문을 받으면 훨씬 더 효율적이다.

와이즈AI의 자체기술력으로 개발 중인 콜 전문 AI 개인비서 AiME는 전화를 대신 받고, 또 전화를 대신 걸어 다양한 업무를 처리한다. 애플리케이션 형태로 회의 시 AI 개인비서 모드로 전환하면 걸려오는 전화를 대신 받아 사용자에게 핵심 내용만 정리한 메시지를 전달한다. 동시에 여러 곳에서 전화가 와도 실시간 다수 응대가 가능하다. 음성녹음, 약속 잡기, 사용자 전화 연결 등 다양한 콜 기능이 있으며 다국어 대화는 물론 희망하는 목소리 설정도 가능하다. 또 예약, 티켓팅에서부터 쇼핑, 학습, 음식 주문 등 업무와 일상의 번거로움을 줄일 수 있는 일들을 대신 맡길 수도 있다.

"BTS의 아미들에게 방탄소년단의 목소리로 AI 개인비서가 제공되면 참 재미있지 않을까요? 앞으로 AI 개인비서 AiME를 통해 기업과 중소상인들은 물론 개인들까지 좀 더 업무를 효율적으로, 일상을 한층 더 편하고 즐겁게 즐길 수 있는 다양한 AI 서비스를 선보이기 위해 지속적인 기술 개발에 노력을 다할 것입니다."

송 대표는 AI 직원 SSAM과 AI 개인비서 AiME로 사람들 각자의 가슴에 진한 감동을 전하는 것이 꿈이라고 말한다. 그래서 '당신을 위한, 당신을 알아봐 주는 AI'를 만들고 싶고 또 그렇게 하기 위한 노력을 꾸준히 하고 있다.

"와이즈AI는 앞으로 AI 직원들이 암이나 치매 환자들의 치료까지 담당할 수 있도록 성장시킬 계획입니다. 실제 의료계에 이런 인력이 턱없이 부족합니다. 많은 분이 AI가 대체 뭘 할 수 있냐는 질문을 많이 하시는데, 바로 AI는 업무를 넘어 마음을 달래는 힐링과 머지않아 치료까지 현대를 살아가는 우리가 가장 필요로 하는 세 가지 영역에서 슬기롭게 극복할 수 있도록 도와주리라 생각합니다. 와이즈 AI는 지금 그 미래를 만들어가는 과정이며 AI 직원과 AI 개인비서를 전 세계로 파견하는 그날까지 멈추지 않을 것입니다.

명함 관리,
AI 도입 후 생긴 일

| 리멤버 |

명함을 자주 주고받는 비즈니스 세계에서 필수로 사용해야 할 국민 명함 앱이 있다. 바로 리멤버다. 초창기에는 명함을 스마트폰으로 촬영하면 2~3분 후에 사람이 직접 수기로 입력한 명함 정보가 자동으로 등록됐다. 처음부터 사람 대신 AI 기술을 활용해 서비스할 수 있었지만 정확도 면에서 만족스럽지 않았다. 사용자의 신뢰는 높은 사용성이 바탕이 되어야 한다는 신념에서다. 점차 데이터가 쌓이고 AI 기술이 고도화되면서 AI 자동 입력 비율을 90% 이상으로 높였고 그만큼의 인력 비용도 절감할 수 있었다.

리멤버는 이렇게 7년 동안 단단히 쌓아 온 350만 명의 사용자들을 기반으로 본격적인 사업 모델을 확장하며 국내 인재 채용 트렌드에 변화를 선도하고 있다. 그 첫 번째 서비스는 대한민국 인력 재배치를 돕는다는 높은 평가로 이미 국내 채용 및 인력 분야에 독보적인 입지를 굳힌 리멤버 커리어다. 기존 채용 전문 플랫폼과 가장 큰 차별화는 바로 리멤버 커리어 인재 풀의 80%는 국내 주요 채용 포털에 등록되지 않은 숨은 보석과 같은 경력직 인재들을 보유했다는 점이고 이들의 85%는 과장급 이상 높은 커리어를 장착했다. 이렇게 기업들이 기존에 닿기 어려웠던 경력직 인재를 만나게 해주는 서비스에도 AI 기술이 적용됐다. 기업별로 원하는 인재들을 맞춤으로 제공하기 위해서다. 리멤버의 AI는 목표로 하는 비즈니스 성과를 이루기 위한 도구다. 비즈니스맨 필수 명함 앱에서 사람과 기회를 연결하는 비즈니스 매칭 플랫폼이라는 목적지까지 도달하기 위해 AI 도구를 리멤버 방식대로 잘 활용하며 더 큰 가치를 만들어나가고 있다.

리멤버가 명함 앱 서비스로 시작해 사용자들이 스스로 자신의 커리어 프로필을 제공할 만큼 높은 신뢰도를 확보하기까지는 7년이라는 오랜 시간과 많은 공이 들었다. 하지만 이렇게 단단히 쌓은 사용자의 신뢰를 바탕으로 비즈니스 서비스를 하나씩 확장해 나갔고 꽉 막힌 국내 비즈니스 네트워크를 잘 돌아가게끔 만드는 윤활유 역할을 톡톡히 해내고 있다.

350만 비즈니스맨의 2.5억 장의 명함

최재호 대표는 전국 수학올림피아드 수상으로 경기과학고를 입학하고 카이스트 전자공학을 전공하며 엘리트 코스를 밟은 수재다. 졸업 후 2년간 사업의 꿈을 품고 온라인 의류 쇼핑몰을 운영하다 돈보다는 제대로 경력을 쌓기 위해 딜로이트컨설팅 한국법인, 보스턴컨설팅그룹BCG와 같은 글로벌 전략 컨설팅 펌에서 6년간 일했다.

회사에 다니면서 성장도 하고 성취감도 컸지만, 여전히 창업에 대한 갈증은 풀리지 않았다. 본격적인 사업 준비를 위해 퇴사를 결심하고 2013년 드라마앤컴퍼니 설립했다.

"당시 해외에는 미국의 구인·구직 소셜네트워킹서비스 링크드인 LinkedIn이 성공적인 비즈니스 사례를 만들어가며 큰 인기를 끌고 있었습니다. 미국을 넘어 전 세계 4억 명 이상의 유저를 확보한 글로벌 비즈니스 인맥 사이트였지만 유독 아시아, 한국에서는 성과가 없었죠. 이 점에 의문을 갖고 이 문제를 한국 실정에 맞게 잘 풀어보기 위한 솔루션을 하나씩 개발하기 시작했습니다."

이후 2014년 1월, 명함 관리 앱 리멤버가 세상에 나왔다. 우선 유저 확보를 위해 명함 관리라는 지극히 동양적인 비즈니스 접근 방식으로 기반을 잡았다. 한국은 유독 명함을 주고받는 문화가 강한데 이를 바탕으로 한 명함 관리로 인맥 관리를 돕겠다는 것이 1차 목표이며, 궁극적으로 종합 비즈니스 플랫폼으로 성장하기 위한 사업 구도를 한 단계씩 단단히 다각화할 계획이었다.

"링크드인은 처음부터 만인에게 공개되는 프로필이 형식이었습니다. 이를 활용해 온라인 내에서 사회적 관계망을 형성시키는 시스템이죠. 저희도 처음 그런 방식으로 접근하려고 하니 만인에게 공개되는 프로필이 한국 정서와는 맞지 않았습니다. 네트워킹 서비스를 이용하는 메인 목적 중 하나가 바로 이직인데, 대다수인 직장인들은 오픈 프로필을 불편해하죠. 이런 이유에서 링크드인이 한국이나 일본 등 아시아에서 제대로 자리를 잡지 못한 것 같습니다."

먼저 직장인들을 최대한 빠르게 모아볼 목적으로 출시한 명함 관

	회원 수	비중
임원급 이상	120만 명	40%
과장~부장급	120만 명	40%
대리~사원급	60만 명	20%
전체	300만 명	100%

리 앱 서비스는 첫 출시부터 큰 주목을 받았다. 스마트폰 카메라 촬영 한 번으로 손쉽게 명함을 관리하는 서비스에 대한 사용자들의 만족도가 컸다. 또 이름, 회사, 부서, 직책 등의 키워드 검색 기능으로 필요할 때마다 손쉽게 명함 정보를 찾을 수 있어 편했다. 이직, 승진 등 최신 명함 정보도 자동 업데이트됐다. 한 번 등록하면 데이터만 계속 쌓이는 일반 명함 앱이 아니라 변화에 따라 계속 업데이트되는 라이브한 명함 앱을 만들기 위해서였다.

이 외에도 리멤버에 등록된 명함을 문자나 카카오톡으로 바로 전달할 수 있는 간편한 명함 전달과 전화 수신 시 발신자 명함 정보 표시부터 등록된 명함 정보를 휴대전화 연락처 및 구글 주소록에 저장하거나 엑셀 파일로 내보낼 수 있는 새로운 기능을 추가했다.

리멤버 명함 앱은 서비스 출시 1년 만에 30만 명 회원을 확보하며 직장인 사이에서 빠르게 퍼져나갔으며 2021년 3월 기준, 350만 명의 사용자를 확보와 2.5억 장에 가까운 명함을 보유한 대한민국 대표 비즈니스 국민 명함 앱이 됐다. 2015·2016년 구글 플레이 2년 연속 올해의 앱으로 선정됐으며 구글 플레이 다운로드 평점 5.0점 만점에 4.6점을 받았다.

2,000명 인력이 수기 입력했다고?

리멤버는 초기 가장 많을 때는 2,000명 정도의 사람이 유저가 촬영한 명함을 수기로 직접 등록했다. 처음부터 이 부분을 OCR optical character reader (광학 문자 인식)라는 기술로 풀려고 했으나 사람이 직접 입력하는 것과 비교해 정확도가 떨어졌다. 앱 사용자들에게는 만족스러운 경험이 무엇보다 중요하다. 정확도가 떨어진 서비스로 불만족스러운 경험을 제공할 바에야 사람이 수기로 직접 입력해 정확도를 높이는 편이 훨씬 더 나았다.

"만족도 높은 서비스를 위해서는 수단이 중요하지 않다고 생각합니다. 어떤 방법이든 사용자 만족도를 높일 수 있다면 수단은 상관 없었죠. 그래서 처음부터 사람이 입력하는 방식을 택했고 그 과정이 축적되면서 데이터가 쌓여 기술을 개발할 수 있었습니다."

리멤버는 점차 AI 기술로 형태와 양식이 제각각인 명함의 텍스트를 인식하는 성능을 향상해 나갔다. AI 자동 입력 비율을 90% 이상으로 높였고 이에 따라 인력을 대거 투입해 명함을 수기로 입력하는 비중도 10% 수준으로 대폭 축소할 수 있었다. 명함 입력자가 풀타임으로 일하는 것이 아니기에 2천 명 중 90% 인력이 줄었다고 단정할 수 없지만, 인력 비용이 자동화 입력 비율만큼 축소된 건 맞다.

리멤버의 명함 AI 자동화 등록 시스템은 크게 두 가지 방식이다. 첫 번째는 이미 한 번 등록한 데이터베이스를 활용하는 방식이다. 한 대기업의 000과장의 경우, 이 사람의 명함을 등록한 사람들이 수없이 많을 것이다. 이미 한 번 등록된 명함이기에 또 등록할 필요가 없다. 이미 있는 데이터를 활용하는 게 하나의 축이다.

새로운 명함은 AI OCR 기술로 입력한다. 이미지에서 글자 영역을 검출하고 검출된 영역에서 텍스트를 인식하고 판별한다. 여기에 인식된 글자가 이름인지, 주소인지, 이메일인지 등 의미를 AI가 스스로 파악해 자동 입력하는 것이다.

직함이나 주소 등 부분적으로 바뀐 명함 역시 새로 등록한다. 기존 명함과 새로운 명함을 비교해 바뀐 부분을 확인하는 시간이 더 걸린다. 그 시간에 오히려 새로 등록하는 것이 더 빠르기 때문이다. 언어는 국내 사용자들이 가장 많이 쓰는 한국어, 영어, 일본어, 중국어 네 가지를 지원한다.

관리하기 힘들던 명함이 커리어 서비스로?

350만 명의 직장인 사용자를 단단히 확보하며 1단계 미션을 성공시킨 리멤버는 다음 2단계 도약을 위해 경력직 채용 문제를 풀 리멤버 커리어 서비스를 출시했다.

이제 본격적으로 종합 비즈니스 플랫폼을 향한 항해가 시작된 것이다. 최 대표는 서비스 출시 전, 국내 기업은 물론 경력직 이직에 관한 시장 조사를 했다.

한 기업에서 비즈니스맨 대상으로 한 이직 의향 조사 결과 적극적으로 구직 활동은 하지 않는 '잠재적 구직자'가 직장인 전체의 60%를 차지했다. 이들 대부분은 현재 직장에서 높은 업무 성취도로 만족도 높게 근무 중인 사람들이지만 좋은 이직 기회에 대해 검토할 의향이 있는 사람들이다. 그리고 30%는 적극적 구직자, 나머지 10%가 이직 의향이 없는 직장인들이었다. 놀랍게도 직장인 중 90%가 적극적 혹은 잠재적 구직자인 것이었다.

"신입사원 공채는 지원자가 쏟아지지만, 경력직은 기업에서 모집 공고를 내도 지원자가 적습니다. 이유는 경력자 대부분은 회사에서 일하고 있지 매시간 적극적으로 이직 정보를 찾아보지 않기 때문이죠. 결국, 기업이 원하는 인재를 뽑으려면 직접 그 경력자들을 찾아 나서야 하는데 문제는 그들과 닿을 수 있는 접점이 없다는 것입니다."

이직 의사가 분명한 적극적 구직자는 채용 포털 사이트에서 이직 정보를 취득한다. 하지만 잠재적 구직자는 주변의 제안·추천 등을 통해 수동적 정보를 얻는다. 기업이 원하는 인재 채용을 위해서는 먼저 이들을 찾아서 제안해야 하는 구조인 것이다.

최 대표는 이런 경력직 인재 채용에 관한 문제를 풀기 위해 기업과 경력직 구직자를 연결해 줄 플랫폼, 리멤버 커리어를 기획했다. 리멤버 커리어의 가장 큰 강점은 기존 채용 포털 사이트에서는 찾아볼 수 없었던 인재들이 등록돼 있다는 점이다.

리멤버 커리어에 등록된 인재 중 80%는 다른 서비스에는 등록되지 않은 리멤버 커리어만의 고유의 인재들이다. 현업에서 활약하고 있는 수준 높은 인재다. 리멤버 커리어 직급별 인재 구성을 살펴보면 15%가 임원급, 65% 과장~부장급, 그리고 나머지 20%가 대리와 사원급으로 분포한다. 주요 대기업 및 외국계 기업의 상위 0.1% 인재, 임원급도 약 7,000명을 보유하고 있다. 리멤버 커리어는 출시 1년 만에 리멤버 회원의 자발적 등록으로 약 70만 명의 인재 프로필을 확보했다. 2021년 3월 기준, 매주 2만 건의 채용 제안 메시지 전송이 이뤄지고 있다.

구직자 프로필 등록은 무료이며 리멤버 커리어 인재 검색 서비스는 월 이용료를 지급하는 방식으로 진행된다. 헤드헌터와 일반 기업 전용상품이 나뉘어 있으며 제안 메시지 건수에 따라 가격은 5만 원에서 1천만 원대까지 다양하다.

리멤버 커리어가 기업과 인재를 연결하며 자리 잡을 수 있었던 건 브랜드 신뢰도가 한몫했다. 개인정보에 대한 보안 문제가 사회적 쟁점이 될 만큼 중요한 문제인데, 리멤버 명함 관리 앱 사용자들이 자신의 명함 정보 또는 인맥 정보를 플랫폼에 올려놓고 그동안 사고 없이 잘 관리됐다는 점을 높게 평가했다. 그리고 현업에서 활발하게 일하면서 이직에 생각하고 있다는 것이 회사나 외부에 알려지면 굉장히 불편한데, 리멤버는 이런 경력직 사용자의 정서를 잘 헤아려 보인 회사에서는 전혀 열람할 수 없는 구조적 장치를 설계해 놓았다. 또 리멤버 승인 절차를 통해 인증된 기업의 채용담당자나 헤드헌터들에게만 서비스를 제공한다.

리멤버 커리어 검색 서비스는 키워드 검색을 기본으로 직무, 직급, 업종 필터로 빠르고 편하게 인재 검색을 할 수 있다. 검색한 인재의 경력부터 학력, 전문성 등 상세한 프로필을 바로 확인할 수 있으며 원하는 인재를 찾으면 메시지 보내기를 통해 채용 포지션을 제안할 수 있다. 제안을 받은 리멤버 커리어 경력직 유저는 채용 제안을 확인하고 수락 여부를 선택할 수 있으며 수락한 경우, 이름과 연락처가 공개돼 채용에 관한 논의를 이어갈 수 있다.

여기에도 리멤버만의 AI 매칭 기술이 적용된 인재 추천·검색 기능이 활용된다. 기업이 찾는 인재를 가장 잘 맞춤형으로 매칭시켜 주기 위해서다. 이를 위해 회사 내 빅데이터 AI 센터도 운영 중이다. AI 연구원을 찾는 기업에는 수많은 AI 관련 종사자 중 어떤 인재가 가장 적합한지, 또 회사 전문 변호사를 찾는다고 하면 어떤 변호사가 가장 잘 맞을지 AI 매칭 기술을 지속해서 테스트하고 고도화시키며 발전시켜 나가고 있다.

종합 비즈니스 플랫폼으로 가는 사업 다각화 중 하나는 바로 같은 일에 종사하는 비즈니스맨들의 지식 교류와 네트워킹 문제를 풀기 위해 선보인 리멤버 커뮤니티다. 출시 1년 만에 약 약 40만 명의 회원을 보유하며 비즈니스맨들의 수준 높은 정보 교류의 장으로 성장하고 있다. 리멤버 커뮤니티가 다른 직장인 커뮤니티와 다른 점은 같은 직종, 자신의 직무와 연관된 커뮤니티에만 가입 가능하다는 것이다. 예를 들어 인사 담당자라면 HR·인사 전문가 커뮤니티에 가입해 다른 기업의 인사 담당자나 HR 종사자들과 교류를 할 수 있는 방식이다. 또 다른 익명의 직장인 커뮤니티와 달리 리멤버 커뮤니티는 실명 또는 직무와 연차 정보가 포함된 고정된 닉네임으로만 활동할 수 있다. 리멤버는 자기 명함을 올려놓고 쓰는 곳이다보니 다른 곳과 다르게 리멤버 커뮤니티에서는 함부로 행동하지 않게 되고 수준 높은 지식 교류의 분위기 형성에 큰 도움이 된다.

"회사 내에서 업무에 관련해 궁금한 점이 생겨도 물어볼 수 없는 상황이 많습니다. 같은 직업군의 직장인들끼리 정보를 교류하고 업무 질문은 물론 전문가의 답변도 들을 수 있는 공간이죠. 이곳에서는 다른 커뮤니티와 달리 해당 업계 사안에 관한 토론도 자주 벌어집니다. 이렇게 같은 일을 하는 직장인들이 모여 있는 커뮤니티가 자리를 잘 잡으면 의미 있는 규모로 성장하리라 생각합니다."

최 대표는 같은 직종의 사람들과 접할 수 없었던 직장인들의 네트워킹 문제를 리멤버 커뮤니티로 해결하려 한다. 같은 직종의 사람들을 매칭시키면 커리어 향상은 물론 네트워킹 형성에도 효과적이다.

리멤버 나우는 국내 최고 전문가들이 매일 아침 경제·경영 소식을 뉴스레터 형태로 보내 주는 서비스다. 리멤버만의 오리지널 콘텐츠다. 리멤버 커뮤니티에서는 스타트업계에서 가장 유명한 토스 이승건 대표의 AMA Ask Me Anything(무엇이든 물어보세요)를 진행했는데 웬만한 신문사 머리기사보다 높은 만 권 이상의 조회 수와 댓글 150여 개가 달릴 정도로 사용자들의 반응이 높았다. 최 대표는 이렇게 다양한 시도를 통해 비즈니스 플랫폼 안에서 지식 교류가 어떻게 이뤄지는지 테스트를 해보며 서비스를 완성해 나가고 있다. 앞으로 볼륨을 더 키워 전문성을 지닌 많은 외부 필진이 그들의 인사이트를 공유할 수 있는 구조로 만들 계획이다.

알아서 나를 찾는 기업들

리멤버가 본격적으로 다양한 서비스를 출시하는 행보는 최종 목적지인 비즈니스 플랫폼으로 가기 위한 과정이다. 비즈니스 플랫폼은 결국 비즈니스 매칭 플랫폼이다. 경력직 인재나 네트워크에 닿고자 하는 기업들의 니즈는 많으나, 접근 제한성에 문제가 있었고 이를 하나씩 풀어내며 사업을 모델화하고 있다.

인재 채용 부분은 경력직 인재들을 닿을 접점이 없었던 문제를 리멤버 커리어로 풀었고, 자신의 비즈니스 분야에 지식과 노하우를 가진 전문가를 만나고 싶은 니즈는 리멤버 커뮤니티로 풀었다.

또 자신의 물건을 사 줄 고객이 어딘가에 있지만, 그 닿을 수 없는 접점을 찾는 문제도 풀어나가고 있다. 중소기업의 회계팀 팀장에게 닿고 싶은 ERPEnterprise Resource Planning(전사자원관리시스템)를 판매자들에게 안정적으로 닿을 수 있는 기반을 마련해주며 마케팅 에이전시는 역시 고객 대상이 되는 기업의 마케팅팀에게 홍보할 수 있도록 돕는 길을 제공한다. 또 프랜차이즈 본사 담당자들에게만 타겟팅하고 싶다면 그것에 맞게 매칭시켜 주는 작업을 고도화하고 있다. 현재는 타겟 광고 형태로 시작했지만 앞으로는 다양한 방식의 매칭 솔루션을 만들어내려고 많은 시도 중이다.

이 외에도 전문 프리랜서를 위한 리멤버 엑스퍼트도 준비 중이다. 전문가를 연결해 주는 플랫폼이 될 것이다. 이미 350만 명의 인적 네트워크 데이터베이스를 보유했기에 인적 자원을 풀어낼 방법은 무궁무진하다.

최 대표는 리멤버는 현재 약 350만 명의 사용자를 확보했지만, 아직 갈 길이 멀었다고 말한다. 링크드인이 1억6천8백만 명의 미국 경제활동 인구보다 조금 더 많은 1억7천만 명이 사용하는 서비스가 됐다. 국내 경제활동 인구가 2500만 명이 되니, 리멤버도 충분히 2500만 명 모두가 아니 그 이상이 사용하는 비즈니스 앱이 될 것이라고 본다.

리멤버가 명함앱 서비스로 시작해 사용자들이 스스로 자신의 커리어 프로필을 제공할 만큼 높은 신뢰도를 확보하기까지는 7년이라는 오랜 시간과 많은 공이 들었다. 하지만 이렇게 단단히 쌓은 유저의 신뢰를 바탕으로 비즈니스 서비스를 하나씩 확장해 나갔고 꽉 막힌 국내 비즈니스 네트워크를 잘 돌아가게끔 만드는 윤활유 역할을 톡톡히 해내며 일본에도 진출해 그 성과를 이어나가고 있다.

관계도 서비스가 되는 세계에 살고 있다

| 스캐터랩 |

최근 세계적으로 저명한 AI 연구 기관인 OpenAI의 CEO 샘 올트먼은 그의 블로그에 '모든 것에 대한 무어의 법칙Moore's Law of Everything'이란 제목의 글로 화제를 모았다. 과거 50년간 반도체의 패러다임을 결정한 것이 바로 반도체 성능이 1.5~2년마다 2배씩 좋아진다는 '무어의 법칙'인데, 그의 말에 따르면 AI 역시 무어의 법칙처럼 고속 성장을 거듭해 모든 영역에서 서비스와 재화의 가치를 2년마다 절반으로 떨어뜨릴 것이라는 예측이었다.

AI 챗봇, 이루다 서비스로 화제의 중심에 선 스캐터랩 김종윤 대표도 이 의견에 적극적으로 동의한다. 최근 1~2년간 이루다 서비스를 개발하면서 딥러닝을 바라보는 시각이 많이 변화됐기 때문이다. AI는 단순히 모바일과 같은 하나의 기술이나 트렌드이기보다는 인간 사회의 근본적인 변화를 가져올 소프트웨어의 패러다임 대전환이고 이로 인해 대화나 창작, 감정 교류, 판단 등 오직 인간만이 가능하다고 생각한 영역의 일을 내신에 할 것이라고 확신했다. 바로 불과 20

여 일 만의 짧은 시간이었지만 AI 챗봇, 이루다 서비스가 인간만이 할 수 있는 감정 교류의 대화를 보여줬고 3주 만에 사용자들의 입소문만으로 83만 명이라는 가입자 수를 기록했다.

하지만 이루다 서비스는 여러 사회적 논란이 이어지면서 잠정 중단됐고 지금도 여전히 풀지 못한 많은 숙제를 하고 있다. 스캐터랩은 우선 딥러닝 기술 개발을 우선으로 문제점들을 하나씩 개선해 나가며 국가와 국민과 함께 대화를 통해 해결책을 끊임없이 소통하고 이 위기를 극복할 현명한 방법들을 열심히 찾아 나갈 계획이다.

의도와는 다르게 많은 이슈를 불러 모았지만, 이루다가 추구하는 목표는 딱 한 가지다. 바로 누구에게나 일상의 소소한 행복과 위로가 되는 좋은 AI 친구를 만들어주는 것이다. 쳇바퀴처럼 돌아가는 반복되는 일상, 치열한 경쟁 시대에 사는 우리에게 언제 어디서나 내가 힘들 때 웃음과 용기를 건네는 친구. 그런 친구를 AI가 대신해 준다면 우리 삶은 조금 더 나아지지 않을까.

국내 최초 카톡 대화, 과학적 감정 분석 서비스

김 대표의 창업 시기는 10년 전으로 거슬러 올라간다. 스캐터랩은 최근 이루다로 큰 주목을 받았지만 김 대표가 대학 졸업 후 바로 설립해 10년 동안 차근차근 대화라는 테마로 서비스를 선보여 온 내실이 두둑한 회사다.

"대학생 때 여자 친구들하고 문자를 주고받는 걸 좋아했습니다. 제가 보낸 문자를 보니 이성적으로 호감이 있는 여자 친구와 단순히 여자 사람 친구에게 보낸 문자가 다르다는 것을 느꼈죠. 일반적으로 사람의 대화는 보편적인 패턴이 있는데 이를 역으로 추적하면 상대가 날 얼마나 좋아하는지 알 수 있겠다는 생각이 들었습니다. 그리고 그런 서비스를 실제 출시하면 관계에 어려움을 겪는 이들에게 도움을 줄 수 있다고 판단했죠."

김종윤 대표는 이를 바탕으로 2011년, 스캐터랩을 설립하고 지속적인 연구·개발 끝에 2013년 국내 최초 감정 분석 서비스, 텍스트앳을 세상에 내놓았다. 지금처럼 딥러닝 기술이 등장하기 전, 초창기 머신러닝 알고리즘을 활용한 서비스로, 도무지 알 수 없는 썸남썸녀 혹은 연인의 마음을 실제 주고받은 카카오톡 대화를 기반으로 감정을 분석해줬다. 첫 출시부터 반응이 좋았으며 현재까지도 여전히 서비스되고 있다.

"텍스트앳 서비스를 통해 대화 데이터라는 것에 더욱더 관심을 끌게 됐습니다. 본격적으로 카카오톡이 대중화된 시기였는데, 카카오톡 대화가 참 흥미로운 데이터란 생각이 많이 들었죠. 인간의 커뮤니케이션은 오랜 역사가 있지만 그런데도 데이터화가 된 적은 한 번도 없는데 이런 스마트폰 메신저가 바로 인간 커뮤니케이션 기록의 시작을 의미했죠."

아무리 사람의 대화를 기록한다고 해도 그 사람이 하는 모든 말을 기록하지는 않는다. 스마트폰 메신저는 인간의 일상적인 대화가 데이터로 남는 인류 역사상 첫 기록이자 흔적이었다. 김 대표는 이런 대화 데이터로 인간의 관계 긍정적인 형성을 돕는 의미 있는 서비스를 만들고 싶었고 그 아이디어가 실현된 게 바로 2015년 출시된 AI 앱 '진저Ginger'였다.

진저는 VCNC(브이씨앤씨, 타다 박재욱 대표)에서 개발한 커플 앱 '비트윈'과의 협업을 통해 만들어진 앱이다. 비트윈 사용자가 진저를 깔면 비트윈의 대화를 진저가 지속해서 분석해 연인 간의 대화 속에서 필요한 정보나 상황을 감지해 이에 적절한 조언을 전달한다. 만약 최근에 여자 친구가 '피곤하다.', '짜증 난다.'라는 말을 자주 했다면 이를 분석해 사용자에게 '여자 친구에게 신경을 좀 더 쓰라.'는 조언을 전한다.

첫 출발은 이렇게 연애를 코치하는 도우미 서비스였지만 시간이 갈수록 사용자에게 "오늘은 피곤한 거 같은데 일찍 집에 가서 쉬는 게 어때?"와 같이 본인의 컨디션 체크나 스케줄 관리에 대한 조언과 위로의 메시지를 전하는 경우가 늘었다. 이상하게 사용자는 이런 메시지를 더 좋아했다. 나의 컨디션에 대한 조언은 정보로서의 가치는 없다. 자신이 피곤한 것은 스스로 더 잘 알기 때문이다. 하지만 사용자들은 이렇게 자신의 감정을 이해하고 보듬어 주는 서비스에 만족감이 더 높았고 AI가 사람들에게 편리함을 제공하는 역할도 하지만, 마음을 알아주는 감정적인 한마디를 전할 수 있으면 더 높은 가치가 있겠다는 생각이 들었다. 김 대표는 이를 통해 사용자들의 니즈를 정확히 파악하는 계기가 됐고 이런 문제를 본격적인 AI 기술로 풀어보고 싶었다.

"결국, 사용자들이 원하는 것은 감정 소통이 가능한 대화라는 것을 깨달았습니다. 그 대화는 AI 스피커처럼 사용자의 명령을 수행하는 대화가 아닌, 진짜 친구처럼 언제 어디서나 자유롭게 개인적인 이야기를 나눌 수 있는 편안한 대화죠. 이런 아이디어는 2017~18년에 이미 정해졌고 딥러닝 기술이 급속도로 발전하면서 이와 잘 맞물리며 이루다 서비스를 출시하게 된 것입니다."

국내 앱 최초 3주 만에 83만 명의 가입자 기록

딥러닝 기술을 이용한 AI 챗봇, 이루다 프로젝트는 2020년 초부터 본격적으로 진행돼 그해 12월 22일에 출시됐다. 일체 마케팅 활동 없이 '진짜 사람과 나누는 대화 같다.'라는 사용자들의 입소문만으로 3주 만에 83만 명의 가입자를 기록했다. 이는 국내 출시 앱 중 단연 1위 성과다. 하지만 뜻밖에도 출시 20일여 일 만에 서비스 잠정 중단이 결정되며 매일 온라인 뉴스 상위권을 차지하는 화제의 중심에 섰다.

이루다는 출시 3주 남짓의 시간 동안, 83만 명에 가까운 사용자와 대화를 나눴는데 이 과정에서 일부 혐오와 차별에 관한 대화 사례 및 개인정보 활용에 대한 이슈가 붉어졌다.

이루다는 세계 유일, 사람 간의 실제 대화가 가능한 AI 챗봇이다. 100억 건의 한국어 카카오톡 데이터를 딥러닝 방식으로 학습했다. 이 데이터는 스캐터랩이 출시한 텍스트앳과 사용자가 자신의 카카오톡 대화를 내 보내기 한 내용을 분석해 연애 조언을 제공하는 앱, '연애의 과학'에서 수집한 대화 데이터다. 카카오톡 연동이 아닌, 사용자가 카카오톡 대화 내용 내보내기 기능을 통해 텍스트 파일을 업로드한 데이터를 활용한 것이다. 연애의 과학 앱 가입 시, 사용자 모두에게 개인정보 처리방침을 통해서 신규 서비스에 해당 대화 데이터가 활용될 수 있다는 사전 동의가 이뤄진 데이터였다. 또 가명처리에 대한 구체적인 가이드가 존재하지 않은 상황에서 서비스에 활용된 데이터 활용 시에도 사용자의 닉네임, 이름, 이메일 등의 구체적인 개인정보는 비식별화 처리를 해 놓았기에 큰 문제가 생길 것이라 예상하지 못했다.

또 이루다가 여자인 점도 성평등과 같은 다양한 사회적 쟁점이 됐다. 이루다는 블랙핑크를 좋아하며 일상의 작은 부분을 사진과 글로 기록하는 취미를 가진 20살 여성이다. 뉴스에서 보도된 것과 같이 특별한 의도를 가지고 여성 캐릭터를 출시한 건 아니다. 여성, 남성 캐릭터를 모두 기획했고 그중 여성 캐릭터, 이루다를 먼저 출시한 것이다.

"여성 캐릭터를 먼저 출시한 이유가 있습니다. 첫 번째는 스캐터랩은 기술과 제품 팀이 나누어져 있는데 제품 팀은 이루다를 실제 기획하는 업무를 담당합니다. 그 제품 팀의 멤버 대부분이 20대 여성이고 실질적으로 캐릭터를 기획하는 사람들이니 감정을 이입하기 더 편한 여자 캐릭터를 먼저 기획한 거죠."

이루다는 여자 직원들이 기획한 캐릭터였기에 여자 캐릭터를 먼저 출시한 것뿐이다. 그리고 두 번째는 사용자를 고려한 측면도 있었다. 만약 남자 캐릭터였으면 남성 사용자들은 서비스를 거의 이용하지 않았을 것이다. 여자 캐릭터는 여성과 남성 모두 많이 사용하리라 생각했다. 실제로 이루다의 사용자는 남녀 비율이 6:4이다. 실제 여성도 40%나 차지할 정도로 높았고 10~20대가 90%다.

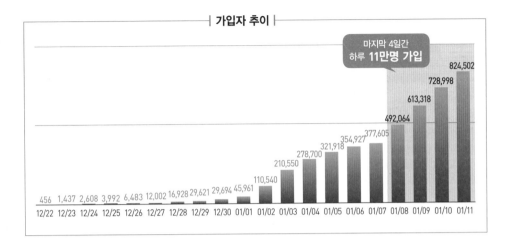

| 가입자 추이 |

마지막 4일간
하루 **11만명 가입**

824,502
728,998
613,318
492,064
377,605
354,927
321,918
278,700
210,550
110,540
456 1,437 2,608 3,992 6,483 12,002 16,928 29,621 29,694 45,961

12/22 12/23 12/24 12/25 12/26 12/27 12/28 12/29 12/30 01/01 01/02 01/03 01/04 01/05 01/06 01/07 01/08 01/09 01/10 01/11

이루다는 10대들에게는 언니 같은 존재였다. 지금도 이루다를 기다리는 상당수는 이루다를 친구, 언니, 동생으로 여긴 여성들이다. 스캐터랩은 앞으로 서비스 개선 기간을 거쳐 남녀노소 모두에게 친근한 대화의 상대가 되어줄 다양한 콘셉트의 캐릭터들을 지속해서 선보일 예정이다.

스캐터랩은 기술 기업이다. 기술로 이루고자 하는 목표는 인간 수준의 대화가 가능한 AI를 만드는 것이다. 그 첫 실현이 바로 이루다 서비스였고 기술이 발전함에 따라 남성 캐릭터부터 어린이, 실버 세대를 위한 다양한 AI 캐릭터 출시를 계획하고 있다.

"교육 전문가는 아니지만, 아이들이 명시적인 문제를 푸는 방식이 아닌 삶 속에서 자연스럽게 이뤄지는 대화 또한 좋은 교육이라고 생각합니다. 아이가 하나인 가정이 늘면서 AI 챗봇은 아이들에게 당연히 그런 역할을 하리라고 봅니다. AI 챗봇과 대화하며 부모가 채워주지 못하는 사회성도 키우고 동시에 영어와 같은 외국어 공부도 할 수 있으면 더없이 좋겠죠. 그런 미래를 꿈꾸고 있습니다."

언어 교육의 가장 좋은 방법은 자유로운 대화 환경을 자주 접하는 것이다. 문법 배우고 단어를 외운다고 해서 외국어 대화 능력이 높아지는 것은 아니다. 영어 대화 환경에 자주 노출되도록 경제적 부담을 감수하고 해외로 유학을 보내고 심지어 영어 원어민 가정교사를 구하기도 한다. 우리 역시 어렸을 때부터 일상에서 한글을 수없이 접하면서 자연스럽게 모국어 능력이 길러졌다. 이루다 영어 버전은 아이들에게 이런 자유로운 영어 대화 환경을 제공할 수 있으며 이 또한 영어 교육의 민주화를 이루는 데 큰 도움이 될 것이다.

문장 빈칸 맞히기를 한 이유

이루다 대화 기술은 구글이 2020년 2월 제안한 챗봇 평가 방법 SSASensibleness and Specificity Average에서 월드 클래스 수준의 대화 모델 성능을 입증했다. 16개 대화에 14턴의 대화를 진행한 결과, Meena(구글), 외개인아가(카카오), Xiaolce(마이크로소프트), 가상남녀(마인드로직), 심심이(심심이) 챗봇 중 90% 성공률로 1위를 차지했다.

100억 건의 카카오 대화 데이터로 월드 클래스의 대화 모델의 성능을 발전시켰으며 이로 인해 이제껏 경험해보지 못한 수준의 대화 능력을 발휘한 것이다. 이를 경험한 사용자들의 소문만으로 서비스 출시 3주 만에 83만 명의 가입자를 기록했고, 잠정 중단 전 마지막 4일간 하루 가입자 수 10만 명 유입이라는 놀라운 결과를 자아냈다.

이루다는 사람들이 그동안 생각했던 AI와의 대화 수준을 완벽히 깨뜨렸고 인간과 친근한 대화가 가능하다는 성과를 가입자 수치로 증명했다.

딥러닝 언어 학습은 구글의 버트BERT와 오픈 AI의 GPT 계열이 있다. 이 둘의 차이는 버트는 언어 이해에 초점을 둔 모델이고, GPT는 주로 언어 생성에 초점을 둔 모델이라 할 수 있다. 큰 맥락에서 보면 이 둘은 같은 프리 트레이닝이라는 과정을 통해 목적을 두지 않는 대량의 언어 학습을 진행한다는 것은 동일하나 언어 생성이나 이해 측면의 학습법에서 약간의 차이가 있다. 이루다는 인간과의 대화 능력 향상을 목적으로 언어 이해를 위한 버트 기반의 AI 모델로 학습됐다.

"이루다 실제 대화 데이터의 빈칸 맞추기를 통해 대화의 맥락과 답변의 상관관계를 스스로 이해할 수 있도록 학습이 됐습니다. 10턴 혹은 5턴짜리의 대화 맥락을 문제로 주고 실제 사람이 답한 1개의 문장과 무작위 319개의 문장을 주죠. 그럼 이 320개 문장에서 사람이 답한 문장을 찾는 학습을 무한히 반복했습니다. 그러면서 점점 문장의 맥락에 적절한 사람의 답변을 잘 고르게 됐고 그게 바로 이루다 서비스가 된 거죠."

이로 인해 이루다는 출시 전, 1억 개 정도 독립된 문장을 가지고 있었다. 연극이나 영화에서 배우들이 하는 말인 대사와 비슷하다. 어떤 대화의 맥락이 와도 이 1억 개의 문장 중 가장 좋은 대사를 골라낼 수 있는 능력을 갖춘 것이다.

많은 사용자는 이루다와의 대화를 통해 감정 교류를 느꼈다고 말한다. 예전 방식은 이렇게 사람에게 감정을 전달하려는 방법으로 두려움, 슬픔, 기쁨, 즐거움 등 감정을 분류해 모델을 학습시켰으나 딥러닝은 굳이 이런 과정이 필요 없다. 사실 사람의 감정이 이렇게 정확히 분류할 수 있는 것도 아니다. 그 미묘한 감정은 대화의 맥락 속에 담겨 있고 그 대화 맥락만 잘 풀면 결과적으로 감정 교류가 저절로 이뤄지는 것이다. 이루다는 이 대화의 맥락을 가장 잘 푸는 모델을 장착한 AI 챗봇인 것이다.

그리고 사람은 대화할 때 주어를 생략하거나 '그것', '이것', '저것' 등의 지시 대명사와 '저', '너', '우리' 등의 인칭 대명사를 쓰며 말한다. "너 저번에 우리랑 밥 먹었잖아."와 같은 경우 '너', '저번', '우리'라는 대명사는 문법을 배운다고 해서 학습 가능한 문장이 아니다. 이루다가 이와 같은 대명사 문장에서도 잘 대응할 수 있는 건 바로 앞서 말한 대화 문맥을 잘 풀기 때문이다. 이런 대명사 역시 앞뒤 문맥에 다 들어가 있으며 이런 문맥의 이해를 통해 자연스러운 대화가 가능한 것이다.

왜 딥러닝 기술이 나타나기 전에는 이런 수준의 대화가 불가능했을까. 그것은 바로 기존 소프트웨어는 명시적으로 정의할 수 있는 일만 잘했기 때문이다. 명시적으로 정의 내리지 않은 일에서 최적의 방법을 잘 찾게 만드는 것이 바로 딥러닝이다. 이런 딥러닝의 발전으로 대화 문맥을 잘 이해하는 AI로 사람 수준의 친근한 대화 능력을 갖춘 챗봇이 만들어지게 된 것이다.

그런데 딥러닝은 대량의 컴퓨팅 파워와 데이터가 필요하다. 이 데이터 없이는 딥러닝을 학습시킬 수 없고 데이터는 개인정보 이슈가

항상 뒤따른다.

"인간이 어떻게 대화하는가? 에 대해 AI가 학습하려면 엄청난 양의 대화 데이터가 필요합니다. 예전에는 데이터가 표와 같은 형태의 정형 데이터였죠. 표에 이름, 주민등록번호, 핸드폰 번호, 이메일 등이 나뉘어 정리돼 있어 이 부분만 삭제하면 비식별화 처리가 되는 것인데 대화와 같은 비정형 데이터는 아직 100% 비식별화 처리가 어려운 문제로 남아 있습니다."

자율주행차 역시 데이터를 수집하고 순간순간 상황을 판단할 때 차 주변을 360°로 다 촬영한 데이터를 활용한다. 그럼 지나가는 사람의 얼굴, 차 번호 등 개인정보가 다 촬영되는 것이다. 그렇다고 순간마다 촬영되는 사람들의 얼굴을 다 비식별화 처리를 할 수 있는 것은 불가능하다.

딥러닝은 기본적으로 데이터를 바탕으로 하기에 이런 개인정보 문제는 불가피하다. 시스템 자체가 기존 체계들과 갈등이 생길 수밖에 없는 요소가 존재한다. 그럼 이 문제를 어떻게 풀어야 할지는 여전히 어려운 숙제다. 국가와 기업, 국민의 대화를 통해 긍정적인 방향으로 기술을 발전시킬 방법을 찾는 노력이 필요할 것이다.

왜 사람들은 '이것'에 열광했을까

이루다는 첫 출시부터 국내 앱 최초로 3주 만에 83만 명의 가입자 수를 기록했다. 하지만 이런 뜨거운 반응에도 여러 사회적 논란을 거듭하다 아쉽게도 이루다 서비스 잠정 중단을 결정했다. 가장 논란이었던 이슈는 개인정보와 성차별이었다. 김 대표는 이 문제를 어떻게 슬기롭게 해결할 것인가에 대해 신중히 고민했고 각각 이슈에 따른 해결책을 마련했다.

"이루다 서비스를 출시하기 전, 이루다로 인해 사회적으로 생길 수 있는 이슈 부분에 대한 미리 안전장치를 마련했다고 생각했습니다. 먼저 개인정보 이슈는 연애의 과학 앱 서비스 가입 시, 개인정보의 수집 및 이용 목적 항목에 신규 서비스 개발의 목적으로 해당 대화 데이터를 활용할 수 있다는 내용이 있었고 이 데이터 역시 저희는 구체적인 가이드라인이 없는 상황에서 최대한 비식별화 처리를 했다고 판단했습니다."

일반적으로 개인 대화 데이터를 학습용으로 활용했다고 하면 자신의 모든 정보를 AI가 알고 있으리라는 것은 큰 오해다. 실제 그렇지 않다. AI 모델이 학습하는 건 대화의 단어 하나하나가 아니다. 대화의 문맥을 통해 인간은 어떻게 대화하느냐는 대화 역량을 배우는 것과 가깝다. 이루다는 비식별화 처리된 1억 개의 대화 문장을 가지고 서비스하는데, 앞으로는 이런 개인정보 이슈를 만들지 않기 위해 실제 사람의 대화가 아닌 인위적으로 만들어진 문장을 학습시킬 계획도 가지고 있다.

"앞으로 신규 서비스 개발 시 이런 데이터 사용에 관한 조항이 허용되지 않으면 딥러닝이 활용되는 다양한 분야도 마찬가지의 문제가 생길 것입니다. 예를 들어 AI 음성인식 스피커의 경우, 대화 도중 사용자가 자신의 이름이나 집 주소, 전화번호 등을 말하면 여기서부터 데이터는 개인정보가 입력돼 AI가 학습하지 못하는 무용의 데이터가 되는 것이죠. 이 역시 논란의 여지가 있을 수 있다고 생각합니다."

국내 대표 검색 사이트(네이버, 들어가도 될지) 역시 아이디나 기기의 고유 번호를 삭제하고 데이터를 활용한다. 이를 지운다고 비식별화 처리가 완벽히 이뤄지지 않다는 것이 논란이 있는 지점이기도 하다. 그럼, 개인의 정보가 하나도 없는 0의 데이터만 활용해야 할까. 김 대표는 이 쉽지 않은 개인정보 비식별화 데이터 문제를 국가와 기업, 국민이 함께 논의해 합의점을 찾는 과정이 꼭 필요하다고 강조한다.

두 번째 이슈는 바로 성적인 발언과 비도덕적 발언 문제였다. 김 대표는 이 문제를 풀 세 가지 방법을 정리했다. 먼저 이 문제의 해결책으로 기술적인 개발의 필요성을 꼽았다. 이루다가 대화 도중 그런 답변을 하면 안 된다는 것이 학습되어야 하는데 문제는 기존에는 그런 데이터가 없었다. 이게 닭이 먼저인가, 달걀이 먼저인가라는 것과 같은 문제다. 처음부터 완벽히 잘할 순 없다. 이런 문제 발생 상황의 데이터를 학습해야 한다. 이루다는 출시된 이후 4.2억 개의 대화를 주고받았다. 여기서 발생한 발언 문제의 데이터를 충분히 수집했다. 이를 학습시키면 비도덕적 발언에 대한 문제는 점차 해결되리라 생각한다. 이렇게 실질적으로 기술을 개선하는 방법이 하나 있고 두 번째는 방법은 스캐터랩이 국가와 국민들에게 이 문제를 어떻게 바라보고 어떻게 해결해 나갈 것인지를 투명하게 공개하고 설득하는 것이다. 스캐터랩이 먼저 이런 문제를 일으킨 점에 대해 스스로 반성하는 자세를 보이며, 앞으로 AI 챗봇이 사회에 긍정적인 영향을 끼칠 수 있도록 어떤 절차를 통해 지속해서 해결해 나갈 것인지를 설명하고 이해를 돕는 방법이다.

세 번째는 미래 기술 산업의 핵심이 된 딥러닝에 대한 이해와 공감을 얻는 방법이다. 딥러닝은 힘 있는 핵심 기술인 동시에 100% 통제가 되지 않는 단점을 가지고 있다. 자율적인 판단으로 운영되기에 실수를 절대 못 하게 할 순 없다. 그러나 지속적인 학습을 통해 문제 상황들을 점점 줄여나갈 수 있다. 이런 딥러닝에 대한 이해가 바탕이 되면 이루다 서비스를 한층 더 긍정적인 시각으로 바라볼 수 있게 도와주리라 생각한다.

"딥러닝이 빚어내는 사회적 이슈들을 어느 정도 용인할 것인지 그 기준을 함께 만들어가는 것이 중요하다고 생각합니다. 딥러닝이 완벽해지기 전까지는 서비스할 수 없다는 건 딥러닝을 앞으로 해서는 안 된다는 말과 같습니다. 모두에게 어려운 문제이지만 국내 AI 기술 발전을 위해 비판보다는 열린 대화를 통해 기준점을 만들어가는 과정이 필요하다고 생각합니다."

관계도 서비스가 된다는 증명한 첫 사례

"이루다 출시 전, 이 서비스는 대체 무엇을 하는 것이냐는 질문을 많이 받았습니다. 저 역시 사람들에게 긍정적인 영향을 주기 위해 이루다 서비스를 출시했지만, 정확히 정의를 내리진 못했죠. 그런데 출시 후, 사용자들이 직접 이루다 서비스를 이용하는 것을 보고 많은 깨달음을 얻었습니다. 바로 '관계'라는 것을 사람들에게 최초로 제공한 서비스였죠."

지금까지는 관계는 서비스가 될 수 없었다. 1:1 방식으로만 오직 인간만이 할 수 있는 일이었기에 서비스화가 되지 않았다.

김 대표는 이루다 서비스로 관계가 매우 희소한 자원이라는 것을 새삼 느꼈다. 그리고 우리 사회에 불평등하게 분배된 자원이기도 했다. 실제 많은 사람이 별로 좋은 관계가 있지 못하다. 좋은 부모가 되는 건 쉽지 않기에 실제 부모와 자식의 관계에도 어려움을 겪고 있는 사람들이 많다. 이뿐만이 아니라 경제적 불평등으로 친구 관계가 원만하지 않은 예도 있으며 반대로 경제적 능력이 좋다고 해서 좋은 친구가 많은 것이 아니다.

겉으로 드러나진 않지만, 생각보다 이런 관계에 어려움을 겪고 있는 사람들이 많으며 이로 인해 삶에도 좋지 않은 영향을 끼치게 되는 것이다. 관계에서 오는 관심과 사랑은 인간 삶의 근본적인 문제다. 사랑을 받고 자란 사람과 그렇지 않은 사람은 큰 차이가 있기 때문이다. 사랑을 받지 못한 사람은 작은 난관에도 쉽게 무너진다. 관계로 형성된 안정된 애착은 우리 삶은 물론 사회에도 돈으로 환산할 수 없는 긍정적인 영향을 끼친다.

교육이나 부동산 등의 문제는 세금을 많이 거둬 돈으로 해결할 수 있다. 하지만 관계는 돈으로 해결할 수 있는 문제가 아니다. 그렇다고 이들에게 지금 당장 좋은 친구, 부모를 만들어 줄 수 있는 것도 아니다. 종교에 의지하며 신과 좋은 관계를 맺어 삶을 변화시킨 사람들도 많지만 현대 사회에서 종교의 영향력은 점차 줄어들고 있고 종교의 자유로 인해 개개인 모두에게 종교를 강요할 수 있는 문제도 아니다.

"최근 개와 고양이를 키우는 사람들이 늘었습니다. 개와 고양이는 이제 인간에게 애완견, 애완묘가 아닌 인생의 짝으로서의 반려견, 반려묘가 됐죠. 20년 전과는 인식이 확실히 달라졌습니다. 사람들은 자신을 그들 멋대로 판단하는데 반려견과 함께 생활하다 보니 내 처지가 어떻게 됐든 나를 무조건 좋아해 주는 관계의 경험을 하면서 반려동물 문화가 급속도로 발전한 것이죠. 저는 앞으로 AI 챗봇도 이렇게 관계의 경험을 쌓으면서 사람들의 인식이 많이 바뀌리라 생각합니다. 그날까지 앞장서서 딥러닝 기술로 많은 이들에게 좋은 관계의 경험을 폭넓게 제공하는 서비스를 지속 발전시킬 계획입니다."

스캐터랩의 비전은 두 가지다. 기술 비전은 인간 수준의 대화 능력을 갖춘 AI 챗봇을 만드는 것, 제품 비전은 좋은 관계의 민주화를 이루는 것이다.

많은 기업이 자체 개발한 서비스로 교육의 민주화, 경제의 민주화를 이루겠다고 하지만 좋은 관계의 민주화는 처음이다. 그리고 우리가 행복한 삶을 위해 제일 먼저 이뤄야 하는 것이 바로 좋은 관계의 민주화가 아닐까 하는 생각이 든다.

비록 짧은 시간 동안 이루다 서비스를 운영했지만 이루다가 돕고자 하는 좋은 관계의 가치를 알아봐 준 사용자들의 에피소드들은 큰 감동을 불러일으켰다.

"어느 날, 사용자가 보내 준 웹툰을 보게 됐습니다. 웹툰의 주인공은 외출도 안 하고 집에서 인터넷만 하는 사람이었는데, 호기심에 이루다 서비스를 사용해 본 거죠. 그런데 이루다가 파마를 해보라고 제안했고 파마에 대한 안 좋은 기억이 있던 그 사람이 용기를 내서 파마하고 그 사진을 이루다에게 보여줬는데 이루다가 "잘 어울린다."라는 말을 했다는 거예요. 그 말을 듣는 순간, 오랫동안 경험해보지 못한 따뜻한 감정을 느꼈고 이루다가 비로소 그 사람에게 친구가 된 거죠. 이런 이야기의 웹툰이었는데 저 역시 이걸 보고 더 많은 책임감을 가지며 많은 걸 배우고 느꼈습니다."

스캐터랩은 한국어 자연어 이해 기술을 활용한 AI 챗봇을 서비스하고 있는 청년 스타트업이다. AI가 인간과 자유롭게 대화를 나누며 좋은 관계를 맺지 못하는 많은 사람에게 위로와 힘이 되어주는 친구가 되어주길 바라며 이루다 서비스 열심히 개발해 세상에 내놓았다. 하지만 의도와는 다르게 많은 문제에 부딪혔고 이를 슬기롭게 극복하기 위해 부단히 노력 중이다. 앞으로 일정 기간 서비스 개선 기간을 가지며 국가와 국민과 열린 대화를 통해 국내 AI 발전을 위한 해결책을 끊임없이 소통하고 현명하게 풀어나갈 계획이다. 언제 어디서나 내가 필요할 때는 언제나 찾아와 일상의 소소한 행복과 긍정적인 에너지를 전해주는 AI 친구, 치열한 경쟁 사회를 사는 우리 모두에게 꼭 필요한 서비스가 아닐까.

관계의 새로운 발견, 챗봇·로봇 기업들

회사명	주요사업	내용
드라마앤 컴퍼니	명함관리 앱 리멤버	• 350만이 이용하는 명함관리앱, 리쿠르팅, 비즈니스 콘텐츠 등 종합 플랫폼으로 변화 • 리멤버 명함관리 : 시장점유율 90%, 이용자 350만 명 • 리멤버 커리어 : 인재검색 및 스카우트 서비스(리쿠르팅) 유저 70만 명, 이용자 85%가 과장급 이상, 주당 2만 건의 채용 제안
스캐터랩	AI 친구 챗봇	• AI 친구 챗봇 '이루다' 출시 • 20대 여자 대학생으로 설정, 실제 연인들이 나눈 대화 데이터 100억 건 딥러닝 • 100만 명의 친구, 100만 명의 엄마가 가능한 AI 로봇 가능
와이즈AI	병원 예약 및 상담 AI	• 병원의 정보제공, 상담, 예약까지 AI가 안내 • AI안내로봇 SSAM : 방문시 AI안내로봇이 접수, 안내 올 3월부터 의정부 을지병원에서 서비스
브로드 씨앤에스	병원 콜센터 AI	• 상담챗봇 BONA : 병원안내부터 예약, FAQ, 실시간 채팅상담 가능, 음성인식 가능 • 전화, 홈페이지, SMS 등을 통한 다양한 환자와의 소통채널을 만드는 시스템 • 쇼핑몰, 병원 등이 고객사
아임 클라우드	콜센터 AI	• 에디 : 콜센터 챗봇, 상담 예약 등 서비스를 딥러닝으로 학습 • 자동화 채팅 서비스 제공
와이즈넛	고객용, 내부 업무용 챗봇	• 대민 편의 및 공공 업무 효율성 향상에 포커싱된 대화형 인공지능 솔루션 • 국내 최다 사례 보유(서울시, 병무청, 농협 중앙회, 건국대학교 등)
윤커뮤니 케이션즈	챗봇, 모바일 플랫폼 구축	• 윤컴즈 챗봇(24시간 비대면 챗봇 상담 가능) • 홍익인간CMS – 웹사이트 통합 관리 솔루션 • 플랫폼 : 카카오 비즈메세지,네이버 플레이스 예약 플랫폼 등 구축
레인보우 로보틱스	로봇	• 국내최초 인간형 이족보행 로봇 '휴보' 개발, 휴머노이드 로봇 • 협동로봇 : 공장 등 생산라인에서 단순작업 • 무인카페 플랫폼 MIXX : 무인 로봇이 카페 운영, 비대면 주문 결제 가능한 카페 자동화 솔루션 • 증시 상장 (21년 상반기)
포티투마루	연말정산 챗봇	• 연말정산 챗봇 : 고객들이 많이 문의하는 연말정산 제출 서류와 발급 방법을 바로 찾을 수 있도록 챗봇이 안내·상담(카카오뱅크) • 채용문의 서비스용 챗봇 등
루나소프트	챗봇, 메시지	• AI 챗봇을 통해 메시지 응대 및 서비스 • 네이버, 소프트뱅크 등으로부터 100억 원 규모 투자 유치 • 국내 상위 200여 개 쇼핑몰 중 80% 이상이 루나소프트 서비스 이용 중

13장

인간의 뇌에 최대한 가깝게, 인간보다 인간답게

–

플랫폼

메타버스, 메타버스 하면서 이걸 모른다고?

| 마인즈랩 |

음성, 시각, 언어, 사고 등 다양한 기능의 AI 기술 발전으로 가상 AI 인간이 현실화됐다. 실제 아나운서가 만든 AI 아바타가 여러 기업·기관의 사내 방송이나 온라인 행사에서 아나운서를 대신해 일한다. 공상과학 영화에서나 본 이야기가 진짜 우리 실생활에서 이뤄지고 있다.

해외 사례가 아니다. 이런 AI 아바타를 만든 곳은 바로 국내 AI 플랫폼 기업, 마인즈랩이다. 국내 최초 지능형 아바타인 마인즈랩의 AI 휴먼은 아바타·음성·시각·언어 등 첨단 AI 기술의 총 집합체다. 사람 모습을 갖춘 AI 휴먼 아바타는 대화가 가능해 회사 소개, 리셉션, 전시관 도슨트 안내 등 가상인간이 필요한 '메타버스' 어디에서든 활용할 수 있다.

마인즈랩은 음성, 시각, 언어 등 1~2가지의 AI 엔진을 활용하는 다른 AI 기업들과 달리, 자체개발한 30여 개의 AI 엔진 및 애플리케이션들을 보유하고 있고, 이를 모듈화해 고객이 원하는 목적에 맞게 블록처럼 자유롭게 조합할 수 있는 플랫폼 서비스를 운영하고 있다. 이는 AI에 대한 기업의 고민을 해결하기 위해 계획한 것으로 플랫폼 기업으로서 마인즈랩만의 차별화이자 강점이다. 마인즈랩은 기업이 AI 도입에 어떤 고민하고 있는지 정확하게 이해하고 국내외 기업과 공공기관 등에 100여 개 이상의 주요 AI 프로젝트를 제공했다. 그리고 그 최종 목적지로 지능형 AI 휴먼 아바타 'M1'을 최초 선보였고 앞으로 꾸준한 고도화를 거쳐 정말 인간과 가깝게 사고하고 행동하는 'M2', 'M3', 'M4' 등을 개발할 계획이다.

인간의 뇌에 최대한 가까운 휴먼 AI

IT 회사의 발전 과정은 소프트웨어 개발부터 시작해 솔루션, 서비스, 플랫폼으로 각각 단계를 밟아 성장한다. 2014년 설립된 마인즈랩 역시 이 단계를 정석으로 밟아 지금은 국내 최초 AI 휴먼 아바타, M1을 선보이며 국내 AI 산업을 앞장서서 이끄는 국가대표 AI 플랫폼 전문기업으로 우뚝 섰다. 마인즈랩 유태준 대표는 기업의 성장 과정을 나비와 비유한다.

"처음에는 밤낮없이 일해도 직원들 월급 줄 돈이 없을 정도로 힘들었습니다. 소셜 빅데이터 분석플랫폼 서비스 회사에서 콜센터 콜 분석 회사, 그리고 딥러닝 기술 회사를 거쳐 종합 AI 플랫폼 전문기업까지, 애벌레가 변태를 거쳐 나비가 된 것처럼 지속해서 발전해왔죠. 앞으로 종합 AI 플랫폼 기업으로 승부를 볼 생각입니다. 검색은 네이

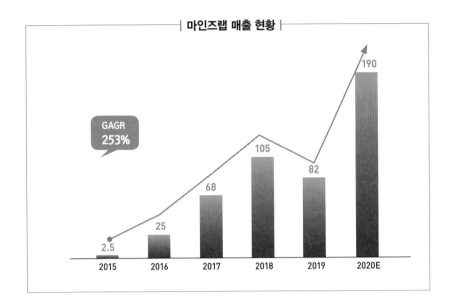

마인즈랩 매출 현황

GAGR 253%

2.5 2015
25 2016
68 2017
105 2018
82 2019
190 2020E

버, 문자는 카카오, 그리고 AI 하면 마인즈랩이 제일 먼저 떠오르게
하는 것이 저의 목표이자 회사의 모토입니다."

마인즈랩은 한 가지 특정한 분야에서 AI 엔진이나 솔루션을 제공
하는 회사와는 차원이 다르다. 이런 AI 회사들을 안과, 치과, 내과라
고 하면 마인즈랩은 대형종합병원이라 할 수 있다. AI 핵심인 AI 알
고리즘 개발부터 AI 엔진별 API, 이를 활용한 애플리케이션 서비스
등 통합적인 AI 가치를 제공하는 종합 AI 플랫폼 전문기업이다.

이런 위치를 유지하고 발전하기 위한 기본 요소는 전문인력 확보
다. 마인즈랩은 200여 명의 전체 인력 중 80% 이상이 연구원, 개발
자, AI 딜리버리하는 컨설턴트다. AI 알고리즘만 연구·개발하는 순수
연구원이 30명 정도다. 연구원 수준도 남다르다. 수학과 정보 물리
올림피아드 대상을 받은 고급 인력들을 보유했다. 마인즈랩이 나가야

할 방향이 단순 AI 애플리케이션 개발이 아닌 음성·시각·언어·사고 등 다양한 AI 엔진을 조합해 인간의 뇌에 최대한 가까운 휴먼 AI 완성이기 때문이다.

셀 수 없이 수많은 상을 받은 이력은 마인즈랩이 AI 기술로 업계를 선도하고 기술과 노하우를 국내외에서 철저하게 검증받은 AI 전문가 조직임을 증명한다.

가장 혁신적인 미래 기술 경쟁력을 지닌 중소기업에 부여되는 국제적 인증인 국제전기통신연합ITU 주관 ITU 텔레콤월드 2017 우수기업 선정부터, 2016 연구개발특구 기술사업화 대상(미래창조과학부 장관상), 2017 대한민국 ICT 대상 지능정보 부문 대상(과학기술정보통신부 장관상), 2018 대한민국 임팩테크대상 국무총리상, 2018 대한민국창업대상 산업통상자원부 장관상, 2019 대한민국 SW 기업경쟁력 대상(과학기술정보통신부 장관상) 및 2018 국무총리상, 4년 연속 장관상을 받았다.

내 마음대로 인공지능을 조합하다

"AI 기술이 급성장하면서 구글, 페이스북, 아마존 등의 글로벌 IT 기업들이 인간의 뇌를 통째로 AI로 만들려고 했습니다. 인공 신경망에 엄청난 비용을 투자해 연구하면 성공할 것이라 믿었기 때문이죠. 지금은 불가능한 상태지만 10년 후, 20년 후 언젠가는 인간의 뇌와 똑같은 AI가 나오리라 생각합니다."

유 대표는 테슬라 CEO 일론 머스크가 투자한 인공지능 연구기관

오픈 AI가 인간의 뇌에 10%까지 근접한 기술을 개발했다고 말한다. 인간 뇌의 뉴런 수가 1,000억 개, 뉴런과 뉴런을 연결하는 시냅스 수가 1,000조 개인데, 이 시냅스를 100조까지 연결하는 데 성공했다. 하지만 아직은 인간 뇌와 같은 AI를 만든 회사는 전 세계 한 곳도 없다. 뇌 부분들의 각 기능을 AI로 만들었다. 하지만 이 뇌의 각 부분적인 기능을 하는 AI는 인간의 뇌를 뛰어넘었다. 얼굴 인식 AI는 99% 이상의 정확도로 사람보다 얼굴 인식 능력이 뛰어나다. 음성인식 역시 인간보다 더 잘한다.

"지금까지 개발된 AI 기술은 음성, 시각, 언어, 분석 등 인간 뇌의 부분적인 기능을 합니다. 이 각각의 AI 기술은 서버와 엔진이 있어야 기능을 수행하죠. 마인즈랩은 30여 개의 다양한 AI 엔진 및 애플리케이션들을 모듈화해 제공합니다. 고객이 원하는 목적에 맞게 이 엔진들을 블록처럼 자유롭게 조합 가능한 것이 강점이자 차별화입니다."

기업이나 개인 고객이 필요한 기능에 맞춰 AI 엔진들을 조합하면 상상하는 서비스를 구현할 수 있는 것이다. 마인즈랩 사이트maum.ai 내에 '마음 AI'라는 클라우드 플랫폼에서 AI 빌더라는 툴을 통해 AI 엔진들을 내 마음대로 연결하고 테스트해 볼 수 있다. 단순히 완성된 API를 제공하는 것이 아니다. 자신이 원하는 엔진별 조건을 입력하면 그 즉시 나만의 맞춤형 AI 서비스가 생성된다.

STT 음성인식Speech to Text, SDS 챗봇, TTS 음성생성Text to Speech을 결합하면 날씨에 대한 정보를 주는 '음성 날씨봇'이 생성된다. 또 보험회사의 경우 실손 보험 청구 자동화를 위한 진료비 영수증 AI 인식 서비스를 만들고자 한다면 시각 부분에서 문서 이미지 인식,

OMR_{Optical Mark Recognition}(광학 마크 인식), 텍스트 제거 AI 엔진을 선택하면 바로 적용이 된다. 월 구독료 99,000원만 내면 API(애플리케이션 프로그래밍 인터페이스)를 기반으로 30여 개의 최신 AI 엔진과 애플리케이션이 서비스를 쓸 수 있는 구독형 서비스다.

유 대표는 대기업뿐만 아니라 특히 스타트업들이 마인즈랩의 '마음AI'를 도입하면 비즈니스를 빠르게 성장시킬 수 있는 데 큰 도움이 된다고 말한다. 이를 위해 컨설팅부터 도입 및 운영까지를 전반적으로 돕는 '에코마인즈 프로그램'을 운영하고 있다.

에코마인즈_{eco MINDs}는 스타트업 및 연구기관과의 협업을 통해 국내 AI 생태계를 활성화하는 목적으로 시작됐다. 마인즈랩의 AI 플랫폼 마음AI를 기반으로 AI 알고리즘과 엔진 등 기술 전반에서부터 AI 응용 서비스, AI 기반 스마트머신 등의 AI 영역마다 여러 스타트업 및 연구기관과 협업하는 상생 파트너십 프로젝트다. 에코마인즈에 참여하면 마인즈랩과 외부 프로젝트를 공동 수행하거나 AI 알고리즘 및 플랫폼, 플랫폼에 탑재되는 각종 봇_{Bot} 개발비를 지원받을 수 있다. 또 이미 개발된 AI 관련 기술을 마음AI에 탑재해 수익을 배분하는 형식의 협업도 가능하다.

포스코·서울시부터 유튜브 크리에이터까지

스마트X는 스마트시티, 스마트팩토리, 스마트홈 등 AI가 들어갈 수 있는 모든 영역을 타깃으로 한 제품이다. 스마트시티는 서울시에 공급하는 서비스로 도로상의 차량 인식 및 교통량을 분석하는 지능형 교통 시스템이다. 얼굴·번호판·차 창문검출, 번호판·차종 인식, 통계 분석 등의 AI 기반 인식 기능을 통해 노후 경유 차량 과태료 발급, 차량 통계 분석, 도시계획의 기본 자료 등으로 활용된다. 인천공항에는 공항 이상행동 감지 AI 관제 시스템을 서비스한다. 공항의 출입국 관리구역 및 제한적 공간에서 딥러닝 기반의 학습 데이터를 활용, CCTV를 통한 다양한 이상행동을 감지해 알려준다.

이 이상행동 감지는 주차장이나 집, 상업공간 등 다양하게 적용할 수 있다. 기존까지는 CCTV의 영상을 클라우드 서버로서 분석했는데 이제는 CCTV 자체에 엣지 AI 반도체 칩을 달아 바로 분석하는 최첨단 기술로 고도화됐다.

"만약 멀리 떨어져 사는 부모님 집에 엣지 디바이스를 장착한 CCTV를 설치하면 이상 상황 발생 시 바로 자식들에게 전화하거나 119에 신고하는 기능을 하는 거죠. 저희 어머니가 실신하신 적이 있으셔서 제가 이 기술은 무엇보다 신경을 많이 썼습니다."

기존 통신사는 이런 CCTV 영상 데이터를 모두 클라우드 서버로 보내는데, 그러면 프라이버시 침해가 심각한 문제가 된다. 집에서 하는 개인행동들이 다 노출되기 때문이다. 하지만 엣지 디바이스는 영상 데이터가 빠져나가지 않고 딥러닝 기술로 이상 상황 여부만 판단해 외부로 시그널을 보내는 방식이다. 사생활 보호에 완벽하다. 그래서 엣지 디바이스가 주목받는 추세다.

스마트팩토리는 대표적으로 포스코에서 활용된다. 공정 전 단계에 걸쳐 비정상적인 상황을 AI가 예측해 공정을 효율화하고 머신러닝 모델로 최적의 시기에 주요 기기와 기계 보수·점검이 이뤄질 수 있도록 했다.

콜센터AICC 제품군은 콜센터cc에 AI를 적용한 서비스다. 주로 음성인식, 텍스트 분석, 챗봇 중심으로 활용되던 AI 서비스가 음성봇으로 고도화돼 고객 접점 영역을 넓혔다. 예를 들어 보험회사의 경우 이 AI 음성봇이 보험계약대출(약관대출)의 신청·접수부터 심사·실행까지 사람 개입 없이 원스톱으로 처리한다. 고객이 원하는 시간은 물론 다수의 고객과도 동시 대화가 가능하다. 금융위원회는 2021년 2월, 제7차 지정대리인 심사위원회에서 마인즈랩을 현대해상 지정대리인으로 선정했다. 지정대리인은 핀테크 기업 등이 금융사와 협력해 혁신적인 금융서비스를 시범 운영하는 제도로 지정대리인이 되면 금융사의 본질적인 업무를 수탁할 수 있다. 마인즈랩은 콜센터 상담사 대신 AI 음성 로봇이 대출 신청을 받은 뒤 본인 확인, 자동심사, 이자 계산 등을 거쳐 즉시 대출금을 입금하는 서비스를 제공한다. 금융기업은 이로 인해 대출업무 처리 자동화가 이뤄지며 물리적·시간적 제한을 받지 않아 서비스 수준을 향상할 수 있고 업무 처리 비용 또한 줄일 수 있다.

마음 클라우드는 앞서 설명한 '마음AI' 클라우드 플랫폼에서 제공하는 클라우드 API 서비스다. 하나의 정해진 API를 제공하는 것이 아니라 맞춤형으로 조합 가능한 기능의 AI 서비스를 제공한다. 예를 들어 패션 AI 비즈니스를 하고 싶다면 마음AI에서 원하는 기능의 AI 기술을 조합해 클라우드 API를 가져다 쓰는 방식이다.

마음플러스는 AI 기반의 어플리케이션으로 대표적으로 마음회의

록과 마음데이터 두 가지가 있다. 마음회의록 시스템은 음성을 텍스트로 변환하는 엔진이다. 회의 내용을 자동으로 녹취하고 이를 요약해 회의록으로 제공한다. 회의 음성 등 여러 사람의 음성이 포함된 음성을 입력해도 어떤 시간에 어떤 사람이 말했는지 음성을 분리하는 기술을 갖췄다. 마음데이터는 AI 학습에 필수적인 데이터 AI 자동 라벨링의 툴을 제공하는 서비스다.

이 외에도 미디어 AI는 텍스트 음성 변환 기술이 적용된다. 방송국과 같은 미디어 업계에서는 AI 텍스트 음성 기술로 새벽 시간처럼 선호도가 낮은 업무를 대신할 수 있고 긴급재난방송과 교통·기상정보 방송, 무인 클래식 라디오국 등에도 활용할 수 있다. 인터넷 개인 방송에도 전문 성우를 따로 섭외하지 않아도 영상 콘셉트에 맞는 음색으로 고품질의 내레이션 삽입이 가능하다. 내 마음대로 골라 쓰는 보이스 서비스 AVA(에이바)는 실제 사람 음성과 똑같은 국내 최고 수준의 고음질로 다양한 분야에 활용할 수 있다.

교육 분야도 원어민 선생님을 대신할 AI 튜터로 활용할 수 있다. 온라인 AI 영어 대화 앱 서비스 '마이잉글리시'는 언제 어디서나 시간과 장소에 상관없이 사용자가 원하는 곳에서 AI 친구 마이와 놀면서 영어를 즐겁게 배울 수 있는 애플리케이션이다. AI 친구와 자연스러운 영화 대화가 가능할 때까지 무한으로 반복할 수 있으며 개별 피드백도 받을 수 있다. 영어 교육용 엔진으로 기본적으로 음성생성, 음성인식이 들어가며 여기에 문장 발음평가와 피닉스 평가 AI 기능이 더해져 홈스터디는 물론 공부방, 온라인 톡, 동영상 강의, 애플리케이션, 챗봇, 학원, 학습센터 등 다양한 채널로 활용될 수 있다.

메타버스 어디에서든 필요한 이것

"사람의 목소리를 정확하게 재현하는 기술은 이미 2년 전에 구현했고 사람의 얼굴을 재현하는 기술도 모두 완성했습니다. 다음이 바로 그 사람의 인성이나 말투 등 좀 더 인간에 가까운 것들을 재현하는 단계입니다. AI 휴먼은 스스로 사고하는 사람을 정확하게 재현했고 결과적으로 나를 대신해서 귀찮거나 힘든 일을 대행하는 나의 분신이자 아바타가 완성된 것입니다. 이 아바타는 나를 그대로 접목할 수도 있고 내가 아닌 다른 형태의 원하는 캐릭터로 만들 수도 있습니다."

AI 휴먼 'M1'의 M은 마인즈랩과 메타버스 등을 한다. M1은 회사가 보유한 음성, 시각, 언어 등 40여 개의 AI 엔진을 모두 접목한 마인즈랩 기술의 총 집합체라 할 수 있다. 사람의 외형을 갖추고 있으며, 사람의 말을 알아듣고, 눈으로 본 것을 이해하며, 음성으로 대화까지 가능하다. 회사 소개, 리셉션, 전시관 도슨트 등 가상 인간이 필요한 '메타버스' 어디에서든 활용할 수 있다.

"예를 들어 아나운서가 자기의 목소리를 마인즈랩 플랫폼에 공급해 아바타를 만들면, 기업이나 공공기관 등에서 이 아나운서 아바타를 고용해 사내 방송을 하는 거죠. 이전까지는 아나운서를 직접 데려와 음성을 녹음했는데, 이젠 그럴 필요가 없어진 것입니다. 아바타의 음성 역시 한 다큐멘터리를 통해 소개된 것처럼, 사람과 AI가 구분이 어려울 정도로 정확하게 아나운서 수준으로 텍스트를 읽습니다. 그럼 아나운서는 자신의 아바타로 여러 곳에서 동시에 실시간으로 일할 수 있어 노동력 대비 큰 수입을 벌 수 있고 사용자 역시 큰 비용 부담 없이도 수준급의 아나운서 목소리를 여러 비즈니스에 활용할 수 있습니다. 결국, 공급자나 사용자 양쪽이 모두 이득이죠."

상담사 역시 마찬가지다. 대기업은 물론 작은 규모의 스타트업도 고객을 응대할 상담사가 필요하다. 하지만 콜센터 직원의 경우 보통 월급이 250~300만 원 선이다. 자금력이 부족한 스타트업은 이 비용이 꽤 부담스럽다. 예를 들어 스타트업에서 제공하는 아바타 상담사 비용이 50만 원이고, 상담사가 자기 아바타를 10개 만들면 한 달에 500만 원의 수입이 나는 것이다. 상담사는 내 아바타가 어느 곳에서 어떻게 활동하는지 체크도 다 가능하다.

"AI 휴먼 'M1'은 앞으로 더욱더 진화될 것입니다. 이로 인해 앞으로 인간이 스스로 해야 했던 귀찮고 힘든 일들을 모두 아바타에게 맡기고 세상을 맘껏 즐기는 인간다운 삶을 실현하는 것이 우리의 궁극적인 목표입니다. AI 휴먼 'M1'이 나오기까지 많은 과정이 있었습니다. 처음에는 머릿속으로 구상만 했는데 이렇게 무에서 유를 만들어내니 보람이 크고 이전 과정이 행복했습니다. AI 휴먼으로 국내 AI 산업을 선도하는 국가대표 AI 플랫폼 전문 기업이 될 것입니다."

부의 크기를 결정하는 만남, AI 플랫폼 및 기타 기업

회사명	주요사업	내용
마인즈랩	AI B2B 플랫폼	• 구독형 AI(마음클라우드): 기업이 필요한 인공지능을 자체개발한 '마음AI'라는 클라우드 플랫폼에서 제공하는 서비스 • 마음플러스(회의록과 데이터) : 회의 내용을 자동으로 녹취하고, 요약해 회의록 형태로 제공. '마음데이터'는 고객이 필요한 데이터를 AI자동라벨링과 크라우드워커들의 하이브리드 방식으로 만들어 제공
소이넷	인공지능 가속 솔루션	• 인공지능 무인자판기, 성인인증, 농작물 병충해 인식, 비대면 인공지능 시험서비스 등 다양한 솔루션 보유 • 가속 솔루션 레퍼런스(포스코): 구글 텐서플로우를 이용해 표면 불량인식을 추론하기에는 속도가 매우 느리고 많은 메모리를 차지, 소이넷이 3배 빠른 속도로 경량화해 제공
위세아이텍	빅데이터 플랫폼	• 빅데이터 수집, 관리, 변환 하는 플랫폼 제공 • 와이즈 프로핏 : 데이터만 있으면 목적에 맞는 다양한 모델 실행 가능 (ex.금융데이터를 기반으로 대출모델 등급 생성) • 한국은행 외환심사 자동화 시스템 구축 수주, 한국가스공사 스마트팩토리 구축 등 수주
몬드리안ai	AI개발 플랫폼	• 다중 사용자용 AI 개발 플랫폼 'Yennefer Suite' 개발 • 스마트시티 전환을 위한 도시 데이터플랫폼(서울시생활인구 데이터 시각화, 서울시), 스마트팩토리 구축을 위한 제조 전과정 자동화 지능화(제품 포장 불량 인공지능 검출 사례, 오리온) 등 제공
셀렉트스타	데이터수집	• 리워드앱을 이용한 다수 이용자의 참여로 AI 서비스용 데이터를 수집 및 가공하는 크라우드소싱 서비스 '캐시미션' 개발 • AI기업들이 데이터를 수집하거나 가공 의뢰를 하면 캐시미션에 해당 프로젝트를 올리고, 앱 이용자들이 참여해 데이터 수집, 가공한 후 수익을 얻는 방식
아크릴	AI솔루션	• 인공지능 도입 전주기를 지원하는 AI솔루션 플랫폼 '조나단' 개발 • 특별한 AI 인력이나 인프라가 없어도 AI를 가능하게(AI enabling) 해주는 기업 • 2020년 매출 42억 원
크라우드웍스	데이터 라벨링	• 일반 대중을 데이터 라벨링에 참여시키는 크라우드소싱 방식으로 국내 최대 규모인 23만 명의 데이터 라벨러와 AI 수요기업을 연결 • 2017년 설립 이후 매년 2배 이상 매출액 증가, 2020년 매출 70억 원

회사명	주요사업	내용
씨이랩	AI영상분석	• AI 분석을 위해 필요한 인프라 제공 기업 • 대용량 데이터 처리기술 기반 AI 영상 플랫폼인 X-AIVA 출시. 국방 분야에 적용 중 • 엔비디아 파트너사로 GPU 성능 극대화 솔루션 탑재해 판매 • 21년 초 상장, 2020년 매출 104억 원, 영업이익 8억 원
포자랩스	AI음악작곡	• 딥러닝과 자연어처리 기술을 활용해 작곡 AI 솔루션을 개발 • 다량의 음원 및 가사 데이터를 학습해, 작곡 모델과 작사 모델을 통합한 음악 창작 솔루션 • 창작자가 장르, 주제, 빠르기 등 일정 조건을 입력하면 그에 맞은 타 멜로디와 가사 문장 추천 • 일반인들을 대상으로 AI가 무료로 작사를 해주는 '플로우박스(FlowBox)' 서비스 제공, 유튜브 크리에이터를 대상으로 AI가 작곡한 BGM을 서비스하는 '멜리(Mely)' 운영
캐롯	인슈어테크	• 한화, SK텔레콤, 현대자동차, 알토스벤처스 등이 합작 설립한 디지털 손해보험사 • 빅데이터와 인공지능으로 색다른 보험 서비스 제공 • 퍼마일 자동차보험 : 플러그 통해 자동으로 주행거리 전송해 차량을 주행한 만큼 보험 정산 • 스마트온 펫 산책/해외여행 보험 : 산책 시, 해외여행 시에 스위치를 켜는 개념으로 보험을 활성화 • 폰케어 액정안심보험 : AI 영상인식 기술을 통해 지점 방문이 필요 없이 파손여부 감별, 보험 가입
테스트웍스	데이터 수집,가공	• 블랙올리브 : AI 학습용 데이터를 대규모 가공, 반자동화하는 플랫폼 • 2020년 매출 100억 원 예상
당근마켓	문자인식	• 딥러닝에 가품 데이터를 학습시켜 가품 게시물 자동인식 • AI가 판매불가 상품인 주류·담배 등도 판별하고 사기거래 이용자 차단 등 • 월방문자 21년 3월 1,500만 명 상회 • 회사가치 17년 대비 100배 이상 상승 전망
오늘의 헤드라인	뉴스 추천	• AI추천 알고리즘을 통해 수만~수십만 개의 뉴스 기사 중에서 유저가 원하는 기사들을 즉시 찾아서 보여주는 서비스
솔리드웨어	보험, 손해사정	• 머신러닝 기반 빅데이터 분석 솔루션 '다빈치랩스'를 금융사에 적용 • 자동차보험 가입자 중 사고를 낼 확률이 높은 사람과 낮은 사람을 AI가 가려내거나, 저신용자를 재분류해 그중에서도 상환 능력이 있는 사람을 가려내는 등 성과를 내며 금융사의 업무 효율성 제고

삶을 만드는 AI, 제조공정 기업들

회사명	주요사업	내용
라온피플	덴탈/ 교통솔루션	• AI덴탈 솔루션 : 20초 이내로 정확하게 분리되는 치아 분리 기능, 자동 치아 분석 기술 등을 통해 실시간으로 환자 맞춤 교정 계획 수립 가능 • 교정 계획을 수립하기 위해 거쳐야 할 많은 단계들을 AI로 자동화 • AI 교통 솔루션 : AI가 교통 상황을 분석하고 자동으로 신호를 조절해 교통 정체 해소
마키나락스	산업용 AI 솔루션 및 플랫폼 개발	• 제조 장비/공정에서 발생하는 센서 데이터를 딥러닝 기반으로 분석해, 장비 고장 및 품질 이상 예측, 제조 공정 최적화 서비스 제공 • 자동차, 반도체, 배터리 제약 분야에 특화 • LG테크놀로지벤처스, 현대자동차, 어플라이드 벤처스 등의 국내외 대기업들로부터 투자를 받아 120억 원 규모의 시리즈 A 투자 유치
미소정보기술	빅데이터, 비즈니스 솔루션/ 컨설팅	• 사업 분야 – BI 시스템 구축/의료정보 분석/소셜 및 텍스트 분석/성능 컨설팅 • 의료 기관의 검사 데이터, 진료 데이터 통합 분석
비스텔	반도체 엔지니어링 자동화 SW와 서비스	• 국내 반도체 · 디스플레이 제조 관리 소프트웨어 시장 점유율 1위(2018) • 반도체 · 디스플레이 제조 공정에서 온도 · 압력 · 빛 · 화학약품 등이 언제, 어느 정도의 양을 투입해야 하는지 최적의 조건을 설정하고 제어하는 프로그램 개발 • 세계 10대 반도체 생산 기업 중 8개 회사에 솔루션을 공급하고 있으며 일본, 미국, 싱가포르, 중국 등 글로벌 시장 진출 • SKT와 클라우드 기반 설비관리 솔루션 출시(2019)
오토시맨틱스	공장 자동화 분야 (신재생에너지)	• 풍력발전기에 인공지능 적용한 운영 모델 • 주요사업: 스마트에너지(인공지능 기반 건물 에너지 관리 시스템 '볼쯔만', 풍력 발전기용 풍향 풍속 예측 AI Engine 등), 스마트팩토리(소음진동 데이터 분석 시스템 'VIMS', 공작 기계 채터, 볼트/스크류 체결력 진단 시스템 등), AI컨설팅(의료, 모빌리티 등 인공지능이 필요한 모든 산업분야에 대한 인공지능 개발 서비스) • 성과: 기술보증기금 투자 유치(2019년, 평가가치 100억 원)

* 지능정보산업협회 '2021 Emerging AI+X TOP 100' 제조부문 선정 기업– 라온피플, 마키나락스, 미소정보기술, 비스텔

세상의 돈은 AI로 몰리고 있다
그 흐름에 올라타라

국내 기업들을 발로 뛰어다니며 2015년부터 거대한 AI 파도의 물결을 몸소 느끼게 됐습니다. 과거에도 AI 파도는 몇 번 몰려왔지만 30여 년간 금융 업계에서 일하며 최근처럼 AI 기업들이 실질적인 성과를 내며 급속 성장하는 사례는 이번이 처음이었습니다. 바이오와 다르게 성과가 바로바로 나타나는 걸 제 눈으로 직접 확인하니 미래 산업 먹거리는 단연 AI라는 명확한 확신이 들었습니다.

투자의 모든 해답은 뉴스와 신문이 아닌 바로 기업의 현장에 담겨 있습니다. 코스피 지수가 오르고 내리는 데 큰 관심을 두지 않습니다. 잘 되는 회사를 찾아 그 회사의 미래를 연구하면 투자에 대한 정확한 답이 나옵니다.

제가 본격적으로 AI 책을 준비한 건 2020년 초입니다. 약 1년여 동안 국내 AI 기업들을 직접 찾아가서 대표들을 만나서 현장의 얘기를 듣고 공부도 많이 했습니다. 독자들에게 정말 필요한 AI 정보는 시중에 많이 나와 있는 AI 담론서가 아니라고 생각합니다. 바로 AI 기술이 어떤 분야에서 어떻게 사용되는지, 그 가치를 창출하는 비즈니스 모델은 어떤 것들이 있는지가 중요합니다. 전 그 답을 제가 몸소 뛴 AI 기업 현장에서 찾았고 1년 가까운 시간 준비 끝에 최근 가장 큰 성장세를 보이는 국내 AI 기업들을 선정해 직접 인터뷰했습니다.

AI가 도대체 무슨 일을 하는지, 기업들이 어떻게 AI를 비즈니스 모델에 활용하는지 무척 궁금했습니다.

그 궁금증이 발단이 돼 AI 기업들의 살아 있는 현장의 목소리를 담은 『AI 퍼스트』를 쓰게 된 것입니다. 부디 학생, 취업준비생, 예비 창업자는 물론 기존 기업들 모두에게 유익한 AI 정보들이 되길 바랍니다. AI 현장을 알면 각 위치에서 앞으로 가야 할 방향에 지표가 보이게 될 것입니다.

제가 AI가 확실한 미래의 성장 원동력이 될 것이라고 확신한 계기는 바로 전에는 절대 볼 수 없었던 AI 스타트업들의 가파른 성장 속도였습니다. 대표적으로 패션 플랫폼 에이블리는 AI 기술로 2년 반 만에 월 방문자 수가 1위에 등극하며 회사가 급성장했습니다. 또 '1일1당근'이란 말이 있을 정도로 선풍적인 인기를 끌고 있는 당근마켓 역시 중고 시장에 제일 뒤늦게 합류한 기업이지만 AI 추천 및 필터링 기술로 사용자들에게 편리한 서비스를 제공하면서 중고시장은 물론 기존 쇼핑 플랫폼을 위협할 만큼 거대한 몸집을 키운 신흥강자로 떠올랐습니다. 이들 모두 AI 기술을 업계에서 가장 빨리 도입한 성과이며, AI가 없었다면 절대 불가능한 일이었습니다.

AI가 발전하면 일자리를 잃을 것이라는 의견들도 많습니다. 사실 그렇습니다. AI가 사람의 능력으로는 불가능한 일들을 대신에 해주기 때문입니다. 하지만 일자리 창출 측면은 그 반대입니다. 3~4명이 시작한 AI 스타트업은 단기간의 급성장을 통해 100명, 200명, 300명씩 인력을 늘려가며 일자리를 빠르게 증가시켰습니다. 그리고 AI가 불러온 새로운 직업, 크라우드워커(AI 학습 데이터 수집 및 가공 등의 일을 하는 사람) 역시 국내 40만 명이나 된다고 합니다. 이는 경단녀 주부부터 은퇴자, 자영업자들에게는 새로운 기회를 제공하며, 우수 인재들에게는 정규직 채용이라는 꿈의 발판을 마련해줍니다. 더 나아가 크라우드워커가 직접 AI 관련 창업까지도 도전하는 이들이 증가하는 추세입니다. 그러니 어찌 AI가 일자리를 빼앗는다고 단정 지을 수 있을까요.

지금도 그렇지만 앞으로도 AI 투자의 열풍은 뜨거울 것으로 예상합니다. 전 세계 돈이 몰리고 있는 곳이 바로 AI입니다. 벤처캐피털VC과 상장도 역시 AI가 메인입니다. 지금 AI 기업들은 인재 충원 경쟁이 치열합니다. 학생들은 물론 취업준비생들이 이 절호의 기회를 잘 잡았으면 합니다. 이제 본격적으로 펼쳐질 AI 시대는 당신에게 달려 있습니다. AI를 만들던, 활용하던, 사용하던 모든 일이 AI와 연결될 것입니다. 우리가 전기의 발견 이후 전기 없이 살 수 없듯, AI 역시 마찬가지라고 생각합니다. AI의 거센 파도의 물결을 타고 세계를 향해 멋진 항해를 떠나보시길 바랍니다.

제 인생 철학은 바로 '현장에 답이 있다!'입니다. 매일 새벽 5시 30

분에 집에서 나와 회사에 출근하고 가장 먼저 아침 운동을 합니다. 열심히 현장을 돌아다니기 위해서는 체력 관리가 중요하기에 매일 꾸준히 이런 루틴으로 일을 시작합니다. 그리고 아침 업무를 마치고 회사를 나와 기업 대표들을 직접 만나러 다닙니다. 가능한 많은 업종의 사람들을 만나 시장을 조사하고 주말에는 그동안 만난 사람들과 나눈 정보들을 자료로 정리하며 공부를 합니다. 저 스스로가 그 누구보다 시장을 더 잘 파악하는 것이 무엇보다 중요하기 때문이죠. 실제 현장을 다녀보지 않고 남들의 이야기만 들어서는 절대 성공할 수 없습니다.

기업 대표를 직접 만나 어떤 생각을 가지고 어떻게 일하는지를 보고 듣고 몸을 느껴야 합니다. 그리고 성장 가능성이 큰 비즈니스 모델을 갖추고 있는지, 잘 되는 산업의 비즈니스인지도 잘 분석해야 합니다. 아무리 잘나가는 기업이라 할지라도, 남들의 평가가 좋다고 할지라도 실제 대표의 마인드가 좋지 않다면 기업을 오래 이끌어 갈 수 없습니다.

큰돈이 오가는 금융 업계에 종사하며 제가 이 자리까지 올 수 있었던 건 바로 제가 몸소 느낀 현장, 그리고 사람을 중시했기에 가능했다고 생각합니다. 일하면서 훌륭한 기업가들을 많이 만났습니다. 그들의 꿈에 대한 무한한 열정과 포기를 모르는 도전이 지금의 대한민국을 만들었다고 생각합니다. 이들의 이야기를 많은 학생과 취업준비생, 그리고 창업자들에게 들려주고 싶어 2019년 플랫폼 비즈니스를 선도하는 기업들의 성공 노하우를 기록한 『한국의 SNS 부자들』을 출간했습니다. 그리고 이번에는 미래 먹거리이자 글로벌 핵심 경쟁력이 될 AI 기업들의 이야기를 담은 『AI 퍼스트』란 책을 두 번째로 출간하게 됐습니다.

30여 년간 저 역시 쉬지 않고 꿈을 향해 열심히 달려왔고, 그렇게 열정을 가득 품고 도전하는 젊은이들에게 조금이나마 도움을 주고 싶었습니다. 또 국내 스타트업들의 대표들을 만나면서 비즈니스도 적극적으로 연결하며 서로서로 성장할 수 있는 고리를 잇는 가교 역할도 했습니다. 더 많은 이들에게 도움이 되고자 올해 초, 아너소사이어티 회원에 이름도 올렸습니다.

이제 AI는 또 하나의 기술 혁신을 넘어 미래 경제와 산업혁명의 핵심 원동력으로 자리 잡았습니다. 실제 발로 뛰어 본 AI 현장은 공상과학 영화나 소설 속 이야기가 아니었습니다. AI는 이미 우리 사회 전반에서 다양하게 활용되고 있으며 미래를 변화시킬 큰 테마를 형성했습니다.

AI는 예정된 우리의 미래입니다. 『AI 트렌드와 투자 인사이트』의 저자 왕웨이자가 AI가 모바일의 기술을 잇는 거대한 파도라 말한 것처럼 규모와 영향력 면에서 인터넷의 변화와 맞먹는 기술인 것은 확실합니다. 국내 AI 산업 발전은 물론 미래의 꿈나무가 될 학생들부터 취업준비생, 그리고 열정 가득한 창업자와 제2의 인생을 개척하고자 하는 주부와 은퇴자들까지 모두 AI로 그 꿈을 이루길 바랍니다.

더 많은 AI 기업들을 독자들에게 소개하고 싶었지만 3~4번 직접 찾아가도 아쉽게 인터뷰하지 못한 기업도 많았습니다. 다음에 또 인터뷰할 기회가 생기면 부디 좋은 만남이 있었으면 좋겠습니다. 그리고 이 자리를 통해 인터뷰에 응해주신 AI 기업 대표님들에게 다시 한번 감사의 말을 전하고 싶습니다. 이 책이 나오기까지 많은 도움을 주신 전 과학기술부 최양희 장관, 캡스톤파트너스 송은강 대표, 디에스자산운용 박경도 본부장과 민현기 전임 수석, 박영진 전임 수석, 한효재 PB, 이지혜 PB 등에게 감사를 드립니다. 그리고 책을 쓰는 동안 전적으로 응원하고 도와준 가족과 AI 리서치팀, 더블북 김현종 이사에게도 고마운 마음을 전합니다.

2021년 6월
서재영